从理论到实践
——外交礼宾礼仪研究

FROM THEORY TO PRACTICE
——A Study of Diplomatic Protocol and Etiquette

主　编：周加李
副主编：张国斌
总顾问：鲁培新

世界知识出版社

图书在版编目（CIP）数据

从理论到实践 ：外交礼宾礼仪研究 / 周加李主编
. -- 北京 ：世界知识出版社，2019.3
ISBN 978-7-5012-5968-7

Ⅰ. ①从… Ⅱ. ①周… Ⅲ. ①外交礼节－文集 Ⅳ.
①D802.2-53

中国版本图书馆CIP数据核字（2019）第041749号

责任编辑　侯新鹏
责任出版　王勇刚

书　　名　从理论到实践——外交礼宾礼仪研究
FROM THEORY TO PRACTICE——A Study of Diplomatic Protocol and Etiquette

编　　著　主　编：周加李　副主编：张国斌　总顾问：鲁培新

出版发行　世界知识出版社有限公司
地址邮编　北京市东城区干面胡同51号（100010）
邮　　箱　2652857746@qq.com
网　　址　www.ishizhi.cn
经　　销　新华书店
印　　刷　北京九州迅驰传媒文化有限公司
开本印张　787毫米×1092毫米　1/16　15¾印张
字　　数　300千字
版次印次　2019年3月第1版　2019年3月第1次印刷
标准书号　ISBN 978-7-5012-5968-7
定　　价　68.00元

编委会

序言一

外交部原部长　李肇星

中国是拥有五千年文明的礼仪之邦，中国人对礼有特殊的感情，中国历史典籍中拥有取之不尽用之不竭的“礼”之精华。但只有在中国共产党领导下的新中国，“礼”才拥有最先进的政治性、才真正体现人人平等、大小国家平等、服务于全世界人民大团结、共同维护和平共同发展的神圣使命。

对于既有国际性也有民族性的外交礼宾礼仪，对其进行研究于加深不同文化之间的理解和世界各国人民和谐相处有积极意义。

这本论文集不仅包含理论与实践的研究，很大的一个特点是由近十个国家的外交礼宾礼仪专家共同完成，论文集的包容性、多元性特色很明显。可喜的是这本书还是由中国学者倡议完成的，我想这也是响应习近平总书记关于为人类进步事业发出中国声音、贡献中国智慧的一个具体体现。

因此，进一步落实习主席关于内政外交的先进理念，这种难得一见的论文集值得国内外各界人士读一读，甚至叙一叙。

2018年8月18于北京民巷

序言二

外交学院院长　秦亚青

外交学院是外交部直属的专门培养外交外事复合型人才的院校。依托外交部的独特优势，外交学院是全国最早开设外交礼宾礼仪课程的院校之一，在教学和研究方面都积累了丰富的经验。

外交礼宾礼仪是国家间外交关系的重要表现形式，是外交仪式中遵循的正式礼仪和行为准则，主体是国家元首、副元首、政府首脑等高层人员与外交代表。其政治性、庄严性、神圣性与高端性不言而喻。外交礼宾礼仪既具有很强的实践性，也蕴含较强的学术价值。因此，当中国在国际舞台发挥重要作用的时候，对外交礼宾礼仪的研究更需加强和完善。

本论文集有以下几个特点：

第一，兼顾理论与实际操作。现有关于外交礼宾礼仪的学术成果大多偏重实操，学术性的研究较少，这本书既有理论研究，也有实践操作与国别研究，相对全面平衡。

第二，具有较高的学术价值。礼宾是外交非常重要的组成部分，它考验一国的外交水平、反映一国内政外交的关联、体现国家间关系的亲疏远近、展现着不同国家的文化差异。研究外交礼宾礼仪有助于加强国家间关系、提升外交学的理论研究。

第三，呈现较广的国际视野。本论文集邀请了美国、英国、法国、俄罗斯、日本、加拿大、荷兰、印度等近十个国家的较为资深的外交礼宾专家加入，是深度国际学术合作的成果。

外交是以和平的方式处理国家间关系，礼宾礼仪是外交中最能体现和平友好的部分。“礼”是礼宾礼仪的核心，也是中华文化的一个核心理念。礼宾礼仪的灵魂是平等和真诚。以礼待人，表现的是发自内心的尊重；以礼行事，表达的是善意的友好和真心的情谊。这本书对于促进外交礼宾礼仪的研究，挖掘礼宾礼仪的深层内涵，提升礼宾礼仪的实际操作，都是大有裨益的。

秦亚青

2018年8月28日

目　录

第一章　理论研究篇

第二章　实践运用篇

第三章 国别研究篇

第一章

理论研究篇

从礼仪到外交礼宾礼仪：相关概念探讨与辨析

周加李*

礼仪非常重要，尽管礼仪类书籍与文章汗牛充栋，礼仪培训也受到各单位各部门的重视，国人对礼仪的热情不减，但大多数的研究是从操作层面切入，理论层面的研究还相当薄弱。目前，礼仪及相关定义还存在不同观点，比如礼仪、礼宾、外交礼仪、外事礼仪、涉外礼仪这几个概念在现实及理论研究中有很多交叉使用的情况，那么，每一种概念如何界定，区别又在哪里？概念是理论的基础，犹如大厦的基座，也是“礼”研究的出发点，看似简单却非常有必要探讨。本文尝试对这几个紧密关联又有差异的概念进行分析并对其进行辨析。

一、礼仪与礼宾

何为“礼仪”？先看中文文献中的定义，何谓“礼”？礼是一个古汉词，据王国维解释说：“奉神人之事，通谓之礼。”① 《说文解字》曰：“礼，履也，所以事神致福也。”② 《礼记.祭统》云：“礼有五经，莫重于祭。”③ 可见礼本谓敬神，后引申为表示敬意，以及为表敬意而隆重举行的仪式。中国古人认为“恭敬之心，礼也。”④ 这种礼，要通过三纲五常，即“君为臣纲，父为子纲，夫为妻纲”的

---

* 博士，外交学院外交学与外事管理系讲师，国际形象顾问协会北京分会副主席，察哈尔学会研究员。

① 王国维：《观堂集林第 1 册》，中华书局，1959 年版，第 290 页。

② 许慎：《说文解字》，中华书局，1963 年版，第 7 页。

③ 杨天宇：《礼记译注 . 下》，上海古籍出版社，2004 年版，第 631 页。

④ 邓球柏：《孟子通说》，湖南人民出版社，2008 年版，第 358 页。

三纲和“仁、义、礼、智、信”的五常来实现。[①]并将礼的用途细分为“军、宾、嘉、凶、吉”五种。[②]礼在中国古代不仅是用来调节人与人之间的关系的，还是统治者用来治国国家的工具。相比西方对于礼仪的定义，礼仪的定义在中国包含的含义更宽广、重要性更强。有学者认为“礼是中国传统文化的核心”。[③]

礼仪的英文是“Etiquette”，字源来自法文。早期，欧洲的贵族们把家族的规则和礼仪书写在告示牌上，并张贴在他们居住的城堡庭院外，以便宾客注意和遵守，这种告示牌就叫“Etiquette”。《美国传统词典》对礼仪的定义是，由社会习俗或者权威者确定的实践与形式。人类是……受制于礼仪的仆人…… (Frederick W. Robertson)。礼仪象征着文明社会的正确行为方式。《韦氏大学词典》给出的定义是：礼仪是由好的家教或者权威当局认定应该在社会或官方生活中遵守的行为或者程序。《麦加利辞典》对礼仪的定义是：对于社会行为的常规要求，任何阶层、群体，或者任何场合所规范的行为礼节。[④]

礼仪还有一种解释是将之看成一个合成词，礼仪由“礼”与“仪”构成，二者既有同也有异。《左传·昭公二十五年》记载：“子太叔见赵简子，简子问揖让周旋之礼焉。对曰：是仪也，非礼也。简子曰：敢问何谓礼。对曰：吉也。闻诸先大夫子产曰：夫礼，天之经也，地之义也，民之行也……淫则昏乱，民失其性，是故为礼以奉之”。[⑤]从这段话可以得出礼与仪有差异，“礼”是上天规定的原则与正理，归属精神层面，“仪”是礼的物质载体与外在表现，“礼”不能离开“仪”而单独存在，“仪”需要以“礼”的价值指引，二者一个无形一个有形，缺一不可。因此，现代社会可以把礼仪简单理解为：礼是人内心对他人、他事、他物的尊重与尊敬，仪是这种尊重、尊敬与敬畏的外化，即外在表现。礼归属于精神层面，仪归属于物质层面，二者犹如人的两条腿缺一不可，[⑥]这种定义把礼仪的精神层面提高到与外在表现相同的高度，因此，强调研修礼仪要内外兼修。

① 魏文华：《董仲舒传》，新华出版社，2003 年版，第 156—159 页。

② 彭林：《中华传统礼仪概要》，高等教育出版社，2006 年版，第 25—32 页。

③ 彭林：《中华传统礼仪概要》，高等教育出版社，2006 年版，第 I 页。

④ Macquarie, *The Macquarie dictionary*, Chatswood, N.S.W., 1987, p.1364.

⑤ [周]左丘明传、[晋]杜预注、[唐]孔颖达正义：《十三经注疏.春秋左传正义》(上、中、下)，卷第五十一，北京大学出版社，1999 年，第 2107 页。

⑥ 周加李：《如何培养懂礼的外交外事人才？》，《外交评论》增刊，2018 年版，第 169 期，第 46 页。

礼仪是一个大的门类，它包含的内容非常广泛，有诸多分支。比如政务礼仪、商务礼仪、服务礼仪、涉外礼仪、外事礼仪等。主体差异导致了礼仪类别的不同，比如习惯上有人将政务系统的工作人员践行的礼仪称为政务礼仪，商务人员践行的礼仪称为商务礼仪，服务行业工作的人员践行的礼仪称为服务礼仪，与外国人打交道则是涉外礼仪，政务、事业及相关系统的人员与外国人打交道就是外事礼仪。不管叫法如何不同，所探讨的内容都离不开衣、食、住、行、交，礼仪主体的差异导致了内容侧重点的不同，但“礼仪”的核心精神与目标在本质上是没有差异的，都强调对人的尊重、体谅，都追求交往中的和谐共赢。

礼宾可以归类为礼仪的一个特殊分支。全称是外交礼宾礼仪，或称为外交礼宾，礼宾礼仪。礼宾的英文是“Protocol”，礼宾这个词来源于两个希腊词汇，意为“First Glue”，最初起源于把树叶粘到一个手写稿上。[①]后引申为像胶水那样把事情有序地连接到一起。《柯林斯英语词典》对礼宾的定义是：国家和外交仪式中遵循的正式的礼仪、行为准则、位次安排与程序。[②]《美国传统词典》一书对礼宾的定义是“外交官和国家元首遵循的一系列仪式与礼仪形式。”玛丽.简麦卡弗里与波林英尼斯合作撰写的《礼宾——外交、官方、社交完全使用手册》一书中是这样定义礼宾的：具有丰富官方工作经验的人士都知道礼宾（规范）能够在与来自不同国家与地区人士的官方交往中提供行为指引，不管他们本民族的文化与习俗有多么的不同。为了更好地发展与避免混乱，不管是一个组织还是一个社会，必须在一种规则下运行。这个道理同样适应于政府之间。国与国之间的交往必须遵循大家公认的规范、惯例和一些事先安排好的组织方式，这就是礼宾。[③]加拿大的知名礼宾专家路易·迪索在《礼仪——交际的工具》[④]一书中对礼仪（实际是礼宾）的解释是“礼宾是对当权者之间交往关系的管理方式。”[⑤]《外交辞典》对礼

---

① Douglas Busk, *The craft of Diplomacy,* Pall Mall Press, 1967, p.23.

② Patrick Hanks,G. A. Gerald Alfred Wilkes, *Collins dictionary of the English language: an extensive coverage of contemporary international and Australian English,* Sydney, 1986, p.1229.

③ M. J. Mccaffree, J. Innis, Protocol, *The complete handbook of diplomatic, official and social usage,* Devon Publishing, 1985, p.xviii.

④ 书籍中文译名为《礼仪——交际的工具》，但法文原题名 LE Protocol 而不是 Le Etiquette，故本书实际探讨的是礼宾而不是单纯的礼仪。

⑤ 路易·迪索，《礼仪——交际的工具》，外语教学与研究出版社，2005 年版，第 6 页。

宾的定义是“外交程序的规则，特别用来协调主权国家及相应国际行为主体代表的顺序，也根据他们所派出的代表受到承认的级别的不同对他们区别待遇。公共场合是对这些规则的严峻考验，正因为如此，在过去一国礼宾的主管常常被称作‘大司仪’”。[①] 当然也有学者从比较微观的角度定义礼宾，如金正昆教授认为“礼宾，即礼待宾客”。[②]

从各位学者给出的定义可见，礼宾的主体有严格的限定——不是普通民众而是具有较高级别的领导人与外交人员，最典型的代表是国家元首、副元首、政府首脑与外长等，他们所从事的代表政府的官方外交礼仪活动称之为礼宾。现实中有把礼宾泛化的情况，如有些高级酒店有礼宾部，大型跨国企业内部设礼宾部。这些均不是本文所指的礼宾，本文所指的礼宾是属于外交这个大范畴。

通过研究发现，凡是把礼宾礼仪合起来使用的，基本含义偏重礼宾而不是礼仪。礼宾礼仪可以与礼宾一词替换使用，却不能与礼仪一词替换使用。原因是礼宾与礼仪有联系也有差别，最大的不同有如下几点：1. 礼宾从属于外交范畴，是政治上的考量和影响；礼仪从属于个人及社交的范畴。2. 礼宾具有官方色彩，更加正式；礼仪更具有私人性。3. 礼宾的主体并非任何个人，而是国家级别较高的领导人与外交官；礼仪的主体可以是任何人。4. 违反礼宾规范可能会引起较大的争议甚至冲突；违反礼仪会导致对个人态度、修养方面的议论与批评，但不至于引起较大冲突。

礼宾与礼仪的关系从内容来说，礼宾可以理解为礼仪的一个特殊分支，礼宾是礼仪的一个组成部分。从主体来说，礼仪包含礼宾，礼宾的主体——从事外交活动的“国家较高级别的领导人与外交官”包含在礼仪的主体——“任何人”中。只要是人就涉及礼仪问题，但只有代表国家从事外交活动的官方代表尤其是国家高层领导人与外交代表才涉及礼宾问题，普通老百姓不涉及礼宾问题，这也是为什么礼宾礼仪不能与礼仪一词替换。在中国国务院各部委负责涉外工作的机构只有外交部礼宾司能称“礼宾司”，其他部委均不能称“礼宾司”或“礼宾局”，只能称“外事司”或“交际司”，这是由礼宾所蕴含的特殊含义决定的。

---

① 杰夫·贝里奇，艾伦·詹姆斯，高飞译：《外交学译丛——外交辞典》，北京大学出版社，2008年版，第231—232页。

② 金正昆，吕昕：《继承、规范与创新：新中国外交礼宾制度的建立》，载《社科纵横》，2013年第06期，第91页。

需要注意的是，基于外交礼宾的高端性与在跨文化交流中的功效性，人们认为礼宾的一些规则在商界、学术界、服务界等同样重要，因此出现了礼宾的多元运用，比如出现了国际礼宾、商务礼宾、军队礼宾、企业礼宾等等，如大型跨国企业内部设礼宾部等。加之随着时代的发展非正式外交逐渐成为常态，礼宾也不再是过去只有政府高官与外交官才能用到的礼仪知识。但最正统、最经典的礼宾仍是官方外交范畴下的。

二、外交礼仪与礼宾礼仪

还有一个“外交礼仪”的概念也需要厘清。在外交学论著中，“礼宾礼仪”和“外交礼仪”经常互用。①如高飞教授翻译的《外交辞典》将Protocol（礼宾）其中一个意思翻译为外交礼仪。②马保奉参赞在《礼宾春秋》一书亦将外交礼宾（注：此处的外交礼宾一词与本文所指的礼宾礼仪一词含义相同）与外交礼仪交替使用。③

而通过研究发现，有些学者认为外交礼仪与礼宾礼仪有细微的差别，无法完全互用。金正昆教授在《外交学》一书中指出“外交礼仪，通常是指在具体的外交场合里，用以对交往对象表达尊敬友好之意，同时用以维护自身形象的人际交往的行为规范。简言之，外交礼仪就是在外交场合里约定俗成的待人接物的标准化方式。”④这里金正昆教授把外交礼仪定义为外交人员在外交场合里所应恪守的人际交往的行为规范，他强调外交礼仪仅仅适用于外交人员。⑤李渤教授在《外交学》一书中给出的定义是：外交礼仪通常是指“国家与国家之间进行官方交往时，组织安排各种活动的规则、规格、程序和形式等。”⑥他同样指出外交礼仪只适合外交人员所从事的外交活动与交往。⑦持同样观点的还有中国外交部原礼宾司参

① 胡勇：《邓小平访美的礼宾问题》，《国际政治研究》，2010年第01期，第169页。

② 杰夫．贝里奇，艾伦·詹姆斯，高飞译：《外交学译丛—外交辞典》，北京大学出版社，2008年版，第231页。

③ 马保奉：《礼宾春秋》，世界知识出版社，2007年版，第1—2页。

④ 金正昆：《外交学》，中国人民大学出版社，2004年版，第197页。

⑤ 金正昆：《外交学》，中国人民大学出版社，2004年版，第201页。

⑥ 李渤：《外交学》，时事出版社，2014年版，第241页。

⑦ 李渤：《外交学》，时事出版社，2014年版，第244页。

赞樊剑先生，他认为“外交礼仪”更多是外交界应用的礼仪，这种观点与金正昆、李渤教授的观点大致相同。在杨烨主编的《外交理论与实务》一书中，同样把外交礼仪解释为外交人员在参加外交活动中必须遵守的人际交往的行为规范。[①] 但是，上述的观点恰恰体现了外交礼仪与外交礼宾的微妙不同，如果外交礼仪仅仅适用于外交人员，那么，现在外交舞台上最活跃的主体——国家元首、副元首、政府首脑及其他高层领导该如何定位？国家领导人并不是职业外交人员，但交通工具的普及为他们直接参与外交创造了条件，某种程度上他们部分替代了职业外交官的角色，直接参与、决策国家间关系的重大议题。按照这种逻辑，外交活动中的重要主体国家元首、副元首、政府首脑等高层领导在外交实践中所从事的礼仪活动则归属于礼宾了。

结合前面所介绍的，尽管学者金正昆与李渤都强调外交礼仪仅仅适用于外交人员，但二人的定义还是有些许差异，金正昆教授强调外交礼仪是在外交场合外交人员的行为规范；李渤教授强调的是国家与国家之间进行官方交往时，安排各种活动的规则、规格、程序和形式等，更偏向于制度安排。马保奉参赞定义的外交礼仪主体既包含了机构也包含了微观个体，“外交礼仪通常指国家元首、副元首、政府首脑、政府的职能部门——外交部、国家驻外外交代表机关和其外交人员对外进行官方活动的礼仪，”机构主体是政府的职能部门（外交部、国家驻外外交代表机关），微观主体是从事外交的人员（国家元首、副元首、政府首脑、外交人员）。

从以上观点可见，外交礼仪包含了礼宾礼仪，外交礼宾是外交礼仪中的一个重要组成部分。外交礼仪既包含外交活动中的制度安排也包含人的礼仪规范，但礼宾礼仪更多侧重代表国家从事外交活动的主体人应遵循的仪式与礼仪规范。这也符合樊剑参赞对礼宾的解释：“礼宾是国家和政府高层交往的礼仪，从各国外交部门礼宾机构的工作看，重头是安排国家元首、政府首脑及外长的外交活动”。[②] 这一定义比《美国传统词典》所包含的主体“礼宾是外交官和国家元首遵循的一系列仪式与礼仪形式”略微宽泛。也就是说，只要是国家和政府高层人员践行的礼仪规范都可以归类于礼宾，但毫无疑问，国家元首、政府首脑是礼宾最典型的

① 杨烨：《外交理论与实务》，外语教学与研究出版社，2008 年版，第 143 页。

② 2016 年 1 月 5 日对外交部礼宾司原参赞樊剑先生进行访谈，他给出了关于“礼宾与外交礼仪定义”的看法。

主体。

综上，礼宾礼仪可以有狭义与广义两个定义，前面探讨的是狭义的定义即国家元首、副元首、政府首脑等高层人员与外交官代表在外交活动中所展示、遵循的一系列仪式与礼仪形式，狭义的定义更多侧重于从主体人的身份界定礼宾礼仪。广义指代表官方从事外交活动的最高领导人、外交代表与外交机构在外交活动中所展示、遵循的一系列仪式与礼仪形式，主体包括国家元首、副元首、政府首脑等高层领导与外交官代表（主要是外长、大使）等，机构具体指外交部、国家驻外外交代表机关。广义的定义基本与外交礼仪类似，可以与之交替使用。

三、外事礼仪与涉外礼仪

外事礼仪与涉外礼仪也是实践中常用的两个概念，有些单位会使用外事礼仪，有些单位则使用涉外礼仪，二者有何区别？在什么情况下用外事礼仪而不是另一种？金正昆教授在《外事礼仪概论》一书中的定义是“所谓外事礼仪，即适用于涉外交往的沟通技巧。”金教授对外事与外事人员给出了界定，“外事通常指一个国家，一个地区或一个单位所须正式处理的相关涉外事务。外事人员，则是指代表其所在国家、所在地区、所在单位从事涉外工作的具体人员。因其如此，外事礼仪的适用范围显然只有一个，即涉外交往……也就是说，外事礼仪并不具有普适性，并不能够普遍地适用于一切活动，一切场合”[①] 金教授在这里明确指出外事人员不是任何人员，而是有单位归属且从事涉外工作的具体人员。这一点似乎标识出与涉外礼仪的区别，金正昆教授在《涉外礼仪》一书对涉外礼仪的定义是“亦称作国际礼仪，它所指的是人们在国际交往中，在同外国人打交道时所应当遵循的礼仪。”[②] 这里适用于涉外礼仪的主体没有任何限定，从中国人的角度来说，我们可以理解为任何中国人与外国人交往需要遵循的礼仪，包括学者、商人、公务员、事业单位人员、工人、农民、学生等。而外事礼仪是有主体限定的，金教授这里所指的主体限定“代表其所在国家、所在地区、所在单位从事涉外工作的具体人员”只是给出了一个大致的限定，具体到哪一类单位没有进一步说明，实际上，私有企业、跨国企业、社团组织从事涉外工作的人员涉及的礼仪不会称为外

① 金正昆：《外事礼仪概论》，中国人民大学出版社，2007 年版，第 2 页。

② 金正昆：《涉外礼仪》，中国人民大学出版社，1999 年版，第 5 页。

事礼仪。根据研究发现，外事礼仪的单位并非任何单位，多表现为非外交系统的国家机关、地方政府、事业单位、政府背景的各类组织等，这些单位所从事的涉外交往活动称为外事礼仪。这也吻合了金正昆教授强调的“外事礼仪并不具有普适性，并不能够普遍地适用于一切活动，一切场合”。

因此我们可以总结，外事礼仪是指除外交系统以及国家高层交往以外的一切与政府系统相关的人员从事的礼仪，它是国家机关、地方政府、事业系统等政府系统相关的人员在涉外活动中应该遵循的行为和礼仪规范。而只要是涉及涉外交往的任何人都涉及涉外礼仪。也就是说涉外礼仪的范围比外事礼仪更加宽广，只要是从事涉外交往的人都存在涉外礼仪。

而外事礼仪与礼宾礼仪以及外交礼仪也有容易混淆的地方，如前所述，国家元首、副元首、政府首脑等国家和政府高层人员以及外交官代表在外交场合践行的礼仪称为礼宾礼仪或外交礼仪，那么，这些礼宾礼仪的主体与另一国的非国家领导人、非外交系统的人员交流，那算什么礼仪呢？比如一国领导人到另一国的大学、企业或者地方政府部门参观考察，是否也归属于礼宾？答案是肯定的，只要一方是国家元首、副元首、政府首脑等国家政府高层人员以及外交官代表，这些活动统统升格为礼宾礼仪了。也就是说外事礼仪的主体如果与另一国的礼宾礼仪（外交礼仪）的主体接触又升格为礼宾礼仪（外交礼仪）了。除此之外所涉及的涉外礼仪交往均应归属于外事礼仪。

最后，学术界对礼宾礼仪的学术研究较为薄弱，最基本的概念仍存在较多不同观点，这为深入研究礼宾礼仪带来了困难。正如所有的深入研究都建立在最基本的概念之上，这是公开讨论与深入研究的基础。鉴于此，本文以最基本的概念为研究对象，通过文献综述，对礼仪家族中容易混淆的几大概念进行分析与辨析；尝试为深入研究礼宾礼仪打下基础。

中国封建外交跪拜礼及其终结

马保奉*

由跽坐到跪拜

在我国，汉朝以前，还没有出现椅凳，人们的止息方式，是坐在地上，但是一般不是将臀部直接坐在地上，而是采取跽坐方式，如当人们进食、议事、会客等场合，坐在用芦苇、竹篾等编成的席子上，故称“席地而坐”。跽坐亦称跪坐、正坐，即两膝着地，臀部压在小腿及脚后跟上，上身挺直，双手置于膝上。这被认为是最文雅、最正式的坐姿。而跽坐方式，一开始并不舒服，必须经过刻苦训练，克制自我心性，才能实现内心与坐姿的和谐统一。

如果以臀部着地，即踞坐，特别是箕踞，即呈簸箕状，两腿如八字般分开，则是一种放纵失礼行为。《韩诗外传》载：“孟子妻独居，踞。孟子入户视之，白其母曰，‘妇无礼，请去之’。母曰：‘何？’曰：‘踞’。”

双膝着地跽坐时，为了表示郑重，说话时往往会把臀部抬起，在膝盖处形成上身与小腿之间的直角形，从而改变了跽坐体位，变成跪姿势。至于拜，首先是处于跪姿，再配合头部下垂和双手动作，以表现出对对方的礼敬。

《战国策·秦策三》：“秦王屏左右，宫中虚无人，秦王跪而请曰：‘先生何以幸教寡人？’范雎曰：‘唯唯。’有间，秦王复请，范雎曰：‘唯唯。’若是者三。秦王跽曰：‘先生不幸教寡人乎？’”这段话里，前者之跪，是秦王急切求教时，所表现出来的恭敬姿势，而后者之跽，则是秦王因得不到范雎计策，而心情失望，不由自主地将跪姿改变为跽坐，即将臀部跌落在小腿上。这段叙述，让我们看到，那时君主也可向臣下行某种跪拜礼。按照当时的规矩，这种跪拜应属于空首跪拜，即跪姿，拱手，头部下垂至手，与心平。而被施礼方，即范雎，身姿出于何种状

---

* 外交部礼宾司前参赞，外交学院兼职教授（2005—2013）。

态，文中虽未明写，但根据其欲言又止，诚惶诚恐连说“唯唯”（是啊、是啊，或对呀、对呀）语气判断，作为客人，范老先生必然、应该也是处于跪姿，或至少是跽姿，绝对不会是站在那里，心安理得地接受秦王的跪拜。

春秋战国时期，官方规定的跪拜礼节有九种，即稽首、顿首、空首、振动、吉拜、凶拜、奇拜、褒拜、肃拜。所谓稽首，其稽，稽留之意，基本动作是：跪，右手至地，左手加诸右手，头部加诸左手，之后须停留片刻。这是跪拜礼之中最敬礼节，适用于臣子礼见君主。而顿首，是跪拜时引头至地，短暂接触，即将头抬起。顿首礼敬程度轻于稽首，是地位相当者的一种交往礼节。后世，人们将“顿首”二字引用于书信中的开头或末尾，也有首尾都用的，以表示恭敬。空首是国君答拜臣下的礼节，即跪姿、拱手、头部下垂不至地，故曰空首，也称拜手，恭敬程度最低。至于振动、吉拜、凶拜均为丧礼之拜。奇拜是拜一次，褒拜，是多拜之意。肃拜是女性的礼拜方式，不跪，俯首，两手下垂。

唐代中期出现了靠背椅，特别是到了宋代，桌椅广泛使用，跽坐逐渐退出历史舞台，而跪拜礼节则大行其道，其尊卑观念，则得以逐步强化，至清朝，《清会典》规定:“大朝，王公百官行三跪九叩礼”。

在讲究孝道的中华大地上，跪拜天地、祖先、父母，本无可厚非。但是，当皇帝坐在龙椅上，居高临下，而臣民们则俯伏跪拜在地，这种巨大反差，会造成强烈震撼，让人们在的心理上形成尊与卑、主与奴等不平等的观念。周王朝乃至春秋战国以及秦汉，大体说来，中央王朝在对外交往中，跪拜礼节并未引发不满或抵制事件。

唐朝对外交往范围扩大，不仅周边，而且南亚、中亚乃至欧洲等遥远的外国使节，纷纷来到长安。而这些没有从属关系的外国人，对跪拜中国皇帝的做法，难以适应，特别是后来的清王朝，外国使节抵制跪拜中国皇帝的案例，更是层出不穷。清王朝的三跪九叩首，让他们倍感羞辱，虽然也有少数西方国家使节，勉强顺从了清廷礼节要求，但是英、俄等大国使节，却不那么听话。至十九世纪，西方列强用大炮轰开中国封闭的大门，他们的使节在觐见中国皇帝时，再也不能容忍在他们看来有辱人格的跪拜礼节了。

齐桓公跪拜周天子使臣

春秋时代，周王朝与各诸侯国以及各诸侯之间的交往，与现代意义上的外交，多少还有点不同，但是他们彼此之间结帮拉派，纵横杯葛，其外交手腕的复杂程度，一点也不输于现代外交。齐国靠鱼盐之利，迅速崛起，齐桓公以尊王攘夷号令天下，扩充实力，成为霸主。周天子沦为名义上的“共主”，实际上对各诸侯国，特别是齐国，已失去控制力，只能靠笼络、讨好，来维持表面上的君臣关系。《左传·僖公九年》载，周襄王（公元前676年继位）以齐桓公尊王有功，借会盟葵丘（今河南兰考）之际，派大臣宰孔带祭肉来见齐侯。当时，天子把祭祀祖先用的祭肉，分一些给某诸侯，是该诸侯莫大的荣耀。使者说，周天子正在祭奠文王、武王，特派他来赐伯舅（齐国的始封王吕尚，为异姓大诸侯国，故称。而对同姓大诸侯称伯父、小诸侯称伯叔）祭肉。齐侯将下拜，孔曰：“且有后命。天子使孔曰：‘以伯舅耋老，加劳，赐一级，无下拜。’”桓公内心里并未把这件事看得太重，本想顺水推舟，省去这一套虚礼，再说向一个使者行跪拜礼，毕竟不是什么体面的事。但是，为了“尊王”大计，管仲提醒“不可”。桓公会意，装模作样，做了一番跪拜礼节表演。

“齐侯答曰：‘天威不违颜咫尺，小白（名字，自称）余敢贪天子之命无下拜？恐陨越于下，以遗天子羞，敢不下拜？’下，拜；登，受。”直译：“天子的威严不离我颜面咫尺，我小白怎敢冒昧地接受天子的命令而不下拜？我只怕在堂下跌倒，给天子带来羞辱。我岂敢不下阶跪拜呢？”于是齐侯走下台阶，跪拜；然后登堂，接受祭肉。

虽然并不情愿，但是还是给后世留下一个有模有样的跪拜礼节模式。

朝见汉朝皇帝礼节

外国使节与汉朝大臣一起，向皇帝行跪拜礼，其盛大场面，在东汉大科学家、文学家张衡的《两京赋》中描绘得十分生动：“藩国奉聘，要荒来质，具惟帝臣，献琛执贽。当觐乎殿下者，盖数万以二。尔乃九宾重，胪人列。”属国派来的使节，遥远荒蛮的外国入侍的质子，都向皇帝称臣，并献上珍宝和礼物。在殿下参加觐见的，有上万人之多。此时的九宾，即九个等级的朝觐官员：王、侯、公、卿、二千石、六百石及郎、吏及外国朝者侍子共九等。汉武帝时，朝廷中首次出现了主管外国客人的官员大鸿胪。正是大鸿胪负责为外国客人安排适当的位次，引导他们向皇帝朝拜。

中国古代君王，在礼节上尊重外国首脑或来使，比较少见。但是为了政治需要，皇帝也能放下架子。《汉书·匈奴传》载，汉宣帝甘露二年（前52年）得知，匈奴呼韩邪单于，为了与其兄郅支单于，争夺对全匈奴的控制权，决定联合汉朝，表示要亲自来汉朝参加明年的元旦朝拜。汉宣帝决定抓住这一千载难逢的机会，做分化匈奴的工作，于是亲率百官，在长安城郊渭水桥畔，举行隆重欢迎仪式，接见韩邪单于时，打破常规，允许单于可“赞拜不名”，即不必向宣帝行跪拜礼，赞礼官也不必直呼其姓名，只称官职。

籓王参加西晋元旦朝贺

元旦朝贺是外交宾客和使节参加的一项重大礼仪活动。《宋书》引西晋的礼仪大典《咸宁注》说，这一重大礼仪活动，“匈奴南单于子”及“诸蛮夷胡客”均出席。该活动这样开始，“皇帝出，钟鼓作，百官皆拜伏。太常导皇帝升御坐，钟鼓止，百官起。大鸿胪跪奏‘请朝贺’。掌礼郎赞‘皇帝延王登’。大鸿胪跪赞‘籓王臣某等奉白璧各一，再拜贺’。太常报‘王悉登’。谒者引上殿，当御坐。皇帝兴，王再拜。皇帝坐，复再拜。跪置璧御坐前，复再拜。成礼讫，谒者引下殿，还故位。掌礼郎赞‘皇帝延太尉等’。于是公、特进、匈奴南单于、金紫将军当大鸿胪西，中二千石、二千石、千石、六百石当大行令西，皆北面伏。”

唐大食使节拒行跪拜礼

唐朝疆域广阔，实力强大，高度发达，唐太宗被各国推为“天可汗”，各国君长和使节来长安朝拜者络绎不绝。唐朝诗人王维在其诗作“和贾舍人早朝大明宫之作”写到：“九天阊阖开宫殿，万国衣冠拜冕旒”。阊阖读作changhe，意为宫门；冕旒读作mianliu，是指皇帝的礼帽及其前后的玉串。诗文中的“拜”是双膝、双手着地式跪拜。

但是，对于一位代表国家的使者来说，俯伏在往访国元首面前，顶礼膜拜，显然不只是个人的事，因而很不情愿，很不顺从。《旧唐书·大食传》载，唐玄宗开元元年（公元713年），白衣大食（今叙利亚一带）遣使来唐，朝见唐玄宗时，平立不拜。唐官员以其无礼，欲治其罪。中书令张说上奏，以大食礼俗不同，不可治罪。玄宗准其奏，同意开此不跪拜先例。后大食使者来朝，双方礼仪争执再起。使者说，在其本国只跪拜天神，即使对国王，也没有跪拜的礼法。后在唐官员坚持下，大食使者还是按照唐朝规矩，对皇帝行了跪拜礼 。

两宋时代跪拜礼节

据《宋史》，宋真宗大中祥符八年（公元1015年）九月，“其国（注辇国。今印度科罗曼德尔海岸一带）主罗查罗乍遣进奉使侍郎婆里三文……等奉表来贡。译者导其言曰：‘愿以表远人慕化之诚。’”仁宗明道二年（公元1033年），该国又遣使来宋，携泥金国书、珍珠衫帽等。使者蒲押陀离奉银盘跪撒珍珠于仁宗皇帝御榻前，再申向慕之心。翌年，宋廷封其为金紫光禄大夫、怀化将军，后回国。

开始，宋、辽约定，两国使节在晋见对方国君时，行跪拜礼。据《辽史·礼志》记载，凡宋使至辽贺生辰、正旦，在宋使上朝之日黎明，百官皆入朝。宋使先就幕次。在辽朝舍人引导下，宋正副使入至丹墀内，面殿而立。辽方阁使由北阶下殿、鞠躬，面奏“封全”，随将书匣交枢密官开封，由宰相面对皇帝宣读。读毕，舍人引导正副使由北阶上殿，鞠躬、跪拜，行礼如仪。

《宋史·礼志二二》记述了契丹国使来宋朝朝见的礼节：“两拜奏圣躬，随呼万岁”。

最初，南宋与金人交往，与北宋和辽政权的交往礼节一样。后来，南宋皇帝赵构向金人奉表称臣，开始向金国皇帝行藩国朝贡之礼。金国使者南下，称为“诏谕江南”。金宰相张通古曾经担任过诏谕江南使，南宋皇帝接见使者，安排张通古面北而拜，遭到张通古严辞拒绝。张说：“大国之卿就相当于小国之君，宋朝已奉表称臣于金，我怎么能北面而拜？”结果，安排了东西相向的两个位置，张通古居于面东的尊位，南宋皇帝居于面西的位置，拜受“诏谕”。

属国朝贡清王朝礼节

清朝入主中原，继承并加强千年封建跪拜礼的传统，如规定大臣百官面见天子，要行三跪九叩之礼，以取代明朝的五拜三叩之礼。所谓三跪九叩，就是双膝下跪三次，每跪一次，应叩头触地或接近地面三次。至于朝贡国的代表，觐见皇帝时亦须遵行此礼。这使得封建跪拜礼之威严，达到无以复加的地步。

清朝接待属国贡使，礼仪程序是：贡使入境，地方政府给予周到接待，并派文武官员伴送贡使进京。每到一地，伴送人员就更换一次，直到京师。进京以后，贡使被安排在宾馆住宿。到京次日，使者率随从官员，身着本国礼服，带表文、方物，到礼部呈献。表文由礼部转呈内阁，方物则交有司收存。若遇有大朝、常朝，使者就列在大臣西班之末。若非朝期，则由礼部奏闻，皇帝择日召见。召见翌日，赴午门外谢恩，跪受礼物。送行宴会由光禄寺置办，礼部侍郎陪同。

清廷册封属国君长礼节

清初，对外交往的主要国家也是属国。清廷使臣赴属国，主要任务是宣读皇上诏敕。其礼仪是：使臣奉诏出使，属国国王遣陪臣迎诏敕于龙亭，行三跪九叩礼；对正、副使行一跪三叩礼。宣读诏敕时，国王率陪臣至清使下榻馆舍，行三跪九叩礼，跪受诏敕。

清廷使臣赴属国册封属国君长，礼仪更为繁复。清廷接到属国请封奏文后，由礼部上奏，遣正、副使持节前往封授。皇上赐使节一品麒麟服，以重其行。属国国王遣陪臣郊迎持诏使节，行跪拜之礼，如同上述，将使节迎入下榻馆舍内。册封之日，属国国王率大臣将清使迎入宫廷，向北行三跪九叩礼；清使宣读册封诏敕。事后还要向清使答谢。

荷兰、葡萄牙使节顺从清朝礼仪规矩

荷兰被认为是西方向清朝“朝贡”的唯一西方国家。1656年，荷兰驻巴达维亚（今印尼雅加达）总督如翰没碎格，派正使伯多罗斯来华朝贡。1686年，荷兰驻巴达维亚殖民当局，派遣宾先巴支为正使，路易斯·德凯瑟为副使，携巴达维亚总督给康熙皇帝的信到达北京，贡品有40多种。1795年，荷兰东印度公司派遣德胜（I.Titsingh）和范朝白览（A. E. Van Braan Houckgeest）到北京。在晋见中国皇帝时，他们毫无怨言地遵守大清朝贡制度，向乾隆皇帝行三跪九叩大礼。

葡萄牙是欧洲另一个向清政府派遣使节，并同意在晋见皇帝时行跪拜礼的国家。1676年到达北京的葡萄牙使臣玛纳撒尔聂，以葡萄牙国王的名义，由葡驻印度总督派遣，其任务是要求清政府开放沿海贸易。他按中国礼法，觐见了康熙皇帝。

沙俄来华使节的跪拜礼

并非所有西方国来使，都能遵从清廷的礼宾规矩。1656年3月，第一位访问清朝的沙俄使节，费·巴伊科夫为首的使团抵达北京。巴的身份是信使，却要求享受最高礼遇，提出亲自向顺治皇帝面交国书，拒绝由清廷官员转递，并明确表示不行跪拜礼。双方为此争论了半年。清廷见交涉无望，令巴回国。这可能是西方国家第一个拒绝向清朝皇帝行跪拜礼的外国使节。

俄国使节拒行跪拜礼还有一例。1805年，俄国派格拉夫·戈洛夫金使团来华，通报沙皇亚历山大即位。戈一行由蒙古抵达张家口。双方官员在会谈时，谈及晋见嘉庆皇帝礼节，戈表示拒绝清廷礼仪规矩，不向中国皇帝行跪拜礼。谈判时，适逢俄国两艘军舰驶近广州，并要求广州向俄商船开放等事件发生，引起清廷不满。于是谈判破裂，戈一行未能进京，无功而返。

但是，到达北京的俄国另外三位使节，如尼古拉·斯巴法利（《清史》记作尼果赖）、伊兹布兰特·伊戴斯（《清史》未记下此人姓名，有关他访问北京的档案毁于火灾，所幸本文作者曾购得苏联出版的俄文版《俄国使节使华记》一书，并译出了有关章节）、列奥·伊兹玛伊洛夫，虽然进行了激烈争辩，最终还是同意了向清朝皇帝行跪拜礼。据俄国保存的档案记载，1675——1678年，在斯巴法利使团访问快要结束时，清廷内阁首脑——阁老，对他宣称："你不必惊奇，我们的习惯（指跪拜礼）就是这样。告诉你们的国王，就像天上只有一个上帝一样，地上所有的国王中也只有我们国王这一个上帝，所有的国家都是围绕着他的。我们的这种荣誉，过去没有改变，将来也不会改变。"

1693年11月俄国使团长伊兹布兰特·伊戴斯一行抵达北京。伊是荷兰裔商人，同俄国沙皇彼得大帝关系密切，长期在俄国经商，深受彼得器重。他受沙皇派遣，携国书来华，历时一年多到达北京。开始，因伊戴斯表示拒绝行跪拜礼，清廷便以停供食品和对其使团住处上锁——不得随意出入，相要挟。最终，伊兹布兰特·伊戴斯屈从了清廷的礼宾规矩，向康熙皇帝行了跪拜礼。

为了把好面见皇帝礼节关，乾隆晚年规定，外国使节来京后，由四夷馆卿专门向其讲授觐见礼仪。

英国使节拒行跪拜礼

英国抵制清王朝这一外交礼节也很强烈。英国为贸易利益，企图尽快打开中国封闭的大门，1792年9月，英王乔治派马戈尔尼伯爵（曾任驻俄公使、爱尔兰事务大臣以及驻印度马德拉斯总督）使清，名义上是祝贺乾隆皇帝寿辰，实际上是要求清政府改变其限制对外贸易的政策。1793年8月，马一行90人，乘狮子号军舰和印度斯坦豺狼号商船，抵达大沽口，直隶总督梁肯堂受命陪送至北京。

清廷把马当作贡使，在其由大沽来京的轮船上高悬"贡使"旗帜，马佯装不在意，但在觐见皇帝的礼仪问题上，却与清廷发生争执。马说，如果要他在觐见乾隆皇帝时行三跪九叩礼，作为交换条件，清廷应派一职务相同的大臣，向英国国王、王后圣像也行三跪九叩礼。遭清廷拒绝后，双方又多次谈判，终于达成一致，马以觐见英王最高礼节觐见乾隆皇帝，即马在呈递国书时，脱帽单膝下跪，鞠躬数次，并吻皇帝的手，然后将国书放在一个金匣内，乾隆帝再从匣内取国书。当年9月，乾隆帝在热河两次接见了马戈尔尼。

马戈尔尼的勉强跪拜，并未为再一次来华的英国使节树立榜样。1816年，英国特使阿美士德到北京，在觐见皇帝礼仪问题上再次引起争执。阿及其副使拒绝按中方的礼仪行事，嘉庆皇帝一怒之下，下令驱逐英国使团离京。

雍正使节在俄国行跪拜礼

清政府要求外国使节在觐见皇帝时行跪拜礼，未必如上文那位阁老对沙俄使节所说的那样，“就像天上只有一个上帝一样，地上所有的国王中，也只有我们国王这一个上帝”。清政府明白，沙俄是大国，不可慢待，所以责令自己派往俄国的使节，像对待本国皇帝一样，面见沙皇时行跪拜礼。

为答谢俄罗斯遣使祝贺雍正皇帝即位，以及拟通告俄方，清政府将在西北边疆讨伐准噶尔叛军，清廷决定派遣侍郎托时为正使，广西、宰三为副使，率外交使团访问俄国。这是清朝第一个访问俄罗斯的使团。该团于1731年1月14日抵达莫斯科，第一使命是祝贺彼得二世登基。但是，不幸的是，当使团到达莫斯科时，彼得已死亡，安娜女皇登基。1月26日，安娜女皇在克里姆林宫王位大厅接见清使托时一行。

据俄国档案记载，当国务大臣按照女王吩咐，从王座旁走向使团时，托时手持国书，跪拜于地。国务大臣致欢迎词后，该使节及随行人员均行三叩首礼，在讲话的翻译过程中，该使团全体人员都一直跪着。

清政府被迫改变礼制

经过鸦片战争，特别是1860年英法联军攻占北京以后，西方国家外交官，不再容忍清廷的三跪九叩觐见礼了。美国公使华若翰声称，即使他愿意“躬身微屈右膝”下跪，那也只是在上帝和妇女面前。

1862年，同治皇帝登基，各国公使提出觐见皇帝。清廷以皇帝年幼、太后听政，男女授受不亲为由，拒绝与外国使节见面，暂时把难题搁置起来。1873年（同治十二年），同治皇帝亲政，各国驻北京的使节联衔照会清政府，再次提出觐见。清廷在是否同意觐见以及觐见礼仪问题上，有两派意见。保守派官员，如两江巡抚沈葆祯等人力主不见，更不能容忍这些使节不行跪拜礼，认为此例一开，外国公使就能随时要挟皇帝。他们甚至提出“严设兵备，以崇朝廷尊严之礼，以杜外夷骄横之萌。”而陕甘总督左宗棠，两江总督曾国藩等则认为，欧洲各国本来就不是中国的属国，也没有跪拜的习惯，既然再也没有理由不让外国使节觐见，不如遵从“礼从宜，使从俗”的原则，同意他们觐见要求。当时任湖广总督的李鸿章，提出一个折中方案，即各国公使“只准一见，不准再见。只准各国公使同见一次，不准一国单独求见。”李鸿章还提出，外国公使觐见皇帝时，以鞠躬礼代替三跪九叩礼，并建议把西洋礼节的三鞠躬，改为五鞠躬，以示中国皇帝高于其他国家君主。李的方案被皇帝采纳，也勉强被各国公使接受了。

1873年6月，在中南海紫光阁，日本特使、俄、美、荷、法公使及德公使代表，觐见同治皇帝并呈递了国书。

关于觐见地点的选择，清廷也颇费了一番心思。紫光阁是清帝过去接见属国贡使的地方。外国使节虽然不行跪拜礼，但清政府在内心里，仍把他们当成属国贡使看待。至于国书递交程序，也仍然沿用老规矩，即使节们把国书放在皇帝面前的黄案上，而不是递交到皇帝的手上。关于鞠躬礼，有的公使也未严格遵照清廷的礼仪规定，如日本特使副岛种臣只肯三鞠躬。

从此次觐见起，三跪九叩朝见中国皇帝的礼节，对西方国家的外交使节来说，被永远废止了。

德国想用跪拜礼让清朝难堪

自从同治皇帝在紫光阁集体会见各国使节起，封建外交跪拜礼仪制度终于走向尽头，画上了句号。可是不曾想，27年之后德国人又把它搬出来生事，妄想用跪拜礼整治清廷。

1900年6月20日，德国驻华公使克林德，携译员乘轿赴总理衙门办交涉，行至崇文门内东单牌楼，与巡街的神机营清军士兵发生冲突。克林德被清军士兵恩海击毙，译员受伤。该事件成为列强，特别是德国，对清政府施压和勒索的理由。八国联军攻占北京后，提出的议和大纲第一条就是，清政府须派亲王为专使，赴德国谢罪。1901年6月4日，清政府被迫任命醇亲王载沣（宣统皇帝之父，光绪、慈禧去世后曾任摄政王），为“头等专使大臣”前往德国。8月23日抵达瑞士巴塞尔。当时，德国方面扬言：“德皇在白厅坐见，王爷行三鞠躬礼，递书，致颂，其参赞随同入见者，切照中国臣下觐君礼节叩首”。德皇坐接国书、要求随同官员跪拜，这不是存心刁难吗？载沣万难接受。于是，在巴塞尔滞留不前，后在中外舆论责难下，德方取消了该要求。9月3日，载沣一行抵达柏林，4日觐见德皇威廉二世，载沣只带翻译面见德皇，行鞠躬礼，向其致道歉词，并呈递了光绪皇帝的道歉书。至此，克林德被杀事件才得以平息。

结语

由跽坐演化而来的跪拜礼，适应当时人们席地而坐的环境，是最方便、最易行礼仪形式，也是那时人们最聪明的选择。其本意是向人表示礼敬，在当时并无低三下四之感。

随着桌椅出现，环境改变了，人们不再席地而坐，而封建王朝仍然抓住这一礼节不放，且硬性强化其尊卑贵贱功能，以维护其等级森严、王权至上的专制统治。在这一方面，跪拜礼可以说起到了无法替代的作用。但是，“普天之下并非都是王臣”，在同外国打交道，岂能硬要人家遵从自身的礼节！外国使臣觐见同治帝，集体抵制跪拜礼，传统跪拜礼的权威受到挑战，根基崩塌，这个伴随了我国两千多年各个封建王朝的礼节，随着腐败的清朝封建王朝的覆灭，在外交上最终走到了尽头。辛亥革命后，孙中山不失时机地提出废止跪拜礼，倡导握手、鞠躬礼，一个新时代开始了。

中国传统礼宾礼仪的历史演进与现实启示

陈康令*

在讨论传统东亚秩序和古代中国周边关系的过程中，许多研究已经开始进行扬弃性的研究和总结，将传统东亚国际关系理论中的合理成分充分挖掘出来，和西方主流国际关系理论进行对话，并结合当代中国国际关系实践来提供一些启示。

这其中，有一个方向比较值得深入思考，就是通过探究中国传统礼宾礼仪如何形成、演变并且影响中国处理周边关系，来为当今中国周边外交的新理念、新做法提供一定经验和启示。本文首先将对过去2000多年国际关系实践中的中国传统礼宾礼仪进行初步梳理和考察，① 并在此基础上探讨一些现实意义。

一、儒家之礼是中国传统礼宾礼仪的主要历史渊源

古代中国国内礼仪思想和制度发端于周公制礼作乐，施行“德政”，并使礼乐文化成为西周时期普遍施行的政治和社会制度，在汉代被称为“古礼”。

根据《周礼》记载，先秦时期最早的较为成型的礼仪制度共有五类，即吉礼、凶礼、军礼、宾礼、嘉礼。这“五礼”中的宾礼是指诸侯见天子，以及诸侯国之间相互交往时的礼节，属于早期国际关系礼仪的范畴，即所谓“以宾礼亲邦国”(《周礼·春官·大宗伯》)，其内容主要包括朝、聘、盟、会、遇、觐、问、视、誓、同、锡命等。然而，春秋战国时期“礼崩乐坏”，儒家吸取了“无礼则乱”的历史教训，经孔子、孟子、荀子的总结、提倡和发挥，建立起了儒家礼治体系——不仅包括宏观层面政治制度，还包括中观层面的道德标准和微观层面的行为准则。

* 博士，复旦大学中国研究院讲师。

① 主要内容参见拙作：《礼和天下：传统东亚秩序的长稳定》，复旦大学出版社，2017年版。

从西汉开始，儒家思想逐步成为中国国内统治的主流意识形态，各种系统化的礼仪思想和制度进入大发展阶段。西晋以降，历代王朝的礼仪制度皆采取五礼的架构，从制度上规范了礼仪的程式，以五礼中的“宾礼”为核心的中国传统礼宾礼仪正式成型，并在此后历朝历代得到不断深化和完善。

施行宾礼的过程具有庄重严密的一整套程序安排，譬如中国历朝对朝贡国家的贡期、贡道、贡物、朝贡规模等都有明确规定，通过礼部等中央政府部门实施，这都详细记录在相关文献之中。自唐宋开始，宾礼和其他重要礼仪一起，在中国国内实现了礼典化，由礼部统筹负责。这些成文的礼仪规范一方面是记录在“会要”等历朝历代根本典章之中，例如《唐会要》《宋会要》《元经世大典》《明会典》《清会典》；另一方面则是记录在独立的礼仪典章之中，例如《大唐开元礼》《政和五礼新仪》《大金集礼》《明集礼》《大清通礼》。其他东亚国家的相关政府部门也会据此制定本国的礼典，对如何实行宾礼进行进一步规范。例如朝鲜王朝的《国朝五礼仪》。[①]

礼部等专业机构不仅负责宾礼的制订和执行，也负责转呈属国国王的奏疏，办理属国的册封、修贡、进贺、告丧等事务，承担着外交部门的功能和角色。例如，在中国明朝时期：中央设礼部主客司，具体主管朝贡事务；设立鸿胪寺，掌管朝会、册封等方面的礼仪；设立行人司，奉命对朝贡国国王进行招谕、册封、赏赐等外交事务；在京师设立会同馆，负责接待各国朝贡使者；设立四夷馆，承担翻译事务；在广东、福建、浙江等沿海地区设立市舶司，负责海外诸藩朝贡市易之事，辨别表文、勘合真伪等事宜。[②]

同时，中国传统礼宾礼仪往往与当时的古典国际制度相勾连，形成了颇具特色的礼仪化的国际制度，或叫“天下礼制”。这些国际制度主要依靠中央王朝来建立、运行和维系，并针对不同的时势和局势进行调整，其普遍特征就是将礼仪的精神和形式贯穿其中，实现了礼仪的象征性与工具性的统一。

从形式上看，天下礼制包括政治、安全、经济领域的册封制度、贡赐制度、和亲制度这三大支柱制度，它们在传统东亚秩序的大部分历史进程中贯彻始终。

---

① 参见[韩]韩永愚：《朝鲜王朝仪轨》，[韩]金宰民、孟春玲译，浙江大学出版社，2012年版。

② 刘信君：《中朝与中国和东南亚藩属国朝贡制度之比较》，《广东社会科学》，2011年第1期，第126页。

此外，朝觐、使行、附贡、会盟、交聘、纳质等制度也在不同历史时期扮演着不同的角色。传统东亚秩序制度结构的演进过程也经过了三个阶段的演进，册封、贡赐、和亲三大礼制在不同时期的主导地位发生了一定变化。具体表现为：汉朝占据主导地位的是和亲礼制，贡赐和册封礼制初步形成；唐朝的和亲礼制依然是重要的国际制度安排，同时，册封礼制和贡赐礼制开始在国际舞台上广大国家接受；到了明清时期，册封和贡赐作为最重要的两大礼制，成为传统东亚秩序的核心国际制度，和亲礼制地位虽有下降但仍然在发挥一定作用。

二、册封礼制的历史演进与主要实践

册封礼制始于两汉，兴于唐宋，盛于明清。唐朝时期，中国对周边的吐蕃、突厥汗国、回纥汗国、突骑施汗国、南诏、龟兹、疏勒、高丽、百济、新罗等政权，有着较大的国际权威，并且有权册封这些政权的首领为王或可汗。对于这些政权来说，唐朝的册封也是国内政治合法性的重要来源，[①]所谓“名不正则言不顺”。例如唐会昌二年（842年），吐蕃达摩赞普死后，吐蕃内部就以是否有“大唐册封”作为新赞普是否合法的重要条件之一。

明清时期是册封礼制发展成熟的时期，册封礼仪的复杂程度和完备程度都高于以往。例如在《明史》和《清史稿》中，就分别有18次和45次提及“册封”外国王室，而该词在以往正史中是鲜见的。朝鲜、越南和琉球是最为严格遵守册封制度的三个国家。明朝甫一建立，中国就遣使前往三国册封，可见其对中央王朝重要程度：洪武二年（1369年），明朝遣使臣张以宁、牛谅赴安南册封；[②]同年，朱元璋派使臣前往高丽，封王颛为国王，赐《大统历》一本，奠定了明朝与其及随后的朝鲜的册封关系；洪武十六年（1383年）和洪武十八年（1385年），朱元璋又分别赐予琉球的中山王、山南王和山北王镀金银印，为永乐二年（1404年）明朝与琉球正式确立册封关系打下了基础。[③]

清朝对于朝鲜、琉球、安南的册封制度明显较其他国家不同，体现了册封制度具有区分传统东亚秩序国际地位的功能。中国与三个国家之间施行的册封制度

① 熊德基：《唐代民族政策初探》，《历史研究》，1982年第6期，第39页。

② 严从简：《殊域周咨录》，余思黎点校，中华书局，1993年版，第170—171页。

③ 李金明：《试论明朝对琉球的册封》，《历史档案》，1999年第4期，第82页。

是为“遣使敕封”制度。凡这三个属国新王即位以及册立世子等，整个册封礼仪可以分为外国请封、清廷遣使、册封新王和谕祭先王四个部分。即先由该国向清朝政府上奏，经大清礼部议定后，再由大清皇帝选派正、副使持节往封。在这些过程的每个步骤又有繁复的礼节需要遵守。例如礼部选派的使节一般要同时具备身居高官、仪容修伟的标准；使团携带的龙旗、黄盖、御杖等仪服资护要由兵部、工部、户部专门提供；为了显示权威，册封使的服装有统一规定，“特赐一品麒麟服以重其行”；使节进入属国国境后，言行举止即被纳入到属国迎接使者的各项礼仪中，等。

当然，册封礼仪也是“因国制宜”：大清与朝鲜王朝之间的册封则极为频繁，有清一代，清帝遣使册封朝鲜国王11位、世子（孙）6位、王妃16位。清廷在琉球的册封仪式，规范而隆重，可谓在国外举行册封礼的标本，足为“万国之观瞻”。[1]至于清朝对于安南的册封，则因明清更替而产生了册封礼仪之争，最终历经康雍乾三代百年之久而得以解决，以安南遵守清朝三跪九叩而非明朝五拜三叩礼而告终。与此不同的是，清廷对于暹罗、南掌、苏禄、缅甸等国的册封制度为“不遣使敕封”（或曰“贡使赍敕归国册封”），即并不亲派使节前往册封，而仅让来华请封的该国贡使把清廷的册封敕书带回。这种册封礼仪一般在中国京城午门内由礼部官员和贡使共同完成。使节回国后，将册封诏敕授予受封国王，随后国王再派使节前往北京谢恩。[2]

册封礼制逐步发展成熟的另一个表现是册封国书的逐步完备和政治权威的逐步确立。在传统东亚国际关系中，书面语言中的遣词造句最能反映出国际关系中的等级秩序，并通过各国外交文书中对名分、正朔、敬语等使用情况的变化反映出来。册封制度的外交文体就是册命文书。原本“册”和“策”都是周代封官封爵的官方文书，所谓“御王册命”（《尚书·顾命》）。到了东汉末年，“册”“策”两者分家，封拜国内王公和外国君主用册，而策的功能则弱化为专用于对臣下的咨询。从汉代到唐代前的册封文书多散见于各类史籍，在史籍中保留下来的完整册书也不多。但自唐宋两朝开始便明显形成和留存了更为规范的册封文书格式。

---

① 参见周煌、赵新：《琉球国志略》卷十一，台湾文献丛刊第293种，台湾银行经济研究室，1970年。

② 何新华:《威仪天下——清代外交礼仪及其变革》，上海科学院出版社，2011年版，第三章。

到了明清时期，册立文书的格式进一步固定下来，一般先是赞扬外国君主与中央王朝历史上的良好关系，再是对其进行具体册命，最后表达希望君主能够励精图治的愿望。例如明太祖朱元璋在《赐封占城国王诏》中先说“自乃祖父，世笃忠贞，向慕中朝，恪守臣节”，再说“是用遣官赍印，仍封尔为占城国王”，最后说“以小事大，尔尚慎终如始，永为藩辅，益勉令名”。[①]又如清乾隆二十一年（1756年）册封琉球王世子尚穆的诏书中先说“世列藩封，屡膺朝命。代修职贡，恭顺弥昭”，再说“特遣正使……赍诏往封为琉球国中山王”，最后说“益励悃忱，翼戴天家，庆延宗祀，实惟尔海邦无疆之休”。[②]

三、贡赐礼制的历史演进与主要实践

贡赐礼制立于汉唐，兴于宋元，盛于明清。可以从两个方面来考察贡赐礼制的演进过程：一个方面是纳贡和回赐的一般性规定，譬如贡期、贡道、贡物等相关规定。另一个方面是纳贡和回赐的具体程序和礼仪，包括朝贡使团出入境的程序与礼仪、贡使在京朝贡的程序和礼仪等。贡赐制度中的具体程序和礼仪受到传统东亚秩序内各国的高度重视，因此各国对于贡赐制度的相关记载在各类官方文档和非官方史料中都相当翔实。

从周代开始，纳贡回赐就和礼仪紧紧结合在一起，象征着一种国际行为体之间政治性的服从和归属。所以，传统东亚秩序中的贡品和回赐物品既有礼节性、象征性的贡物，也有不少能直接提供大量经济利益。汉唐时期是贡赐制度初步确立与逐步发展的时期。[③]汉甘露三年（公元前51年），匈奴呼韩邪单于首次来朝时便“奉国珍”，汉朝赏赐的物品有“黄金二十斤、钱二十万、衣被七十七袭、锦绣绮縠杂帛八千匹、絮六千斤”之多（《汉书·匈奴传下》）。到了东汉时期，诸多东亚政权纷纷入贡，例如据《后汉书·南蛮传》记载，“日南徼外蛮夷究不事邑豪”等政权“献生犀、白雉”。汉开始设立大鸿胪，作为接待和礼宾来使的重要外交机构。张衡《东京赋》中就描绘了朝贡盛景：“藩国奉聘，要荒来质。具惟帝

① 万明：《明代外交诏令的分类考察——以洪武朝奠基期为例》，《华侨大学学报（哲学社会科学版）》，2009年第2期，第40页。

② 何新华：《威仪天下》，第104—105页。

③ 参见李云泉：《万邦来朝：朝贡制度史论》，新华出版社，2014年版，第一章；余英时：《汉代贸易与扩张：汉胡经济关系结构研究》，邬文玲等译，上海古籍出版社，2005年版。

臣，献琛执贽。当觐乎殿下者，盖数万以二。尔乃九宾重，胪人列。”经过三国两晋南北朝时期的礼制建构，唐朝的贡赐制度发展得更为完善。根据《白氏六帖事类集·蛮夷贡赋》所引《主客式》记载，唐朝计算朝贡品的价格开始按照一定比率回赐。唐代还进一步设立四方馆和鸿胪客馆职掌入京朝贡的各项事务和礼仪程式。[①]唐与回纥（回鹘）的贡赐往来即是一例。近年来出土的唐回之间贡赐贸易文书便提供了具体而丰富的贡赐事例，记载着回鹘宰相和女王“附进”品物和唐朝回赐的绢马贸易内容。[②]对于回纥贡赐的仪注，《通典》卷一三一《礼》、《开元礼》卷七九等典籍都进行了详细记载。其大致礼仪程序为：回纥可汗来李唐王朝必以束帛迎劳、遣使戒可汗见日、可汗奉见、受回纥可汗使表及币、皇帝宴可汗、皇帝宴回纥使。[③]

到了宋元时期，贡赐制度进入了一个新的发展时期，主要表现为贡赐规模扩大和幅度加大。根据《宋大诏令集》、《宋会要辑稿》记载，两宋时期的朝贡政权主要有高丽、日本、大理、交趾、占城，三佛齐等南海诸国，以及西北的甘州回鹘、高昌回鹘、吐蕃、西夏、于阗等。贡物既有金线织成龙凤鞍幞、御衣、观音瓶等手工艺品，也有玳瑁、貂皮、香油、香药等珠宝土产，还有金毛狮子、驯象、麒麟、孔雀等珍禽异兽，更有极具战略价值的马、驼、药材。宋朝的回赐主要由两部分组成，一部分是对贡物的加价回赐。如《续资治通鉴长编》卷二三二记载宋神宗的诏令：“诸蕃所进物，三司初估例不尽当价，必再估增价，然后支赐。及马价亦如此。其自今于初估即定实价并马价亦以暗添钱就作填赐。”加价回赐一般没有规定比例，有如对吐蕃加价二分（20%），又有如对交趾补零就整（例如贡物价值不到两千贯，则宋朝回赐钱两千贯）。

除此以外，宋朝还会进行适当的无偿加赐。于是乎，入宋朝贡者通过贡物折价以及其他多种回赐便可获得远高于贡物价值的经济利益，这使得贡赐制度的追随者趋之若骛。对此，宋朝不得不对贡物数量、使团人数、朝贡周期等开始加以限制。宋代贡赐贸易的制度创新是设立市舶司，由其专门“掌藩货海舶征榷贸易

---

① 王静：《隋唐四方馆、鸿胪客馆论考》，《西域研究》，2002 年第 2 期，第 23—28 页。

② 参见姜伯勤：《敦煌吐鲁番文书与丝绸之路》，文物出版社，1994 年版。

③ 顾吉辰：《唐与回纥交聘礼仪的几个问题》，《西北民族研究》，1995 年第 1 期，第 52—61 页。

之事，以来远人，通远物”（《宋史·食货志》）。在贡赐礼仪方面，则是对传统制度继续传承，迎来送往，皆按礼制。元朝建立后，仿宋制开展贡赐贸易。其制度创新在于将国内成熟的驿递制度与贡物转运相结合，提高了朝贡效率。但另一方面，元朝虽然也设立市舶司，但由于未能有效管理大量的贸易事务，使得海上走私情况日益加重。①元朝对于贡赐制度中礼仪规范的组织管理依然十分重视，由礼部所属侍仪司和会同馆负责。据《元史》载，至元二十五年（1288年），朝廷根据礼部奏请，令会同馆所属部门“仿古《职贡图》编而为图，及询其风俗、土产、去国里程，籍而录之”，②为将来贡赐制度的夯实打下了基础。

相较而言，明朝的贡赐规模比清朝大，但持续性不如清朝，两个朝代的贡赐物品构成等方面也有一定差异。从整体上看，明清时期的贡赐制度是一脉相承的，尤其体现为贡赐礼仪的传承和发展。贡赐礼仪属于宾礼的范畴，贡使来华朝贡受赐都必须遵循一系列成文的礼仪规则。明朝将朝贡礼仪作为制度确立下来，是明朝在完善贡赐制度方面的一大贡献。③例如，根据《明史·礼志十》记载，贡赐礼仪中的“藩使朝贡仪”是针对各藩国派遣使臣来朝所制定的朝贡礼仪程序。当“蕃国遣使朝贡”时，首先到达驿站，由应天府同知礼接待。第二天到会同馆，由“中书省奏闻，命礼部侍郎于馆中礼待如仪。”在中央王朝宴请结束后，使者还要“习仪三日，择日朝见”。在朝见过程中，双方“陈设仪仗及进表”，承制官要做出符合礼制的点评，即“诣使者前称有制”。随后，“使者跪”，宣制先后向其询问“皇帝问使者来时，尔国王安否？”“皇帝又问，尔使者远来勤劳。”使者回答后，要“俯伏，兴，再拜。”最后，“礼毕，皇帝兴。乐作至如仪。见东宫四拜，进方物讫，复四拜。”

清朝的贡赐礼仪发展得更为成熟和完备。属国来华朝贡礼仪主要包含两部分：出入境中国的程序和礼仪，以及在京朝贡受赐的程序和礼仪。由于前文所述各国贡道不同，所以出入中国边境的程序和礼仪是为每个国家“度身定做”的。而外国贡使在北京的活动则较为统一，也是贡赐礼仪的高潮部分，其程式大致如明朝，

---

① 何茂春：《中国外交通史》，中国社会科学出版社，1996年版，第252—254页，第267—268页。

② 李云泉：《万邦来朝》，第49页。

③ 栾凡：《明代中朝朝贡礼仪的制度化》，《社会科学战线》，2008年第12期，第112页。

也有一些拓展和创新，以体现中国皇帝礼待天下、与民同乐、四海升平的盛世景象。具体包括：入住会同馆舍、前往礼部进献表文方物、演礼、觐见、赐宴、属国乐舞表演、听戏观火、午门受赏等。①

四、和亲礼制的历史演进与主要实践

和亲礼制始于西汉，盛于隋唐，其后渐衰。不论是嫁出公主的中央王朝，还是请求和亲的周边政权，都极为重视和亲过程中的礼仪过程。《礼记·昏义》中就对构成婚礼过程的"六礼"做了记载，即所谓纳采、问名、纳言、纳征、请期、亲迎等六种仪节，并指出"昏礼者礼之本也"，强调了婚礼对构建稳定社会秩序的重要性——因为"男女有别，而后夫妇有义；夫妇有义，而后父子有亲；父子有亲，而后君臣有正。"只有将六礼一一完成，婚礼才算正式、严肃、合法。

例如东汉就曾因匈奴"旧礼不备"而拒绝和亲。唐朝时期也曾因薛延陀"聘财未备"、因突厥"来人既轻，礼亦未足"为由而拒绝和亲。同时，和亲礼制充分传承了中央王朝对婚礼的各项礼仪规定，并结合周边政权的特色礼俗而不拘一格。在历朝历代的和亲礼仪中，要数唐与回纥的和亲礼仪最为完备，主要包括请婚、纳采迎亲、指名、使节加官、受命、出嫁、可汗册封、可敦受册、赐唐使归、谢婚十项仪节，其中所谓"可敦"制度就是实行了回纥"父兄弟婚""妻姊妹婚"等特色婚俗。②

自汉讫清，东亚各政权之间的和亲至少发生了150次。③从地域范围来看，中央王朝与周边政权的和亲一般发生在东亚的北部和西部地区，隋唐时期则进一步扩展到西南地区，元明清时期与东部也有和亲。从和亲的对象来看，汉朝仅有匈奴、乌孙、鄯善，其中汉对匈奴和亲6次，对乌孙和亲2次，对西域鄯善王和亲1次。三国两晋南北朝时期中央王朝的和亲对象主要有乌丸、去余、柔然、突厥，其中北魏对柔然和亲2次，北齐与柔然和亲1次，西魏与柔然、突厥分别和亲1次，北周与突厥和亲1次。隋唐时期，中原王朝与突厥、吐谷浑、高昌、吐蕃、铁勒、

---

① 何新华：《威仪天下》，第二章。

② 林恩显：《中国古代和亲研究》，黑龙江教育出版社，2012年版，第169—171页，第300—301页。

③ 崔明德：《近五十年来和亲研究的回顾与展望》，《社会科学管理与评论》，1999年第3期，第31页。

契丹、奚、回纥、于阗、宁远、南诏等东亚政权均有和亲关系。但此后在国际关系实践中，和亲礼制的实施则日渐减少。辽夏金时期，汉族政权并未与周边政权和亲，而辽、金与西夏、蒙元、吐蕃、高昌之间的和亲比较频繁。明时与朝鲜王朝有和亲，满清与蒙古有和亲。综合来看，和亲礼制尤其在政治和经济两个维度发挥着促进和平与交往的积极作用。

在政治意义上，和亲礼制早先是双方行为体“划疆立界”的制度保障。据《汉书·匈奴传上》记载，刘邦与匈奴和亲时，双方便定下以长城为界的规矩：“长城以北引弓之国受令单于，长城以内冠带之室朕亦制之。”吕后执政时，汉匈双方仍遵守此约。汉文帝在位时，双方重申这一约定，表示“匈奴无入塞，汉无出塞，犯今约者杀之”，这样汉匈就“可以久亲”。汉景帝在位时，双方仍“如故约”。汉武帝刚即位时，还能“明和亲约束”。[①] 尔后，和亲礼制在隋唐时期又有了两方面的发展。对于中原王朝来说，和亲成为发展两国关系的途径，或者说成为两国关系亲密程度的风向标。对于周边政权来说，和亲则成为提升结交中央王朝提升自身地位和国际影响力的有效方式。例如，后突厥汗国曾向唐王朝强烈要求和亲，并对于唐朝没能与其和亲耿耿于怀。据《旧唐书·突厥传上》载，突厥可汗直言不讳地指出，对于吐蕃“唐国与之为婚”，对于“旧是突厥之奴”的奚及契丹“亦尚唐家公主”，但为何“突厥前后请结和亲，独不蒙许？”并指出“频请不得，实亦羞见诸蕃”的考量，体现了和亲礼制对中国周边政权政治地位的关键影响。[②]

在经济意义上，和亲制度发展衍生出了两种经济互助互惠方式：互市和赐予。早在西汉时期，匈奴方面就希望通过和亲制度获得更多经济利益的愿望。匈奴久居塞北“苦寒”之地，粮食和绢帛都十分缺乏，因此极愿在和亲制度下得到稳定和有保障的来自中原王朝的物质资源。匈奴在互市原则之外往往增加了一些附加条件，汉朝又常常多给财物和主动赈济，使得匈奴所得经济利益远远超过汉朝，[③] 汉朝却也因此得以获得许多战略资源。在两汉三国两晋南北朝时期，中央王朝多以金、缯、絮、食物、粮种换取周边政权的马、驼等；在隋唐时期，中原王朝多以绢、粮食、茶叶及铁骑换取周边政权的羊、马。所谓和亲制度的赐予功能，

① 崔明德、林恩显：《论中国古代和亲的类型、特点及其他（续）》，《民族研究》，1995年第6期，第70页。

② 李大龙：《汉唐藩属体制研究》，中国社会科学出版社，2006年版，第516—517页。

③ 崔明德、林恩显：《论中国古代和亲的类型、特点及其他（续）》，第70—71页。

主要是指中央王朝通过大量的聘礼、嫁妆等方式给予和亲对象以经济利益。例如唐代出嫁公主婚资，据《旧唐书·殷佾》载所需500万贯。唐玄宗与契丹、奚和亲，唐对契丹“赐物五万段”，对奚“赐物三万段”（《册封元龟·和亲二》）。唐与回纥和亲时的赐予更多，据《旧唐书·回纥》载，仅长庆二年（822年）一次，唐穆宗就赐予回纥可汗及太和公主绢帛十二车。①

五、一些现实启示

《礼记·礼运》有云：“故礼之不同也，不丰也，不杀也，所以持情而合危也。”中国传统礼宾礼仪的核心要旨之一，就是在认识到人与人之间是有区别和差异的，国与国之间也是有区别和差异的。礼仪实施的前提，是要认识和尊重这些区别和差异。礼仪实施的过程，是要采取适中的方式来规范和调整各方面关系。礼仪实施的目标，是求同存异，达到和谐、通顺、正当的关系。

尽管中国传统礼宾礼仪对古代中国处理与周边国家关系，以及塑造传统东亚稳定、和平的国际秩序起到一定的推动和促进作用，但我们也必须认识到，传统的册封、贡赐、和亲等制度有其历史局限性，并不能照搬到当今国际社会当中。

从传承中华优秀传统文化的角度看，我们则可以比较中肯和客观地来探讨如何“取其精华，去其糟粕”，来探索中国传统礼宾礼仪在创新当代周边外交中的现代意义和内涵。尤其是在和西方的不少理念和做法进行比较时，我们反而更加能找到不少切入点。例如，如何为批判和反对“霸权稳定论”等美国主导的国际关系理论体系提供比较丰富的历史经验的依据；如何为创造“合作共赢”为核心特色的新型国际关系理论提供历史经验；如何为研究中国周边外交新理念的由来和创新提供历史理论和研究基础。②

从国际比较和历史比较的视角看，国际关系中的传统外交礼治原则可以对现有国际法规则提供适当补充。“仁”“义”“礼”等中国传统思想和价值观在国际舞台上并没过时，再加上“势”“一”“和”等可以组成一系列具有鲜活生命力的中华经典国际关系概念的研究范式，为建构中国话语提供学术支持。例如，在经济领域，“礼尚往来”的传统观念可以扩展为礼义生利、情礼兼备、礼利后嗣等新理

① 林恩显：《中国古代和亲研究》，第95页、第168—169页。

② 石源华：《推进中国周边外交历史性变化研究》，《中国社会科学报》，2017年2月24日。

念，强调获得利益的道义性、互利性、可持续性。

总之，从中国传统礼宾礼仪的丰富历史实践中提炼和挖掘出来的包容、谦和、大度的价值内涵，以及因地制宜、因国而异、因时求新的经典智慧，正是当今中国在全球治理中所积极推动和推广的，与习近平总书记倡议的“亲诚惠容”“睦邻友好，守望相助”，反对“国强必霸”等理念联系十分密切。在现实实践中，更要让平等、互惠的中华经典礼宾、礼仪、礼乐，传递以“诚”相待、以“信”相许、以“义”相重的伦理、情义、活力和自信，使其成为世界性的沟通纽带和交往语言。[①]

① 陈康令：《礼乐文明与人类命运共同体》，《秘书工作》2018年第9期，第75页。

礼宾与效果：规则同想象、创意交相辉映

【印度】基尚·拉纳* （Kishan S Rana）
周幻**（译）

引入

许多人觉得礼宾就是各国交往时要遵守的条条框框。但其实，礼宾在各国的沟通交流中起着协调作用，同时，它还为各国首都的外国使馆提供了一套通过驻在国外交部同该国政府打交道的流程。

礼宾的具体规则随着时间的推移而演变。一些规则被国际文件规定下来，如1815年签订的《维也纳条约》，这是维也纳会议的成果，该条约首次规定了外交机构的运作程序和外交使节的位次，这些都被保留了下来。1961年《维也纳外交关系公约》中首次对外交豁免权作出规定，这则与礼宾关系没那么密切。有时，公众会把外交部门的礼宾职能看作外交部的主要职能，贵宾来访、相关的仪式、贵宾出行的车队以及国宴都会引来媒体的关注。天鹅在湖上畅游，看起来没费一点力气，但其在水面下不断踩水才得以前进。礼宾工作也是这样，公众看来一切云淡风轻、井井有条，背后是礼宾官们完善细节、防微杜渐的各种努力。在礼宾工作中，想象力和创新也同样重要，不论在两国关系良好还是处在低潮期，它们都能够让外交官之间的关系正常运转。外交礼宾让国家交往更加顺畅。

礼仪的范围比礼宾更宽，它在各行各业都适用。无论是在家庭，还是在企业或社会其他环境中，符合礼仪规范的行为都可以被定义为“好的”“正确的”或“适当的”。美国的礼仪专家艾米莉·波斯特（Emily Post）曾说：“礼仪告诉人们，

---

* 曾任印度驻阿尔及利亚、肯尼亚、毛里求斯和德国的大使和高级专员，驻美国旧金山总领事。现任印度中国研究所荣誉研究员与荣誉教授，并供职于外交基金会（DiploFoundation），在马耳他和日内瓦工作。

** 北京外国语大学英语学院MTI英语笔译研究生在读。

在压力下应该如何行事。”[①]1941年12月，在下议院，温斯顿·丘吉尔（Winston Churchill）被问道，为何日本袭击珍珠港后，英国对日本发表的宣战书言辞如此礼貌，丘吉尔回答说：若你要彻底摧毁敌人，礼貌一些不会让你有任何损失。

礼仪与礼宾类似，而礼宾往往离不开礼仪。[②]二者的区别在于，礼宾在严格意义上指的是国家代表之间的礼遇，尽管礼宾（Protocol）这个词现在也适用于其他场合，比如“商务礼宾（Business Protocol）”。许多非政府机构都聘用指派来的礼宾官，一名优秀的礼宾官需要对礼仪了如指掌，并对不合礼仪的行为深恶痛绝。无论是上小学，还是在餐厅吃饭，或者同自己的家人交谈，所有人都需要也离不开礼仪，所以学校和一些别的地方都会教授社交礼仪。而商业机构和各种机构组织都有特定的礼仪规则，他们常把这称作礼宾程序。

礼宾、外交豁免与民众

在小国，公众往往能了解到的外交部活动就是其礼宾活动，这包括安排近期的外国领导人国事访问，举办各种活动，邀请外国贵宾来当主要的嘉宾。这些活动共同构建了外交部在公众面前的形象。我记得一些加勒比地区的外交官曾告诉我，当地民众多认为礼宾工作就是外交部的主要工作，这是因为这些活动是民众看得见的，而且，政府其他部门也和民众们看法一致。

外交使团是另一个受到公众关注的外交机构，它与礼宾也有一些间接联系。位于驻在国首都的使馆（包括总领事馆和可能在其他主要城市的名誉领事）享受特权，似乎带着特殊的光环，看上去非常光鲜。使馆的汽车常常无视当地的停车规定，或违反交通规则，这使外交官和外交部显得更加特殊，而这种特殊地位都被解释成礼宾和特权的一部分。有时外国外交官拒绝支付交通罚款，当地媒体便会争相报道。比如纽约媒体定期会公布此类高额罚款清单，被罚款的是来自不同国家的常驻代表团，未支付的罚款数额高达数十万美元。可能大家会认为这些被

① 波斯特的第一本礼仪书出版于1922年，她的子孙后来在不断更新此书的内容。她的孙子在2003年写了一本《男士必备礼仪》，并荣登畅销书榜。她曾经说过：“守礼仪意味着密切关注别人的感受。这把礼仪从刀叉使用指南提升到了跨文化交际润滑剂的高度。

② 杰夫·贝里奇教授（GR Berridge）曾向我讲述过一个与礼仪有关的问题。奥巴马总统于2009年首次访问英国首相宅邸时，与一位站在门外的普通警察握了手，这是从未有过的事！这位警察反射性地向跟在奥巴马身后的布朗首相伸出了手，但布朗没注意，那位警察赶紧收回了手。电视台拍到了这一场景，之后在电视上反复播放了好多回。

罚外交官主要来自南方国家（即非洲，亚洲和拉丁美洲），但值得注意的是，多年来在伦敦，美国大使馆都拒绝支付“拥堵费”，这是市政府对所有在伦敦中心地区行驶的车辆征收的费用，其他很多大使馆常将这笔费用作为“道路”费用[①]来支付。

外交豁免权是公众可了解的外交特权和礼宾的另一个方面，这个方面也有些敏感。1961年维也纳外交关系公约中规定的外交豁免权起源于古代，那时国王派遣使者前去外国，后来使者们免受当地法律约束成为惯例，这样在任何情况下他们都不会遭到骚扰、监禁或杀害。国王和王子们意识到，这必须是一项互惠待遇，于是它演变成了今天的外交豁免权，并被延伸到为大使工作的所有外交官及其家属（非外交官的“工作人员”仅享受有限的豁免权）。之后这些规则得到了完善，豁免权进一步覆盖了领事官员，但与外交官相比，他们的豁免权较为有限，仅覆盖其官方工作职能，私人行为不受豁免权保护。1963年维也纳领事关系公约将这些惯例用法律文件的形式固定下来。因此，如果大使，外交官或家庭成员卷入重大事故甚至参与犯罪活动，驻在国仅能驱逐他们（宣布该外交官是“不受欢迎的人”），只有派遣国才能对其所犯罪行采取实质行动。

若外交官或其家属身涉交通事故，且造成了人员伤亡，或者他们被经济丑闻缠身，又或是参与了走私，这都会引起媒体的热议。在这种情况下，他们由于享受外交豁免权，往往只会离开驻在国，一走了之，或有时给受害者一些经济赔偿。有时候，派出国会起诉这些前外交官或其家属，但一切都取决于派出国的决定。例如，几年前在新德里的一起事故中，一名非洲特使的儿子在一次车祸中导致一位印度人丧生。被暂时性逮捕后，他很快被释放，之后他立即离开了印度。后来派出国政府向受害者家属支付了巨额赔偿金，随后起诉了犯罪者。2018年4月7日，伊斯兰堡的一名美国武官在一起交通事故中导致一名骑着摩托车的巴基斯坦国民身亡。他的车辆被羁押，但因享有豁免权，他随后被警方释放了。

我们再来看另一个例子。2013年12月11日，时任印度驻纽约总领事馆副总领事德维雅妮·柯布拉加德（Devyani Khobragade）被美国当局指控犯有“签证欺诈”

① 这是维也纳外交关系公约的一项关键规定，即外国使馆免税。但这些费用是否属于为公共服务而征收的税款或费用，人们一直对这个问题争论不休。

罪，并被捕入狱，甚至被同毒犯和普通罪犯在一起关押了数日。[①] 当时，她被指控为印度人桑吉塔・里查德（Sangeeta Richard）谎报信息，从而让其来到美国担任她的保姆。这一事件使得印美关系产生摩擦，并被媒体争相报道，它还促使印度对美国驻印外交使团采取了相应的反制措施，引发了双边政治风暴。随后，美国国务院接受了印度的解释，即柯布拉加德不仅在领事馆任职，享有领事豁免权，她还在印度常驻美国外交代表团任职，故享有外交豁免权。之后，她于2014年1月离开了美国。尽管两国的言辞都很强硬，但明显美国的行为越界了。两国政府深入磋商后，最终同意不再对该事件进行追究。这一事件间接反映了各国不同的经济、社会和文化规范，因为按印度这类发展中国家的标准，该保姆的工资非常合理，但西方国家认为这是极低薪或是“剥削”。这些情况无法避免。还有一些保姆来到美国后，立即辞掉家政工作，并通过当地的非政府组织和媒体获得同情，由此定居下来，这样情况变得更加复杂了。

外交礼宾的基本要素

外交礼宾规则由谁决定呢？每个国家的外交部礼宾司都会在1961年《维也纳外交关系公约》的框架内对此做出规定。在有些国家，也可能有一个独立的部门专门处理与本国总统相关的礼宾事宜，这些部门有时叫“国家典礼局”，但对于外交使团，外交部的礼宾部门是他们的主要的联络点。在一些国家和地区，比如在非洲，国家典礼局因为与总统关系密切，权力很大。在君主制国家，如日本、摩洛哥、西班牙、泰国或英国，“皇室礼仪”尤其重要，皇家通常有一套严格的规则。外国大使要像“皇室的成员”一样遵守这些规则，但每个国家的具体操作不一致。

在2011年出版的一本教科书中，我写道：

“在国家交往中，礼宾是指每个外交活动参与者都愿意接受的近乎统一的行为准则和规范，有助于促进跨文化交流。而在更广的范围内，个别国家仍保留其特定风格或特质。礼宾的前提是身份地位相近的人要给予彼此平等的待遇，但它不否定独特的风格。如下文所述，人们可以用不同的礼仪，甚至能够有所创新。在

① 美国有线电视新闻网（CNN）在2014年3月17日对该事件进行了报道，指出虽然美国联邦法院驳回了对柯布拉加德的指控，但对她提起第二项指控，阻止她再次回到美国。见：Dominique Debucquoy-Dodley, Indian diplomat whose arrest and strip-search in NYC drew protests is indicted again, CNN. https://edition.cnn.com/2014/03/14/justice/indian-diplomat-indicted/index.html, accessed on 7th March 2018。

符合最低标准的前提下，各国可以自由地发挥自己的风格，并且与该国进行交往的外国官方实体也应享受此待遇。”[①]

外交礼宾有若干组成要素

首先，国家都须遵守国际条约中的规范以及历史上不同国家或地区的既定惯例。大多数规则都在《维也纳外交关系公约》中有所规定，规则执行时往往最多在细节上有所变动。例如，新任大使还未递交国书时要保持低调，尤其不应同驻在国部长或高官会面，但在许多国家要求没有这么严格，特别是有时候，该国最高行政长官——国家元首可能会让大使在递交国书前等上好几个月。

一些国家或地区会对礼宾规范进行一些变动。比如各国如何执行“外交庇护”，即外国使馆为外国人提供庇护，“保护”他们，让其免受东道国或第三国的影响。1961年《维也纳外交关系公约》中没有外交庇护的相关规定，但这种做法在拉丁美洲长期以来十分普遍，收到庇护要求的国家通常会在几周或几个月内进行安排，帮助寻求外交庇护者离开其国。2012年，朱利安·阿桑奇（Julian Assange）前去厄瓜多尔驻伦敦大使馆寻求庇护便是一例。维基解密的核心人物阿桑奇寻求庇护是为了避免被引渡到瑞典，从而可能最终被遣返回美国，因维基解密而遭到严厉的刑事控告。经过长时间的协商和友好国家的协调，英国政府仍拒绝与厄瓜多尔达成协议，反对让阿桑奇离开厄瓜多尔大使馆并离开英国。据报道，现在两国政府都在权衡各种方案，但几年过去了，事情仍未得到解决。[②]这一事件的最终解决方案还尚无定论。

其次，若符合《维也纳外交关系公约》中主要规定和外交惯例，各国可以自由地进行变通，只要这样符合当地情况，有利于沟通并在类似的情况下或多或少地适用于别的国家。与外国国家元首和政府首脑访问有关的礼宾，外国使馆举办的国庆酒会，或新任大使向驻在国元首递交国书时的礼宾工作都是礼宾的典型案例。所有场合都要求出席者遵循一些礼仪模式，但这些模式在实践时会受到当地习俗的影响。比如在英国这个君主制国家，新任大使若要递交国书，他会从其

---

① 《21世纪新外交》第12章（Continuum， New York， 2011）。

② 美国广播公司在2018年1月15日的报道指出，厄瓜多尔政府可能不愿再与英国继续僵持。见：http://www.abc.net.au/news/2018-01-11/could-julian-assange-be-deported-from-ecuador-embassy/9321004, accessed on 14th March 2018。

大使馆坐皇家马车前往白金汉宫，并由英国官员——外交使团典礼官[①]护送，至少在这段行程的最后部分应该如此。大使们乘坐的是双驾马车，但高级专员（英联邦国家的特使）乘坐的却是四驾马车，我们可以说，这是英国外交礼宾的特点。此外，大使们在伦敦正式递交国书时无需进行演讲，而在其他一些国家的首都，新任大使和驻在国国家元首都要发表简短的演讲，在新德里就是这样。大多数国家一般都已简化礼宾，删减了一些旧仪式。1979年12月，我在捷克斯洛伐克首都布拉格向总统古斯塔夫·胡萨克（Gustav Husak）递交国书，那时的递交仪式是这样的：

1979年12月，抵达还不到两周，我就幸运地成为年末假期前向胡萨克总统递交国书的那批特使中的一员。这是我有幸参加的递交仪式中最为壮观的一次。我乘坐官方提供的车，从布拉格城堡正门进入，车开进第一个内院后，我在一个小型讲台前下了车，大约有300名总统卫兵观礼。接着，捷克斯洛伐克和印度国歌被奏响，之后我向警卫们大声念出了前一天礼宾司司长交代我的问候语：Nazdar，警卫们答道：Z'dar。

让仪仗队大声向贵宾致意，这个环节是该国独一无二的礼仪。这个环节还让两位来访贵宾闹了笑话。七十年代初，埃塞俄比亚的皇帝海尔·塞拉西（Haile Selassie）在一次国事访问中也被要求向仪仗队大声致意，但警卫大喊回应时，他被吓了一跳。然后他又说了一遍：Nazdar，他们再次高兴地大声喊出了之前的答复，据说致意这个环节就这样来来回回重复了好几次！另一次，一位大使忘记了问候语，他一点也不着急，努力回忆了一番后想起了一个单词——Budwar。这是捷克斯洛伐克第二大畅销啤酒品牌名，仪仗队登时哄堂大笑。

在新德里，直到1970年左右，特使都会乘马车前往总统府，并由仪仗队迎接。礼宾简化后，特使不再乘坐马车前往，也不再由仪仗队迎接。一些欧洲国家保留了旧礼宾模式的框架：特使乘坐驻在国政府提供的豪华轿车前往国家首脑的寓所，轿车通常由摩托车队护送；他们也将以同样的方式返回自己的寓所，不同之处在于，前去递交国书时，豪华轿车只需符合国礼规格，但在返回时，车上还需插上派遣国国旗，见证了新任大使首次在该国家出行。旧的礼宾方式有其魅力，也有其道理，但当今时代节奏太快，不再有必要举行步骤繁杂的仪式。

再次，礼宾一大关键是原则上不论国家大小，应按照本国定下的礼宾模式给

① 只有君主制国家才设此职位。

所有国家或地区提供同样的标准待遇。在模式已定的情况下，礼宾部仍有一些灵活变动的空间，若双边关系特别亲近，或驻在国想要庆祝某事，那就可以有所变动。外国国家元首和政府首脑的国事访问就是具体实操的例子。一方面，每个国家都针对不同类型的访问制定了规程，这些访问被分为“国事”“正式”访问，或“工作”“非正式”访问。国事访问意味着受访国要提供其最高规格的礼遇。一些国家每年只接受有限的国事访问，而另一些国家则灵活处理访问数量。英国每年只接受三次国事访问，女王须在一个特定的火车站欢迎前来访问的国家元首，并在车队的护卫下与其一同前往白金汉宫，白金汉宫入口处会设仪仗队迎接，还会举行其他迎接仪式。另外一些国家也对其每年接受的国事访问数量有所限制，君主制国家尤为如此。除国事访问外，国家元首的其他访问则被视作“正式”访问，礼仪规格有所下降，但仍会举办欢迎仪式，仪仗队和奏国歌都不可少，傍晚还会举行国宴。如今国家领导人频繁出访，有时领导人出访是为了与访问国进行磋商，这样就出现了“非正式”或“工作”访问。这种访问则没有各种礼仪仪式，有限的访问时间都被花在高层磋商上，有时甚至只是一顿工作餐。还有一种情况是“顺道”访问，领导者可能会直接前往指定地点参加一场会议，甚至在机场会面讨论。

我们来看一个印度的例子。当英迪拉·甘地（Indira Gandhi）在1980年初重新被选为总理时（1977年3月，她在大选中失利），她发现许多国家已经简化了礼宾仪式，西方国家尤为如此，受访国的国家元首或政府首脑都不再去机场迎接来访者。此外，许多欧洲国家都已经取消了送行仪式。于是在1982年初，她决定简化印度的礼仪仪式，将欢迎仪式的地点从机场换到总统府宏伟的前院，后者比机场停机坪更让人印象深刻。这是个明智的决定，同时还减轻了总统和总理的礼宾负担。她一开始非常谨慎，要求外交部的礼宾司司长进行彩排，确保仪式顺利进行，以达到她的要求。她亲自参加了几次彩排，并过了好几个月才最终批准了变动。这样，送行仪式的正式程度也悄然降低。现在即使是国事访问，也只需一位内阁部长前往机场送别（在另一些国家，由礼宾司司长负责此事）。今天，印度总统府庄严的前院似乎成了举行欢迎仪式的完美之选，该仪式因此变得让人难以忘怀。

然后，本国的独特可以体现在礼宾的许多方面，这让礼宾更加富于变化。有时可以“打破规则”，总统或总理亲自去机场迎接来访的贵宾，比如一个重要国家的领导人，或像教皇（他是一国元首同时也是宗教领袖）这样的贵宾。或者，受访国领导人可以亲自陪伴贵宾前去具有重要意义之地。2014年9月，印度总理纳伦德拉·莫迪（Narendra Modi）邀来访的中国国家主席习近平在古吉拉特邦度过了一天，他在次年回访时，便受邀前去了习近平主席的家乡西安。有时，去印度、美国和其他一些国家访问的领导人还可能受邀在其立法机构演讲，这样做的都是为了凸显受访国对来访国、来访贵宾的重视。

外国贵宾访问的地点、给贵宾授予大学荣誉博士学位也可以体现独特。这些特别的安排与访问产生的影响有直接联系。一些国家认为，受邀给议会演讲意味着对方对自己的访问很重视。

最后，礼宾也是一种互惠，换言之，你如何对待我，我就如何对待你。冷战期间，一些社会主义国家和一些西方国家相互对外交官的行为进行了限制。这种措施是政治选择的结果，而非自动出现的。2018年3月英俄交往的一系列事件显示，若一国因某些重大事件对外国采取行动并驱逐其外交官，另一国基本都会采取反制行动，也会从其首都驱逐类似数量的该国外交官。从反面看，友好的行为也常常得到另一国的友好回应，这样的例子我们已经见过不少。

特殊场合

国家领导人的国葬是一种非常特殊的仪式，因为外国领导人都要参加这类活动，而且准备时间很少。各国的“记忆力”都很好，许多国家都保存着一份详细的名单，上面记录着参加本国国葬的宾客，如果要去另一国参加类似的仪式，他们就可以参考此名单。1944年，第二次世界大战到了最紧要的关头，美国总统富兰克林·罗斯福（Franklin Roosevelt）在华盛顿去世了。英国长期以来一直与美国保持着密切的关系——温斯顿·丘吉尔（Winston Churchill）在1940年5月出任首相后，曾七次前往美国与罗斯福总统会晤，他常乘军舰前往，来回都需要几天时间。在1941年12月美国加入大战之前，他曾要求并劝说罗斯福支持英国与纳粹德国之战。但是，丘吉尔竟没亲自参加罗斯福的葬礼，而是派出了一位部长前去美国。虽然这没有影响后来美国对丘吉尔的继续示好，在1963年他还获得了一项少有的荣誉——美国荣誉公民。但1965年1月丘吉尔去世时，美国最高法院首席大法官厄尔·沃伦（Earl Warren）代表美国出席了他的葬礼。过去一般由美国国务卿迪安·腊斯克（Dean Rusk）带队美国代表团，这次国务卿则“称病”没有出席。

1989年2月24日，在日本裕仁天皇的葬礼上，日本的礼宾官员们遇到了一个棘手的问题。美国总统乔治·布什（George Bush）要出席葬礼，但按照传统的位次顺序，54位其他国家元首中有很多排在他之前。根据传统，按资历排位，国王排在首位，其次才是总统，各个国王和总统之间则按其上任时间排位。日本希望美国总统在哀悼者中排在前列，于是他们采用了一个巧妙的排位标准：位次由天皇在位期间访问过的国家顺序决定，而美国是天皇在20世纪50年代访问过的第一个国家，布什则被安排在前排。

在葬礼期间，领导人们私下会进行非正式的交谈，从而产生了“葬礼外交”。1980年5月8日，在南斯拉夫总统约瑟普·铁托（Joseph Tito）的葬礼上，英迪拉·甘地第一次见到了新当选的英国首相玛格丽特·撒切尔（Margret Thatcher），这是她们坚实友谊的开端。

总统或总理的就职典礼或宣誓仪式也会有外国政要出席。在拉丁美洲，各国通常都会邀请外国领导人参加此类活动，但世界上别的国家都很少有这种传统。这样的场合简直就是各国领导人会面的小型峰会。2014年5月，纳伦德拉·莫迪（Narendra Modi）当选印度总理，他邀请了南亚各国领导人参加其宣誓仪式，这也是莫迪政府“邻居优先”政策的开始。

外交信号

外交礼宾通常遵循既定模式，也让各国给彼此传达信息。这些信息虽不以文字形式表现，但根据不同的情况，可以表达特别的好意或微妙的不满。下面我们来看看实例。

如果受访国为来访的贵宾做了一些特别的安排，这就是友好的信号，表明两国或两国领导人关系特别。对国际地位特别关注的国家对礼遇特别在意。根据文化理论专家吉尔特·霍夫斯塔德（Gert Hofstede）的类型学理论，我们可以推断，这些国家的社会中往往存在高度的“权力距离”或不平等。[①] 若在欢迎仪式或活动中为来访领导人作出特别安排，这都有助于向对方释放积极的信号。

从消极的方面看，国家间也会因明显或隐晦的侮辱互相报复。要羞辱别国很简单，派一位低级代表去参加别国的公共活动，比如外国大使主持的国庆酒

---

① Geert Hofstede, The 6 dimensions of national culture, Hofstede Insights. https://www.hofstede-insights.com/models/national-culture/, accessed on 16th March 2018.

会。再例如把别国的国旗反着挂，对外解释则称这仅是一次失误。一般来说，若有外国大使和其他特使访问本国外交部或其他政府部门，受访国都会向其提供茶点，若想表达对该国的不满，受访国就会略去这一环节。若驻在国政府照会一名外国外交官以表达对该国的抗议，这些礼节都会被省去。还有一种表达不满的方法——故意让来访的贵宾等待很长时间。

有时，偶然出现的礼宾失误会被当成故意怠慢或侮辱。比如1991年，德国经济合作部长陪同德国总统对印度进行国事访问，德国高层的车队在前往一场正式的宴会时被落下了，这是访问中第二次出现这样的礼宾失误。正如我在书（《细观外交》，2000年，第81页）中提到的那样，1992年5月，我作为印度大使被派驻德国，当时我花了几个月的时间与这位重要的部长修补关系。[①] 把国宴安排得细致妥当，避免出现礼宾失误，这是多么重要。

机遇，幽默与灵活自如

有时，礼宾安排未必能顺利进行，这种情况在哪里都可能发生。1981年5月，捷克斯洛伐克外交部为约40名外国大使安排了一次专机旅行，那次旅行最后简直一团糟。出行那天早晨下了一场暴雪，所以被推迟到下午出发。组织者在匆忙中没有考虑跑道中段的积雪，飞机是苏联造的，明显动力不足，挣扎着准备起飞。飞机在跑道上跑到一半，机长决定停飞，他费了好大功夫才在跑道尽头把飞机停住了。我当时也在那架飞机上，有一位曾在空军服过役的特使讥讽道："机长只有几秒的时间来决定是继续飞还是停飞，他还真赌对了。"就这样，我们逃过一劫。

20世纪60年代，埃及总统纳赛尔第二次访印时，按照当时的印度习俗，印度为他在莫卧儿王朝时期修建的德里红堡举行了一个招待会。奏响埃及国歌时，埃及礼宾官们都表示出了不满，其中一位官员告诉印方礼宾官，这是纳赛尔推翻的法鲁克王朝的国歌。印方赶紧道歉，但埃及官员直言指出，纳赛尔总统首次访问此地时也出现了同样的错误，然后还问："印度是不是有些人在秘密地支持君主制？"

1981年9月，英迪拉·甘地总理访问了菲律宾，我那时刚开始为她工作。我们得到消息，抵达当天的国宴上菲律宾总统将会发表演讲，但特使没有告诉我们，

---

① 这件事后果很严重，连德国外交部都悄悄建议我，让我亲自去修补与部长的关系；德国各部分工明确，互不干涉，他们也没办法帮我。

马科斯总统习惯在晚饭后即兴发表诙谐的讲演，而不是严肃的正式演讲。在国宴上，对方按照其习惯来主持宴会，英迪拉·甘地别无选择，只能放弃准备好的演讲，也进行了即兴讲演。第二天上午，总理出席了伊梅尔达·马科斯（Imelda Marcos）主持的午宴；我们得知会有“一些女士”参加。结果，这是一个在马尼拉会议中心举办的大型活动，大约600名优雅的菲律宾女性穿着她们独特的民族服饰前来参加。伊梅尔达走到讲台上，发表了一个精心准备过的演讲，演讲从两国在过去几个世纪间的交流接触展开，细节详实。英迪拉·甘地便冲她的信息顾问兼主要撰稿人扬了扬眉毛——我们什么都没准备！然后，她又即兴发表了一个非常出色的演讲！令人高兴的是，她笑了笑，没再追究。礼宾官要谨记：每一个细节都必须经过核查并且反复核查，别让高官们不断迎接“惊喜”。

在那次出访的更早些时候，英迪拉·甘地总理访问了斐济，她得知，在该国最大的体育场馆举行的欢迎仪式上，她必须喝一口当地部落长老们准备的特制饮品，这种饮品由某种神圣植物的根和别的东西制成，而这是欢迎仪式的一部分。在仪式现场，她举高特制的碗，并喝了大大一口，看到她如此配合，民众们欢欣不已。

每个国家都有不少这样的故事，这让各国的友好合作和友谊显得生动而平易近人。总的来说，外交交流主要是为了增进跨文化交流，促进彼此的了解。

结论

由此可见，礼宾是国际交往中的重要组成部分。若礼宾顺利进行，它可以让各国领导人、特使和参与国际交流者之间沟通顺畅。做好礼宾并不是最终目的，最终目的是让各国在国际交往中高效和有效地进行沟通。礼宾受到规则的限制，但也有创新和改变的空间。它可以传递各种信号，进行无声地沟通，并对公众产生影响。礼宾工作要低调，也要有条不紊。礼宾应该成为外交的标志。

邓小平访美的礼宾问题[①]

胡 勇*

30年前，就在中美建交伊始，应美国政府的邀请，邓小平以中华人民共和国国务院副总理的身份对美国进行了正式访问。这是中华人民共和国建立以来，中国领导人首次正式访问美国，是20世纪中美关系史上一件“历史性的大事”。[②] 在这一事件中，最令笔者感兴趣的莫过于邓小平访美的礼宾问题。根据目前所掌握的资料，在涉及这一问题时，多数学者和外交官认为邓小平得到的是国家元首的礼遇。[③] 也有一些学者和外交官认为，美国是按照政府首脑的规格礼遇邓小平的。[④] 还有人认为两者兼而有之。[⑤]

礼宾问题看似只是一个形式上的细节，但其中含义丰富，意义不容忽视。通过考察一国对另一国来访者的外交礼遇，研究者可以据此分析一国的对外政策以及与他国的关系，有时还能够反映出一国内政与外交的关联。具体到本文考察的对象，透过礼宾问题可以研究中美建交后两国关系“蜜月期”的形成和发展、卡

* 上海对外经贸大学法学院国际关系学系副教授。

① 本文首发于《国际政治研究》2010年第1期，作者时为复旦大学国际关系与公共事务学院博士生。

② 《历史性的大事：中美建交和邓小平副总理访美》，人民出版社，1979年版。

③ 学者的论述参见王立：《回眸中美关系：演变的关键时刻》，世界知识出版社，2008年，第118页；高瞻：《走向大国之路：邓小平与中美建交20周年》，天津古籍出版社，2005年，第34页；中共中央文献研究室邓小平研究组：《邓小平画传(1904—1997)》，四川人民出版社，2004年，第229页，等。

④ 学者的论述参见张植荣等：《邓小平外交》，海南出版社，1996年版，第120页。外交官的回忆以前外长黄华为代表，参见黄华：《亲历与见闻：黄华回忆录》，世界知识出版社，2007年，第251页。

⑤ 宋连生、巩小华主编：《中美首脑外交实录》，经济日报出版社，1998年，第222—223页。

特政府对中美关系和邓小平的态度、中美政治和外交体制的差异等。从这个意义上讲，美国政府对30年来第一位正式访美的中国领导人作何礼遇就不再只是一个简单的历史事实问题。

本文对礼宾的外交学意义和美国的礼宾制度及邓小平访美的礼宾问题进行了考察，并分析了中美关系与国内政治对礼宾问题的影响。本文认为，就当时邓小平访美的公开身份而言，美国给予的是重要国家政府首脑的破格礼遇。这种破格礼遇既反映出中美建交前后两国关系的密切互动，也折射出当时国内政治的微妙影响。

一、礼宾的外交学意义

“礼”是一个古汉语，本谓敬神，后引申为表现敬意，以及为表敬意而隆重举行的仪式。[①] 在当代外交实践中，“礼”可以构成三个常用概念：礼仪、礼节和礼宾。其中，“礼仪”指的是礼的各种抽象的规范准则。“礼节”指的是这些规范和准则指导下的各种具体规定。“礼宾”则更具官方性质，尤指外交交往和国家典礼中合乎礼仪的程序、不同地位和职衔官员的位次，以及对这些礼仪的指导和安排。[②] 简言之，礼宾要求一国在外交往来中招待其他国家或国际组织的外交人员时，应当采用必要的外交礼仪。[③] 而在外交礼仪中，最为常见，也是最为重要的是仪式礼仪，主要包括迎送仪式、庆典仪式等。[④] 在外交学论著中，“礼宾礼仪”和“外交礼仪（礼遇）”经常互用，本文亦不例外。

礼宾礼仪是一项重要的外交职能，是国际交往中一种必不可少的形式和环节。“礼宾的作用是制定一系列交际礼节、规则，使每一位参与者享有他有权享有的特权和豁免。礼宾礼仪旨在确保各国权益均等，它贯穿于外交活动的始终。”[⑤] 除了彰显国家尊严与平等的形式意义，礼宾的重要性更多地体现在它的政治性上。“在某种程度上，礼宾的亲疏也反映了一国的对外政策以及与他国之间的关系。”[⑥] 因

① 鲁毅、黄金祺等：《外交学概论》，世界知识出版社，1997年，第234页。

② 陈志敏、肖佳灵、赵可金：《当代外交学》，北京大学出版社，2008年，第52页。

③ 金正昆：《外交学》，中国人民大学出版社，2004年，第200页。

④ 李渤编：《新编外交学》，南开大学出版社，2005年，第167页。

⑤ 周启朋等编译：《国外外交学》，中国人民公安大学出版社，1990年，第337页。

⑥ 周启朋等编译：《国外外交学》，第337页。

此，礼遇安排可以说是反映国家关系的晴雨表。[①] 礼宾上的冷遇或破格能够直接体现一国对另一国的政策，政治家和外交家对此都极为敏感。[②] 其中，破格礼遇也是礼宾的一项基本原则，即“东道国从更好地发展两国关系或当前政治需要考虑，给予来访者以高规格的礼遇，即超过一般标准的破格接待。如在礼宾礼仪上，给予超过其职务和身份的特殊安排。”[③] 1979年邓小平访美就得到了美国政府的破格礼遇。

二、美国的礼宾制度与邓小平访美

礼宾礼仪既有世界性，也有民族性。“当一位外国政要对美国进行首脑级访问时，其所得到的礼遇主要取决于这位政要的官方级别或私人身份、访问的目的和邀请的性质”。[④] 具体来讲，美国对外国政要的来访主要区分为两种：第一种是基于来访者的官方地位，主要区分为国家元首和政府首脑两类。其中，国家元首在出访时有权享有，而且习惯上也得到了最高荣誉和礼遇；第二种是基于访问的性质，即区分为“正式访问”(Official Visit)和“非正式访问”(Unofficial Visit)。传统上，“正式访问”意味着外国政要作为美国政府的客人得到了美国总统或国务卿以总统名义发出的正式邀请，并由美国政府承担访问的费用。[⑤]

自艾森豪威尔时期以来，随着外国政要来访越来越频繁，美国政府的礼宾规格也逐渐定型。除了严格意义上的私人访问外，白宫在实践上将访问分为三大类型：国事访问(State Visit)、正式访问(Official Visit)和非正式访问(Informal or Unofficial Visit)。[⑥] 其中，国事访问(以1957年英国伊丽莎白女王来访为典型)是

---

① 李家发：《外交外事知识与国际交往礼仪》，广西师范大学出版社，2008年，第161页。

② 例如，1959年苏联部长会议主席(相当于政府总理)赫鲁晓夫访美，美国总统艾森豪威尔就亲自在机场主持欢迎仪式，为苏联领导人鸣放礼炮21响，并亲自陪同赫鲁晓夫夫妇驱车前往华盛顿。为此，普利施科评论说：“他在美国得到了许多正常情况下只有国家元首才能享有的礼遇”。*Elmer Plischke, Diplomat in Chief: The President at the Summit,* New York: Praeger,1986,p.123. 中译本参见〔美〕埃尔默·普利施科：《首脑外交》，周启朋等译，世界知识出版社，1990年。

③ 李家发：《外交外事知识与国际交往礼仪》，第169页。

④ Elmer Plischke, *Diplomat in Chief: The President at the Summit*, p.134.

⑤ Elmer Plischke, *Diplomat in Chief: The President at the Summit*, p.134.

⑥ Elmer Plischke, *Diplomat in Chief: The President at the Summit*, p.135.

一个外国国家元首(A Chief of State)应美国总统的正式邀请对美国进行的盛大隆重的访问(A Full-Scale, Red Carpet Visit)。除了可能涉及的讨论外，国事访问的最大看点是礼仪和排场。正式访问也是一项隆重的访问，只不过总统邀请的对象是外国的政府首脑(A Foreign Head of Government)。① 当时的邓小平副总理是应美国政府(卡特总统)的邀请对美国进行正式访问的。② 因此，根据美国的礼宾制度，“正式访问”意味着邓小平副总理的来访被美国政府视同为中国总理对美国的访问。

对于国事访问和正式访问的主要程序和规格，美国国务院当时早有具体规定。“一般来讲，国事访问的主要原则也适用于正式访问，除了后者是由副总统或国务卿负责迎接国宾和取消在华盛顿的游行外”。③ 据当时中方的礼宾官回忆，原来美方安排的是由国务卿万斯负责接机，后来临时提高了接待规格，改由副总统蒙代尔率团前往华盛顿安德鲁斯空军基地迎接邓副总理。④ 这种礼遇的变化进一步证明美国政府对邓小平副总理的接待规格是将其视为重要国家的政府首脑。

在外交访问的实践中，最能体现礼宾规格的是欢迎仪式。作为国家的代表，出访国的领导人理应受到到访国的隆重欢迎。“对他的隆重欢迎，意味着对他所代表的国家表示的一种尊重。另一方面，一国领导人亲自访问另外一个国家，通常直接体现着他对发展两国关系的高度重视。给予其隆重的欢迎，往往是到访国对他的良好愿望所作出的一种积极回应。”⑤ 而破格礼遇的主要表现就是“出迎或主陪的东道主身份高于来访者，安排特别盛大的欢迎场面，举行隆重仪式等。”⑥ 当时正是由美国总统卡特为邓小平副总理举行了隆重的欢迎仪式。华盛顿时间1979年1月29日上午，在白宫南草坪的仪式现场，在美国国务卿、内阁重要阁员、三

① Elmer Plischke, *Diplomat in Chief: The President at the Summit*, p.135.

② 《中华人民共和国政府就中美两国建立外交关系发表声明》(1978年12月16日)，《卡特总统就美中建交发表电视讲话》(1978年12月15日华盛顿)，《历史性的大事：中美建交和邓小平副总理访美》，第4、12页。

③ Elmer Plischke, *Diplomat in Chief: The President at the Summit*, p.146. 需要指出的是，这里引用的关于美国礼宾制度的资料主要是艾森豪威尔到卡特时期的(20世纪50年代到70年代)，事实上每一位总统任上都会对具体的礼宾规格进行调整，并且有简化礼宾礼仪的趋势，但基本的制度框架已经确立。

④ 唐龙彬：《一次具有历史意义的访问：邓小平访美礼宾工作亲历纪实》，《纵横》2000年第2期，第8页。

⑤ 金正昆：《外交学》，第175页。

⑥ 李家发：《外交外事知识与国际交往礼仪》，第169页。

军参谋长、众参两院议长(副总统同时为参议长)和外交使节等人的注视下，美方为邓副总理鸣礼炮19响，并由卡特总统陪同邓副总理检阅仪仗队。“此类隆重仪式往往只是为重要的来访国家元首和政府首脑举行”。①而19响礼炮正是美国对外国政府首脑的正式礼遇。②无怪乎有美国记者事后感叹道：一个国家的总统举行如此隆重的仪式欢迎另一个国家的副总理，这在外交史上是极为罕见的。③

如果我们将1979年邓小平副总理访美与1984年中国政府首脑和1985年中国国家元首第一次正式出访美国相比较，那么邓副总理得到的礼遇更接近前者而不是后者。④由此可见，相对于邓小平访美的公开身份(副总理)，美国已经给予了高度破格的礼遇。这在邓小平的外交生涯中并非没有先例。1975年和1978年，邓小平先后以中国国务院副总理的身份正式出访法国和日本，同样也得到了对方的破格礼遇。⑤至于为什么国内那么多专家学者和外交官坚称邓小平得到的是国家元首的礼遇，笔者以为主要有以下两个方面的原因：第一，将外交访问中正式的礼宾规格和美方为体现高度重视而采取的一些非正式安排混为一谈。比如，柴泽民大使之所以认为“美国接待邓小平的规格不仅是以元首规格接待，甚至超过了元首规格，其他国家没有接受过这样高的礼遇”，主要是基于以下依据：白宫礼宾官主动询问邓小平的饮食习惯；国家安全事务助理布热津斯基博士亲自就安保工作与中方沟通；美国为邓小平访美举行的国宴规模盛大，而且在宴会结束后还

---

① 唐龙彬：《一次具有历史意义的访问：邓小平访美礼宾工作亲历纪实》，第7页。

② Elmer Plischke, *Diplomat in Chief: The President at the Summit*, p.148. 为政府首脑鸣放19响礼炮也是当今世界普遍的外交惯例，参见马保奉：《礼宾春秋》，世界知识出版社，2007年，第5页。根据当时陪同邓副总理访美的中国外交部长黄华的回忆：“除在正式的欢迎典礼上按副总理级鸣礼炮19响外，其余一切礼宾规格按总理级安排”。黄华：《亲历与见闻：黄华回忆录》，世界知识出版社，2007年，第251页。

③ 这段“美国记者的感慨”引用率极高，但笔者始终没有找到具体出处。本文参考的是宫力：《邓小平与美国》，中央党史出版社，2004年，第255页。另可参见纪立德口述、周溢潢执笔：《一个新的时代开始了：忆邓小平访美片断》，吴德广、刘一斌主编：《礼宾：鲜为人知的外交故事》，新华出版社，2008年，第65页。

④ 与邓副总理抵达华盛顿时得到美国副总统蒙代尔和国务卿万斯的联合欢迎，然后出席布热津斯基博士的家宴不同，1984年中国总理第一次正式访问华盛顿时在机场得到的是国务卿舒尔茨的欢迎，旋即又出席了美国副总统布什在住所为其举行的茶会。参见《人民日报》，1984年1月11日。

⑤ 参见吴德广、刘一斌主编：《礼宾：鲜为人知的外交故事》，新华出版社，2008年。张兵主编：《新中国外交亲历：别样风雨》，新华出版社，2007年。

破例安排了大型文艺演出等。这些重要的“细节”固然体现了美国对邓小平的破格礼遇，国宴和文体招待会本身也是礼宾的组成部分，但其重要性与象征性同欢迎仪式或典礼仍然不可同日而语。第二，也许更重要的是，这样的论断符合“认知一致”的社会心理。[①]尽管邓小平从来没有担任过法律意义上的国家元首。再加上中美政制的差异，国家元首和政府首脑的界限在当时的中国也确实比较模糊。这一点后文另有论述。

三、中美关系与礼宾问题

美国政府对邓小平副总理的破格礼遇不仅是一个外交礼节的问题，而且有首脑外交的深层考虑。具体来讲，礼宾问题折射出中美建交之初两国关系处在“蜜月期”的状态，也为两国在首脑外交层面上建立密切互动的关系奠定了基础。

中美关系的发展自1972年尼克松访华打破坚冰以来一波三折，一度陷入了僵局。从1972年《上海公报》发表到1978年中美秘密建交谈判，由于中美两国政局的戏剧性变化，以及美国在对苏、对华和对台关系问题上游移不定，因此中美关系正常化的步伐出现了放慢甚至停滞和倒退的迹象。进入1978年以后，由于美苏关系受挫，卡特总统接受了布热津斯基博士的建议，决心加快中美关系正常化的进程。[②]与此同时，邓小平1977年第三次复出后全面主持中央日常工作，并直接负责包括中美关系在内的外交事务。当时中国面临的三大问题，即反对苏联霸权、建设社会主义现代化和解决台湾问题，都需要中美关系的进一步改善，

---

① 认知一致理论认为，人的社会认知过程是一个从平衡到不平衡再到平衡的动态过程。在通常情况下，人的心理处于平衡状态，一旦出现认知矛盾则会打破这种心理平衡，使主体感到不快。在保持心理平衡的需要与不快情感的驱使下，又会促使主体作出一定的行为，使认知保持一致，以重新恢复心理平衡。参见张爱卿：《动机论：迈向21世纪的动机心理学研究》，武汉：华中师范大学出版社，1999年，第95页。就本文论述而言，邓小平虽然没有担任过国家主席或国务院总理，甚至也没有担任过党的主席（总书记），但他是举世公认的中共第二代中央领导集体的核心。当时的美国媒体也承认他是“事实上的政府首脑”、“主要决策人”和“无可争议的新政设计师”，是中国真正的“国家元首”。参见Fox Butterfield, “The Revolution in Teng's China Is More Economic Than Political ”, *The New York Times*, January 28, 1979; Joseph Lelyveld, “Resilient Chinese Leader: Teng Hsiao-ping” , *The New York Times*, January 29, 1979。

② Zbigniew K. Brzezinski, *Power and Principle: Memoirs of the National Security Adviser 1977-1981*, New York: Farar, Straus, Giroux, 1983, p.196. 布热津斯基和下文卡特总统回忆录的中文节译本参见现代国际关系研究所编：《美中建交前后：卡特、布热津斯基和万斯的回忆》，时事出版社，1984年。

因此邓小平对实现中美关系正常化也有一种紧迫感。[①]正是在两国领导人和外交部门的共同努力下，中美双方只经过五个多月的秘密谈判就跨越了诸多障碍，最终在1978年12月达成了建交公报。在经过近30年的对立之后，中美终于实现了关系正常化。[②]

因此，在中美建交的历史性时刻，为表示对中美关系的高度重视，美国政府对中国领导人首次访美给予破格礼遇也就顺理成章了。事实上，美国在邀请中国领导人访美的问题上是有过一番考虑的。[③]早在1977年2月，新上任的卡特总统在会见中国驻美联络处主任黄镇时就表示过欢迎中国领导人对美国进行“高层访问”(A Top-Level Visit)，但被中方以美台尚未断交为由予以拒绝。[④]一年后，当美国驻华联络处主任伍德科克(Leonard Woodcock)敦促卡特访华时，后者以中国领导人尚未对尼克松和福特两位美国总统的正式访问作出回访而加以拒绝。[⑤]事态的转机出现在1978年5月，布热津斯基奉命对中国进行重要访问。这次访问不仅带来了卡特总统“美国决心已下”的重要信息，直接促成了中美秘密建交谈判，而且邓小平副总理在招待美国客人时首次暗示他有意访问美国。布热津斯基当场向邓小平发出了非正式的邀请，后者也立即表示接受。[⑥]这样，中国领导人(尤其是邓小平)访美也就提上了议事日程。1978年6月13日，美国国务卿万斯向卡特总统提交了一份备忘录，建议总统在12月中旬宣布中美建交，同时安排一位中国

---

① 钱红：《邓小平与中美建交风云》，中央党史出版社，2005年，第154页。

② 据卡特总统回忆，当他得知中方接受了美方的建交方案和访问邀请时，感到些许意外并为此特别咨询了他的中国问题顾问奥克森博格(Mike Oksenberg)。后者的回答同样干脆：“总统先生，中国人已经为这一天等待了25年”。Jimmy Carter, *Keeping Faith: Memoirs of a President*, New York: Bantam Books, 1982, p.198。

③ 高瞻：《走向大国之路：邓小平与中美建交20周年》，天津古籍出版社，2005年，第34页。

④ Jimmy Carter, *Keeping Faith: Memoirs of a President*, p.189.

⑤ Jimmy Carter, *Keeping Faith: Memoirs of a President*, p. 193.

⑥ 根据布热津斯基的回忆，邓小平在席间还向他透露，他大约只有三年时间还能继续担任中国高层领导人，因此布热津斯基感觉到邓小平对推进中美关系有一种紧迫感。Zbigniew K. Brzezinski, *Power and Principle: Memoirs of the National Security Adviser 1977-1981*, p.215。

领导人对华盛顿进行"高层访问"(A High-Level P.R.C. Visit)。[①]但问题集中在了如何邀请合适的中国领导人。为此，美方征询了中方的意见。8月17日，布热津斯基在会见新任中国驻美联络处主任柴泽民时试探性地提出了在美国举行中美首脑会议以讨论两国关系正常化的可能性问题。柴泽民的答复是：华国锋总理已经出访过欧洲，中国领导人对美国进行回访的时机也已经成熟。[②]这说明中国政府也开始认真考虑中国领导人应邀访美的可能。[③]邓小平副总理本人在11月29日接见日本客人时首次向外界公开了访美的意愿和计划，并敦促美方作出决断。[④]卡特总统非常重视这一信号。12月11日，也就是中美建交谈判到了必须作出最后决断的关键时刻，卡特委派布热津斯基召见柴泽民，由他向柴泽民转达卡特总统向邓小平副总理发出的在中美建交后尽快访美的邀请。[⑤]而就在邓小平正式接受访美邀请，中美即将发表建交公报的前夜，两国之间又突然因为美国售台武器问题发生严重纷争，中美关系正常化几乎功亏一篑。[⑥]邓小平副总理力挽狂澜，果断决定按原计划宣布中美建交。[⑦]邓小平副总理历史性的美国之行也终于按原计划进行。

值得注意的是，美国政府为了突出中美关系正处于"蜜月期"，"打破了他们以往接待共产党领袖——比如苏共中央总书记勃列日涅夫——的惯例"。[⑧]邓小平

---

① Zbigniew K. Brzezinski, *Power and Principle: Memoirs of the National Security Adviser 1977-1981*, p.223.

② Zbigniew K. Brzezinski, *Power and Principle: Memoirs of the National Security Adviser 1977-1981*, pp.227-228.

③ 钱红：《邓小平与中美建交风云》，中央党史出版社，2005年，第121页。

④ 邓小平说：访日是我多年的愿望，不过，还有一个愿望就是到华盛顿去。中美关系正常化了，华国锋主席忙，不能访美的时候，我可以访美。邓小平又说：中美关系正常化取决于卡特总统的决断。参见《参考消息》1978年12月1日，转引自宫力：《邓小平与美国》，中央党史出版社，2004年，第237页。

⑤ Jimmy Carter, *Keeping Faith: Memoirs of a President*, p.198.

⑥ 美方参与谈判的霍尔德里奇曾经回忆道："在正常化的磋商中，中国要求停止出售武器，我们拒绝了。我们的谈判曾经因这个问题几乎失败。"参见梅孜主编：《美台关系重要资料选编》，时事出版社，1997年，第227页。转引自宫力：《邓小平与美国》，第239页。

⑦ 钱红：《邓小平与中美建交风云》，第172页。外交部档案馆编：《伟人的足迹：邓小平外交活动大事记》，世界知识出版社，1998年，第197页。

⑧ 阮虹：《一个外交官的经历：韩叙传》，世界知识出版社，2004年，第211页。

副总理访美是中美建交后两国首脑首次正式接触，标志着两国在最高层建立起工作关系和私人友谊；通过两国首脑三轮正式会谈，两国讨论了双边和国际上的重大问题；通过中国领导人的首次访问，邓小平向美国公众展现了新中国及其领导人的形象，传递了中国人民对美国人民的友谊。[①]因此，卡特总统将邓副总理的来访视为他任期内愉快的经历之一。[②]

四、国内政治与礼宾问题

传统外交学认为礼宾礼仪是为实施本国的对外政策服务的，是直接体现外交政策的一个重要方面。[③]事实上，礼宾问题不仅与国家间关系有直接联系，而且与国内政治密切相关。就本文而言，美国如此破格礼遇体现了美国政府和卡特总统对邓小平本人既“高度重视”，同时又“有所区别”的政策。“高度重视”并给予政府首脑的破格礼遇是因为美国承认和尊重邓小平在中国政坛的核心地位。“有所区别”而没有给予国家元首的正式礼遇则与当时中国国家元首制度的特点有关。

1977年7月，在中共十届三中全会上，邓小平在中国政坛再次复出。[④]复出后的邓小平不仅成为实际主持中央工作的主要负责人，而且成为中国对美外交的主要决策人，中国政治和中美关系都随之出现重大转机。1978年12月，在十一届三中全会上，中共中央不仅做出了改革开放的重大战略决策，而且确立了以邓小平为核心的中共第二代中央领导集体。[⑤]当时正值中美建交谈判进入最后关头，因此美国政府也高度关注会议的筹备和进展。与邓小平间接打了多次交道的卡特总统就曾得到情报，这次会议的其中两项议程就是“最终巩固邓小平的党政控制

---

① 首脑外交的主要功能参见 Elmer Plischke, *Diplomat in Chief: The President at the Summit*, New York: Praeger, 1986; *David* H.Dunn, ed., *Diplomacy at the Highest Level: The Evolution of International Summitry*, Macmilan Press Ltd, 1996; G. R. Berridge, *Diplomacy: Theory and Practice* (2nd edition), Palgrave, 2002;

② Jimmy Carter, *Keeping Faith: Memoirs of a President*, p.202.

③ 鲁毅、黄金祺等：《外交学概论》，第236页。

④ 就在这次中央全会上，邓小平正式恢复了中共中央副主席、国务院副总理、中央军委副主席和中国人民解放军总参谋长等职务。

⑤ 邓小平：《邓小平文选》(第三卷)，人民出版社，1993年，第309—310页。转引自叶永烈：《邓小平改变中国———1978：中国命运大转折》，江西人民出版社，2008年，第406—407页。

权”和“未来与美国的关系”。[①] 所以，尽管十一届三中全会后邓小平的职务没有发生明显变化，“但美国政府和人民，以及国际上都非常清楚，邓小平是中国改革开放的总设计师，是中国‘拿大主意’的人。因此美国政府并没有把他当作一般的副总理，而是把他当作中国最高的决策者，中国政府和人民的真正代表”。[②] 对此，有学者评论道，鉴于邓小平在中国的实际地位、在世界上的影响力，以及在发展中美关系中的关键性作用，“由他而不是由其他中国领导人前往美国与卡特总统会谈是公正的，也是很自然的事情。”[③]

美国政府尽管给予邓小平副总理破格礼遇，但留有一定的余地，即没有给予邓副总理国家元首的正式礼遇。新中国的国家元首制度肇始于1949年“共同纲领”确立的国家体制，于1954年《中华人民共和国宪法》颁布后正式形成。这部宪法首次单独设立了国家主席这个机构和职位，根据时任中国中央人民政府副主席刘少奇就宪法草案所作的报告：“我们的国家元首职权由全国人民代表大会所选出的全国人民代表大会常务委员会和中华人民共和国主席结合起来行使。我们的国家元首是集体的国家元首”。[④] 但是，在其后的政治实践中，国家主席行使着国家元首职权，在外交中享有国家元首的礼遇。因此，有学者得出结论认为，“主席是存在于习惯之中的实际上的国家元首，从而形成了中国政治制度的一种特色”。[⑤] 然而，“文化大革命”开始以后，包括国家元首制度在内的正常的国家制度和政治秩序遭到严重破坏，国家元首制度名存实亡。1975年和1978年宪法甚至正式取消了国家主席的建制。国家主席的建制虽然取消了，但国家元首的职权仍然需要行使。根据1978年宪法，中国国家元首的职权实际上被配置到四个方面：中共中央主席、全国人大常委会委员长、全国人民代表大会和全国人民代表大会常务委员会。[⑥] 其中，国家元首的对外职权(决定任免驻外全权代表、接受外国使节等)主

---

① Jimmy Carter, *Keeping Faith: Memoirs of a President,* p.198.

② 陶文钊:《中美关系史(1972—2000)》(下卷), 上海人民出版社, 2004年, 第80页。

③ 宫力：《邓小平与美国》，第256页。

④ 《人民日报》，1954年9月16日。

⑤ 许崇德:《中华人民共和国宪法史》(上卷), 福建人民出版社, 2005年, 第204页。

⑥ 许崇德:《中华人民共和国宪法史》(下卷), 福建人民出版社, 2005年, 第331页。

要由全国人大常委会和全国人大常委会委员长行使。[①]但是，在外交实践中，特别是元首互访中，全国人大常委会委员长往往被外国视为议长，而不是国家元首。[②]因此，当时在许多外交场合，身兼中共中央主席和中央军委主席的国务院总理华国锋就不仅得到了政府首脑的礼遇，而且被视为中国的国家元首。比如，1978年8月和1979年10月，华国锋总理访问南斯拉夫和法国时就得到了国家元首的最高礼遇。

中美建交谈判虽然是在邓副总理的直接领导下进行的，而且美国政府最终邀请的也是邓副总理，但中国方面宣布建交公报和宣读政府声明的还是中共中央主席、国务院总理华国锋，同时美方是由卡特总统宣布这一消息的。[③]尽管邓副总理先行访美，但中美双方在邓副总理结束华盛顿之行后发表的新闻公报中还是确认了华国锋总理和卡特总统将进行互访，“两国最高领导人访问的具体时间将另行商定”。[④]虽然由于种种原因，两位最高领导人在他们的任期内没有实现中美最高级互访，但考虑到中国最高领导人来访的可能性，美国政府不可能对邓副总理来访给予国家元首的过高礼遇。

礼宾礼仪看似细枝末节，却能反映出一国对外政策及与他国的关系，有时还能折射出内政与外交的关联。美国政府给予邓副总理的应当是重要国家的政府首脑的破格礼遇，而非通常意义上国家元首的正式礼遇。这是考虑到中美关系的发展和邓小平本人的重要地位，以及中国国内特殊的政治现实和美国自身的外交需要的结果。

---

① 因此，1979年中美建交后美国驻华大使伍德科克就是向中国全国人大常委会副委员长乌兰夫递交国书的。参见《人民日报》1979年3月8日。《历史性的大事：中美建交和邓小平副总理访美》，第42页。

② 肖蔚云：《我国现行宪法的诞生》，北京大学出版社，1986年，第71页。

③ 《历史性的大事：中美建交和邓小平副总理访美》，第7、11页。

④ 《历史性的大事：中美建交和邓小平副总理访美》，第44页。

作为权力博弈的工具
——论礼宾礼仪的一种隐性功能[①]

周加李*

礼宾礼仪是国家间外交关系的重要组成部分，随着首脑外交日益频繁，其政治性、神圣性、庄严性、高端性吸引着媒体的注意与人民的眼球，礼宾礼仪也受到前所未有的关注。然而，尽管礼宾礼仪很重要，但国内外对于礼宾礼仪的学理研究还相当薄弱。鉴于此，本文想从学理的角度研究礼宾礼仪。

近段时间，美国新任总统唐纳德·特朗普与多国领导人会面时的握手成为关注焦点。同样在椭圆形办公室，2017年2月10日特朗普与日本首相安倍晋三握手，特朗普长达19秒的大力握手并将安倍手部用力往自己一边拉扯让安倍不舒服甚至有些痛苦，以及于特朗普松开手时安倍有一个如释重负的转眼珠动作。随后在3月17日特朗普则拒绝与德国总理安格拉·默克尔握手。不论默克尔提问“你想握手吗？”还是记者们的提议“握个手吧”，特朗普始终没有回应，不仅自始至终侧身对着默克尔，还拒绝与默克尔有眼神交流。还是5月25日，特朗普出访欧洲与法国总统埃马纽埃尔·马克龙握手，两人抿紧了嘴唇，四目相对，都相当用力地紧握对方的手部，连指关节都变白了，看似进行一场“握手之战”。尽管日本、德国和法国与美国都是盟友关系，握手却体现了双方通过礼宾礼仪展现的较量。

实际上，外交史上不乏礼宾礼仪的较量与斗争，一些导致了争执，而冲突严重的甚至引发战争。本文关注的问题是他们在较量什么？为什么礼宾礼仪会引发冲突？背后传递着怎样的信息？在分析礼宾礼仪较为常见的三大功能后，本文试图研究它的一种较为隐性的功能——权力博弈的工具，很多礼宾礼仪之争本质上

---

* 博士，外交学院外交学与外事管理系讲师，国际形象顾问协会北京分会副主席，察哈尔学会研究员。

① 本文首发表于《辽宁大学学报（哲学社会科学版）》2018年第2期，内容略有删减。

是权力之争。这种分析为外交史上的诸多礼宾礼仪之争赋予了另一种解释。

一、礼宾礼仪的概念、形成过程与特点

礼宾礼仪全称为外交礼宾礼仪，简称为礼宾礼仪或礼宾。“Protocol”是礼宾的英文，“Protocol（礼宾）这个词源于两个希腊词汇，意为‘First Glue’，最初起源于把树叶粘到一个手写稿上”。①礼宾是国家元首、政府首脑等高层人员与外交官代表在外交活动中所展示、遵循的一系列仪式与礼仪形式。纵观各国外交部礼宾机构的工作，安排国家元首、政府首脑及外长的外交活动是礼宾的重点。

目前世界上已经形成了较为成熟的一套礼宾礼仪规范，这套规范的形成是一个漫长的过程，它与外交的萌芽、发展与成熟相伴相生。从外交的起源开始，仪式就在外交中扮演着重要角色。中世纪的宗教仪式是一个指导不同国家统治者之间关系的重要因素。②而神权与王权的斗争则导致了礼宾次序的出现，13世纪，教皇英诺森三世（Innocent III）用“教皇权力至高无上”这样一个观念处理国际事务和教会事务，这样在信奉天主教的国家中，逐渐形成教廷使节排在世俗国王使节前面的习惯。③礼宾次序的创始人教皇朱利叶斯（Julius）1504年首次刻意安排了不同国家统治者的礼宾次序。顺序是教皇、神圣罗马帝国的皇帝、皇帝继承人、法国的国王、西班牙的国王、亚拉贡的国王、葡萄牙的国王、英格兰国王、丹麦国王。不过，相关国家一致不同意接受这份排位名单。④对这个礼宾秩序，除了罗马皇帝和罗马王的位次被所有欧洲国家公认外，对法国国王以后的次序就经常发生争执。⑤欧洲国家之间互派的使节是国王利益的代表，他们不惜一切代价维护本国国王的权益，表现在礼宾礼仪上就是对礼宾次序的争夺。由于礼宾次序并没有一个国际公认的规范，权力与实力往往成为位次排序的重要标准，位次之争在历史上反复重演直到1815年维也纳会议制定礼宾秩序标准才得以缓解，在

① Douglas Busk, *The Craft of Diplomacy: mechanics and development of national representation overseas*, London, Pall Mall Press, 1967, p.23.

② Matthew Smith Anderson, *The rise of modern diplomacy 1450-1919*, New York, Routledge, 2014, p.15.

③ 杨闯：《外交起源、早期演变与常驻使团制度的确立》，《外交学院学报》，1992年第2期，第24页。

④ Harold Nicholson, *Diplomacy*, London, Oxford University Press, 1969, p.98-99.

⑤ 宋长美：《对外交往中的礼仪礼节》，黑龙江人民出版社，1996年，第10页。

此之前各国的礼宾秩序安排都是根据他们所代表的国家的权力大小决定。[①]第一次世界大战催生了以民主与法制为核心精神的新外交，代替了以权力与实力决定利益的旧外交。礼宾礼仪也发生了巨大的变化，1945年制定的联合国宪章确认了成员国主权平等的原则，确定了国与国之间不分大小、强弱一律平等。1961年世界各国在维也纳召开会议，签署了"维也纳外交关系公约"，这是对外交特权与豁免进行规范的国际法律文件。各种国际法文件与不成文的国际惯例逐渐形成了今天的礼宾礼仪规范，成为指导国家外交代表之间官方交往的行为准则。

礼宾礼仪具有鲜明的特点。它是礼仪家族中的一个分支，与商务礼仪、政务礼仪、涉外礼仪等有较大不同，往往给人一种高高在上甚至有些神秘莫测的感觉，其特点总结起来大致有四个方面：1.外交属性。礼宾从属于外交范畴，是政治上的考量和影响。基于礼宾的较高标准，现实中有把礼宾泛化的情况，一些高级酒店、大型跨国企业内部设礼宾部，除非他们接待的对象包含了外交礼宾的主体，否则不能称之为严格意义上的礼宾，本文所指的礼宾是在外交这个范畴内探讨的。2.主体限定。礼宾的主体有严格的限定，并非任何个人，专指从事外交工作的当权者或代表。普通老百姓之间的交往只能称礼仪而不能称礼宾，这也解释了外交部礼宾司为何以礼宾司而不是以礼仪司命名。3.官方色彩。礼宾具有官方色彩，由于主体从事的是代表政府的外交活动，其国家、政府属性更加明确，具有浓厚的官方色彩。尽管礼宾活动中主体的独特性、特殊性不能忽视，但礼宾活动总体上是在官方的框架下运行的。4.事关重大。礼宾礼仪的影响重大，由于礼宾礼仪承载着国家利益、代表着国家形象，往往需要小心谨慎地对待，一旦违反或者弄错将会引起较大的争议。

探讨了礼宾礼仪的概念、形成过程与特点之后，本文想着重分析礼宾礼仪的功能，首先梳理礼宾礼仪较为常见的三种功能。

二、礼宾礼仪常见的三种功能

礼宾礼仪对于外交的重要性不言而喻，其功能分析能够帮助我们更深刻地理解它。

（一）国家利益的服务者

---

① M. J. Mccaffree, J. Innis, *Protocol, the complete handbook of diplomatic, official and social usage*, Washington, Devon Publishing, 1985.xii.

礼宾礼仪是表象，反映的却是国家利益的本质。“传统外交学认为礼宾礼仪是为实施本国的对外政策服务的，是直接体现外交政策的一个重要方面”。[①] 外交的重要职能是维护和发展国家利益，外交不是一种目的，而是一种手段，不是一项宗旨，而是一种方法。[②] 尽管礼宾礼仪随着外交的发展而发展，内容与形式有很多新的变化，但它直接体现外交政策的功能随着时代的发展丝毫没有改变。这里的逻辑是一个国家对外政策的目标是增进和保护该国利益，而礼宾礼仪又是为实施本国的外交政策服务的。礼宾礼仪是外交的重要组成部分，它是和平年代表达国家之间关系的一种工具，深层次是一国实现国家利益的工具。

在外交中，一国给予他国的礼遇、优待并不是随意的，而是根据国家利益的需要、国家间关系现状等因素决定的。外交官的位次、地位及其相互关系问题，在外交活动中常常起很大的作用，这些问题是与国家的尊严，特别是与外交官所代表的国家元首的尊严问题有关的。[③] 任何在仪式中位次的改变体现着他所代表的国家地位的上升与下降，故外交官们用警备的眼睛观察着大型公开场合的各种仪式与礼节。[④] 礼宾礼仪看似技术性与事务性，实质是体现对外政策的手段。比如1972年，美国总统尼克松应邀访华，由于当时两国尚未建交，并且长期对立，中方采取适度热情的方式接待尼克松。接待方针是不冷不热，冷不会冷到零度以下，热不会热到沸点以上。当时，西方媒体在报道中对中国接待工作的评价是：“Correct not warm。”其中，“Correct”是“正确”，用在礼宾上应该是“符合礼仪”，“not warm”则为“不热”的意思。[⑤] 这体现了中方的原则，不冷不热。“事实表明，周恩来安排的这次对尼克松的礼宾活动，鲜明地显示了我国的民族尊严，充分地体现了当时我国对美国的外交政策。”[⑥] 礼宾礼仪是国家利益的服务者，这个功能没有随着时代的改变而改变。

---

① 鲁毅：《外交学概论》，世界知识出版社，2004 年，第 250 页。

② Harold Nicolson, *The congress of Vienna: a study allied unity, 1812-1822,* New York, the Viking press, 1946.164-165.

③ 萨道义：《外交实践指南》，世界知识出版社，1962 年，第 58 页。

④ Matthew Smith Anderson, *The rise of modern diplomacy 1450-1919*, New York, Routledge, 2014, p.18.

⑤ 鲁培新：《外交礼仪背后的交锋》，《今日南国》，2006 年第 12 期，第 41 页。

⑥ 黄栋法：《周恩来在外交礼宾活动中的特点》，《学问》，2003 年第 4 期，第 28 页。

（二）国家间关系的晴雨表

礼宾礼仪看似是一些细枝末节的形式问题，但背后体现着国与国之间的关系。外交是内政的衍生，礼宾礼仪是政治的工具，它反映出一国内政与外交的关联。礼宾工作既是交流、交友的手段，也是交锋、斗争的工具。对某国某人的态度，从礼宾安排上就一目了然，是热情友好、高规格接待，还是不冷不热、掌握适度，这里面有政治和政策的考量。度的把握主要依据国家间关系，同时也要考虑客人本身对受访国家的态度。① 礼宾安排可以体现一国对另一国的政策，所以政治家和外交家对于礼宾上的冷遇或破格都极为敏感。外交场合的隆重仪式、盛大宴会以及淋漓尽致的演说、慷慨大方的授勋，凡此一切都能衡量出两国政策对它们的和睦、友谊、合作暨彼此准备宣传到什么程度。② 因此，礼遇安排可以说是国家关系的晴雨表。③

中国与苏联的关系经历了从新中国成立时的非常友好到20世纪50年代、60年代关系的逐渐恶化。中苏关系的转变通过礼宾礼仪体现出来。新中国成立初中苏是同志加兄弟的关系，中苏双方在礼宾礼仪上均给予对方“超规格”的礼遇。苏联在新中国成立的第二天即1949年10月2日就承认了中国。第一任苏联驻中国大使罗申抵京时受到了中方热烈的欢迎，中国总理周恩来率领北京市市长聂荣臻等高官以及三千多名群众热烈欢迎到火车站外迎接。如此隆重规格迎接一国的新任大使是极为罕见的。然而当1959年9月30日赫鲁晓夫访问中国时，“苏联人感受到的是毛泽东、刘少奇和政府官员们彬彬有礼而远非亲切热情的接待，这同几天前赫鲁晓夫访美之行的礼遇不啻天壤之别”。④ 毛泽东与走出飞机的赫鲁晓夫只是形式上的握了握手，有意避开了苏联式的拥抱和亲颊。在机场，赫鲁晓夫发表了讲话，而东道方中国没有按照礼宾对等的原则发表讲话，当然也没有致欢迎词。几天后赫鲁晓夫缩短日程提前离开回国，取消了去外地参观的计划，苏联的首脑访问以这种方式尴尬地结束了。中苏关系也由出现裂痕走向了分歧的公开化。

---

① 吕聪敏：《礼宾礼仪不是小事》，《秘书工作》，2009年第12期，第53页。

② 周启朋，杨闯等编译：《国外外交学》，中国人民公安大学出版社，1990年，第353-354页。

③ 李家发：《外交外事知识与国际交往礼仪》，广西师范大学出版社，2008年，第161页。

④ 麦德维杰夫：《赫鲁晓夫传》，中国文联出版公司，1988年，196页。

国与国关系没有永久的朋友也没有永久的敌人，两国关系有时好、有时坏、有时不好不坏。这些不同均可以通过礼宾礼仪的有时热、有时冷、有时不冷不热体现出来。从中苏两国给予彼此的礼宾待遇可以窥探两国关系的变化，这也体现了礼遇安排是国家关系的晴雨表这一功能。

（三）和谐交往的润滑剂

礼宾礼仪除了具有维护国家利益、展示国家间关系亲疏的功能，还有一种很重要的功能是国家间交往的润滑剂。外交体系经历了希腊、罗马、意大利、法国和美国体系，[①] 又从欧洲扩散到全球，经历了几百年的发展逐渐完善，礼宾礼仪作为外交的一个重要组成部分也逐渐趋于完善。目前被世界各国承认和接受的礼宾礼仪规范一部分经由一些国际会议以法律的形式确定下来，有些则是国际惯例的传承。它们为促进国家之间的和谐交往、减少摩擦与冲突做出了贡献。“礼宾通过制定一系列交际礼节、规则，使每一位参与者享有他有权享有的特权和豁免。”[②] 欧洲外交官T.F沙利文认为“国家之间交往时缺少礼宾将会遇到更多困难、国际关系将会遇到更多的障碍，缺少和谐同时出现更多的冲突，甚至战争”。[③] 更有在外交一线工作的人员坦言“当外交工作中打交道的对象有超过六十个甚至更多国家，讲着三十或者四十种不同的语言，他们有着不同的习俗，更别说偏见和反感。很显然，这里需要一些共同接受的规则、规范为彼此顺利交往、从事商贸活动创造条件，把混乱和误解降低到最小，这正是需要礼宾礼仪的原因。[④]

外交史上不乏位次之争，其背后有对国家利益维护与追求的驱动，这为国家之间的和谐相处带来障碍。比如1768年在伦敦的宫廷舞会上，俄国大使契尔尼谢夫在神圣罗马帝国大使谢列林伯爵的旁边占了席位。法国大使到达稍迟，竟极

① Harold Nicolson, *The evolution of diplomatic method: being the Chichele lectures delivered at the University of Oxford in November 1953,* London, Constable & Co LTD, 1954, p.1-93.

② 周启朋，杨闯等编译：《国外外交学》，中国人民公安大学出版社，1990 年版，第 337 页。

③ Oana Iucu, Paul Marinescu, “Diplomacy and Diplomatic Protocol”, *Manager Journal*, Vol.8, No.1, 2008, p.16.

④ Caroll Beaulac, “I can put a man in his place”, *Saturday Evening Post*, Vol.225, No.37, 1953,p.32.

力设法挤到他们二人中间的席位上去。这一冲突是以决斗来了结的。[①]可见，礼宾礼仪是一种双刃剑，它可以是和平的力量，也可以是导火索，当然，如果处理得好就不是，处理得不好它可能成为战争的来源，或者至少是冲突，让人头疼。[②]随着时代的发展，争执引发了礼宾礼仪规范的发展，人们发展了礼宾礼仪之和平与和谐的一面，通过不成文的惯例与各种国际会议、条约规避其可能导致的冲突。使礼宾礼仪逐渐回归其本来的角色——和谐交往的润滑剂而不应是矛盾的制造者。尽管有人笑谈礼宾被认为是自负和礼节繁琐的，但它有一个非常重要的作用就是让外交官不用每次见面为了他们的位次争吵，因此也使得他们可以把精力集中在他们所代表国家的实质性的问题。[③]也有人认为，礼宾礼仪可以创造极其良好的氛围，外交任务极其复杂，只有在精神气氛和物质条件不起阻碍作用的情况下才能完成，这便是礼宾礼仪的目的所在。[④]总而言之，它应该促进国家之间的和谐交往而不是反之。

以上分析了礼宾礼仪较为常见的三种功能。对这三种功能进行梳理后发现，礼宾礼仪导致纷争甚至冲突的解释力稍显不足。本文认为礼宾礼仪还有一种隐性的功能，即权力政治的功能，礼宾礼仪充当了权力斗争的有利工具。尽管礼宾礼仪的权力政治功能早就存在，但研究并不充分。

三、礼宾礼仪的一种隐性功能

外交是以和平的方式处理国与国之间的关系，但这并不意味着没有斗争与较量，只不过是以一种柔性的方式进行，礼宾礼仪是柔性斗争较为巧妙的一种方式，外交中的礼仪礼节之争如位次、优先权等实质上包含了国际、国内的权力之争。[⑤]礼宾礼仪中的各种仪式、位次先后、接送规格、地点选择、时间主动权、服装隆

① 萨道义：《外交实践指南》，世界知识出版社，1962 年，第 12 页。

② Caroll Beaulac, “I can put a man in his place”, *Saturday Evening Post*, Vol.225, No.37, 1953,p.32.

③ Raymond Cohen, *Theatre of Power: The art of diplomatic signalling*, New York, Longman, 1987,p.142.

④ 周启朋，杨闯等编译：《国外外交学》，中国人民公安大学出版社，1990 年版，第 353 页。

⑤ Hans J. Morgenthau, Kenneth W. Thompson, *Politics among nations: the struggle for power and peace,* New York, Knopf, 1985.

重程度等都反映着对权力的承认与尊重进而决定着权力的等级体系。“权力博弈的工具”是礼宾礼仪的一种隐性的功能，由于“礼”可以避免唤起敌意并促成行为的和谐，这一功能较为隐蔽。然而，笔者认为，对权力功能的挖掘可以更好地理解礼宾礼仪，并为礼宾礼仪之争赋予另一种解释。

要分析礼宾礼仪如何体现权力的问题，需要分析何为权力。尽管人们对权力概念的定义难以达成一个完全的共识，但“大多数的分析家们还是承认，权力基本上是指一个行为者或机构影响其他行为者或机构的态度和行为的能力”。[①] 如果用最简单的方式表述，权力就是影响力。现实主义者摩根索认为威望是权力的体现，而礼宾礼仪又是威望政策所使用的主要工具之一。[②] 他洞悉了礼宾礼仪与权力的关系，并无不感叹地说，威望政策作为国际舞台上权力斗争的第三种基本表现，很少为人们所认识。法国社会思想家福柯则在寻找权力与关系的关联，他认为“权力不是一样东西，而是一种关系，是各种势力关系的复合体，是这些势力关系通过持续不断的相互抗争、改变，增强或颠覆他们的过程”。[③] 建构主义者也认为关系反映权力，他们认为人类行为体不能脱离社会环境及其集体共享的意义系统（广义的“文化”）而独立存在。[④] 社会结构和行动者不仅是相互决定的，更是相互建构的。[⑤] 建构主义者关注权力的关系性实质，比如：关系是权力运作的平台，没有关系便没有权力；关系可以放大权力，也可以制约权力；关系就是权力。关系和关系网络是重要的权力资源。[⑥] 礼仪、仪式是以共同的价值或者群体

---

① 戴维·米勒，韦农·波格丹诺：《布莱克维尔政治学百科全书》，中国政法大学出版社，1992 年，594-595 页。

② 汉斯·摩根索：《国家间政治：为了权力与和平而斗争》，徐昕、郝望、李保平译，商务印书馆，1993 年，第 109-110 页。

③ 陆扬：《后现代性的文本阐释》，上海三联书店，2000 年，第 42 页。

④ 托马斯·里斯，肖莹莹：《全球化与权力：社会建构主义的视角》，《世界经济与政治》，2013 年第 10 期，第 26 页。

⑤ Emanuel Adler, *“Seizing the Middle Ground: Constructivism in World Politics”*, pp.324-325; Alexander Wendt, *Social Theory of Internatinal Politics,* 1999; Anthony Griddens, *The Consitution of Society: Outline of the theory of Structuration*, University of California Press,1984.

⑥ 秦亚青：《关系本位与过程建构：将中国理念植入国际关系理论》，《中国社会科学》，2009 年第 3 期，第 85 页。

成员共享的意义世界为基础，[①]礼宾礼仪在互动中形成，因其体现的控制与规范功能而具有权力因素。礼宾礼仪与权力的连接还表现在它的“象征性”与“功能性”。“象征性”是指把礼宾礼仪作为对某一身份或地位认可的标志，比如国宾欢迎仪式中礼炮的数量，国家元首21响，政府首脑19响，象征着对国家元首与政府首脑地位、身份、权力的认可。“功能性”是将礼宾礼仪视为一种工具，政治主体借此工具合法化身份地位。比如位次昭示着影响力与威望，丧失位次优先权意味着权力的削弱。不论“象征性”还是“功能性”，都包含了展现威望的因素因而包含了权力的因素。

如果说“礼仪不单纯是文化的象征，还具有社会控制职能，它因为是社会规范体系的一部分而含有权力意志[②]”，那么处理当权者之间交往关系的礼宾所包含的权力成分就更加明显了。礼宾礼仪在双边或者多边活动中昭示着权力、体现着权力，因此，难免会出现权力的博弈，并由礼宾礼仪体现出来。以下我们把第一次世界大战作为分界点，来分析礼宾礼仪的权力政治功能。因为之前与之后的表现方式有了很大的变化，外交家哈罗德·尼克尔森把之前称之为旧外交，之后称为新外交。

（一）旧外交中礼宾礼仪之权力博弈

围绕礼宾礼仪的权力博弈，在旧外交中主要表现为位次之争、致意礼节之争等等，斗争方式较为直接化与表面化。历史上，在双边关系中，皇帝或者君主青睐以礼宾礼仪宣威，通过一些仪式突出、强化统治者的神圣与崇高进而达到显示国家权力的目的。如果这种权力无法得到来访国代表的认可，就容易导致宾主之间的礼宾礼仪之争。比如，中英外交史上重要的马嘎尔尼使团访华时的“礼仪之争”，表面上是礼仪之争实质内含了权力之争。马嘎尔尼想让中国官员按照欧洲外交规矩行事，而中国人却想让马嘎尔尼叩头。礼仪对中英双方都非常重要，因为礼仪体现了权力关系的互动性调试，礼仪的实施本身就会产生权力关系。[③]然而，核心问题是双方对主权观念和建构权力关系的方式持有相互竞争的、终不相容的

---

① Daniel De Coppet, *Understanding rituals*, New York, Routledge, 1992,p.98.

② 吴莉苇：《中国礼仪之争 文明的张力与权力的较量》，上海古籍出版社，2007年，第102页。

③ 何伟亚：《怀柔远人：马嘎尔尼使华的中英礼仪冲突》，邓常春译，社会科学文献出版社，2015年，第5页。

观点。每一方都试图把自己的观点强加给另一方，并且都没有成功。[①] 这种权力的较量往深挖，背后体现的是中、英两国不同世界秩序观的斗争，并通过非常细枝末节的致意礼节体现了出来。

在多边关系中，自从欧洲国家之间建立了互派使节的制度，国王的外交代表往往不惜一切代价维护本国国王的权益。由于外交代表的位次体现着所属国家的影响力与威望，它们可以象征性地体现权力的大小与强弱，因此，外交代表们围绕权力进行了一系列的斗争，其中最突出的就是礼宾次序之争。比如1633年，法国大使与西班牙大使发生的位次之争，即丹麦克里斯琴四世宣布庆祝王太子的婚礼，准备邀请各国大使参加。但丹麦在如何排法国与西班牙大使的位次时犯了难，丹麦的大臣们向法国大使达弗提出各种解决困难的办法，其中一个办法是把他的席次排在国王的后面或罗马皇帝大使的后面。法国大使对于这个办法的答复是："我让西班牙大使选定他认为最荣誉的位次，当他就位时，我再把他赶走，我再去取得这个席次。"为了避免更大的纠纷，西班牙大使弗恩特借口在别处有急事儿没有参加这次婚礼。[②]1661年，曾经发生法国与西班牙大使位次之争，当时两国代表在争夺尊位时发生争执，法国代表受伤并在争夺位次中落败，法国国王知道后勃然大怒，由于法国国力胜于西班牙，他提出了一系列赔偿、处罚当事人并保证今后两国大使的优先权必须给予法国等要求，否则就宣战；西班牙国王为了避免两国关系破裂，不得不妥协。类似这样的案例在欧洲历史上屡见不鲜，最严重甚至导致了国家间的战争。直到1815年维也纳会议制定了礼宾礼仪秩序标准才得以缓解。但礼宾礼仪之争的问题依然存在，因为礼宾礼仪规范并未在全球形成，同时世界范围内并未形成主权国家不论大小一律平等的观念，国家之间有大小、高低、优劣的等级之分。

（二）新外交中礼宾礼仪之权力博弈

第一次世界大战期间以及第二次世界大战以后，历史的进程使外交实践发生了重大变化。第一次世界大战的爆发意味着旧外交的失败与新外交的出现。"新外交"的核心精神是民主与法制。威尔逊有一句名言："基于公开的盟约……公开达成"的"新式外交"，被普遍认为是防止大规模军事冲突死灰复燃的最佳保障手

① 同上，第5页。

② 萨道义：《外交实践指南》，世界知识出版社，1962年，第53页。

段。[①]传统外交中的礼宾礼仪充满着缺陷与问题，导致了诸多的混乱与无序。鉴于此，重建新外交以及具有时代特征的符合新外交需要的礼宾礼仪规范也成为历史的必然。新外交中的礼宾礼仪规范以主权平等为核心原则，讲究国家之间不分大小、强弱一律平等，相应礼宾礼仪也是平等、对等与平衡的。在这种思潮的影响下，礼宾礼仪呈现新的面貌，有观点甚至认为“礼的等级性，即不平等性已经基本消失。”[②]然而事实不尽如此，礼宾礼仪有表达平等性与公平性的一面，也有被当成一种工具，用以表达与体现差异进而展现权力的一面。礼宾礼仪作为权力博弈的工具这一功能在形式上有所改变，比如斗争的方式更加隐蔽与柔和、丰富与多元，它为竞争、威胁与反威胁披上了面纱，但为权力而斗争的本质并未改变。

更加隐蔽与柔和是指权力的斗争较少直接化与表面化而是通过某种合理、合法的方式实现。就位次之争而言，历史上比较常见的是当事人就位次争位次，比如波茨坦会议于1945年7月17日召开，杜鲁门、丘吉尔和斯大林作为美、英、苏三国首脑在柏林近郊的波茨坦举行会晤，丘吉尔、斯大林和杜鲁门在谁应该首先进入会议室的问题上无法达成一致，最后他们从三个不同的门同时进入。如果礼宾次序优先权给予其中的一个人，这个人所属国家的威望就会超过另外两个人的国家，这是其他两个人不能承认和允许的。既然他们要求平等的权利，他们一定会非常关注通过表达平等的方式去坚持自己的荣誉。[③]这一类位次之争更多的是当事人通过位次争权夺利。礼宾在新外交中的权力斗争更加隐蔽与柔和，权力的争夺很多时候以制定规则的方式合情合理地呈现，外交仪式与礼仪能够给予某些行为主体程序上的优势比如议程设置的权力，[④]美国总统参加日本天皇葬礼就是一个很好的例子。1989年2月，日本昭和天皇逝世，163个国家代表参加葬礼，很多国家的国家元首出席，这对日本礼宾官来说是很大的考验。因为位次安排既要符合平等、公正的礼宾原则，又要符合各方利益，还要体现权力关系。按照位次排

---

① G.R.Berridge, Maurice Keens-Soper,T. G. Otte, *Diplomatic theory from Machiavelli to Kissinger*, New York, Palgrave Macmillan, 2001,p.157.

② 鲁毅，黄金祺：《外交学概论》，世界知识出版社，2004 年，249 页。

③ Hans J. Morgenthau, Kenneth W. Thompson, *Politics among nations: the struggle for power and peace*, New York, Knopf, 1985,p.89.

④ Lora Anne Viola, “Diplomatic Ritual as Power: Deliberation, Ritualization and the Production of Legitimacy.”, *Conference Papers – International Studies Association,* 2007,p.1-20.

序的国际惯例，比较常见的方式有按字母顺序排序、按职务高低排序、按就职时间先后排序。然而不管是哪一条，日本的重要盟友——美国都没有占据位次的优先权，美国总统被排到了后面，这是日本不愿意看到的，也是美国不愿意看到的。为了突出美国，日本选择了一个不太常见的参照标准——凡昭和天皇生前出访过的国家拥有位次优先权。天皇在世时出访的国家并不多，美国总统就是凭着这个标准堂而皇之地被排到最前面去了。这个案例体现了原本强调平等的礼宾是如何以一种巧妙的方式被不平等地实现了。礼宾礼仪在这里成了一个工具，通过巧妙的方式展现与突出权力的有力工具。它比旧外交时期当事人之间赤裸裸的位次之争有了很大的改变。

随着国际关系的不断深入发展与成熟，权力斗争的方式更加丰富与多元：从原来集中于位次之争扩展到时间之争、场地之争、称呼之争、着装之争等等。以时间之争为例，时间在礼宾礼仪中也是展示权力的一种手段。时间管理是现代人基本礼仪素养的体现，对于政治领导者来说迟到不仅仅是个人素养的问题，背后还体现着深刻的权力关系。如因特殊情况偶尔迟到是可以理解的，人人都不能保证没有这种情况发生。但世界两个大国美国与俄罗斯总统奥巴马与普京迟到数量之多、时间之长则很值得研究。首先看美国前总统奥巴马的迟到情况，2012年3月，在韩国首尔参加核安全峰会的奥巴马屡次迟到。第一天，出席招待会时奥巴马迟到40分钟，第二天奥巴马再次迟到，致使会议比预定时间晚15分钟。2013年9月5日，奥巴马出席圣彼得堡G20峰会晚宴时足足迟到半个小时。同年12月，奥巴马参加南非前总统曼德拉的葬礼仪式因交通拥堵迟到，当时现场下起大雨，现场主持人称："奥巴马还没到，不等了，全场高唱国歌，仪式开始。"据统计，2014年以来，奥巴马总共迟到200次，总计2121分钟。[①]相比之下，俄罗斯总统普京在迟到上丝毫不逊色于奥巴马，甚至更为严重。有人曾调侃地说"他出席自己的葬礼都会迟到"。2000年，普京与韩国总统金大中会见迟到了30分钟。2008年，普京与韩国前总统李明博见面迟到了40分钟。2003年，与英国女王伊丽莎白二世见面，普京迟到14分钟。2009年，普京与乌克兰美女总理季莫申科见面迟到整整3小时。而与乌克兰总统亚努科维奇见面普京迟到了4小时。2012年，普京与德国总理默克尔见面迟到40分钟。最惊人的是2015年6月12日普京见教皇竟然也迟到

① 中国新闻网，美媒：奥巴马今年迟到200次 总计2121分钟，凤凰网资讯。http://news.ifeng.com/a/20140808/41496761_0.shtml，2017年1月18日。

了70分钟。2013年11月13日，普京在首尔出席韩俄首脑会谈时出现了让韩国方面颇为愤怒的事，普京不仅与韩总统朴槿惠见面迟到半小时还出现临时更改访韩日程的罕见情况。韩国某报直斥此行为属外交失礼。愤怒的韩媒还打出这样的标题——“普京先生，下回请准时”。对于韩国媒体的反应，俄罗斯媒体认为是小题大做，奉劝韩国人不要耿耿于怀，普京仅仅迟到半小时算是“最深切的敬意”。只要翻看普京的迟到记录，对他的这个“恶习”也就习以为常了。[①]

为什么这两个大国领导人在重要国际场合频频迟到呢？不否认美国与俄罗斯历史上有非常多守时的国家元首，但这两位总统频繁迟到背后还是有值得研究的权力因素。在时间礼仪的规范上，位微者等候位尊者往往是可以接受的，位尊者等候位微者则不符合礼仪规范。在主权国家一律平等的国家间关系上，国家领导人往往会不自觉地通过时间传递权力阶梯，暗示国家实力差异。正如“政治评论员阿布拉诺夫指出，普京的‘有意迟到’源自于他渴望显露自己在世界政坛上占有‘沙皇式的地位’，犹如俄罗斯帝国鼎盛时期的沙皇[②]”。美国总统奥巴马的频繁迟到同样具有自视美国为世界超级大国的傲慢。强国在议程设置权、主导权、话语权等方面拥有小国无法比拟的优势，换言之，大国领导人具有弱小国家领导人不具有的迟到的实力与资本。非偶然性迟到的背后往往有权力的支撑，是和平年代权力较量在时间上的表现。

再看礼宾礼仪中非常微观的服装也可能成为权力博弈的手段。2002年2月，当英国女王伊丽莎白二世访问新西兰时，出现了新西兰女总理海伦·克拉克身着极为普通的服装出席国宴款待女王的尴尬一幕。新西兰是英联邦国家，根据英联邦的法律，国家元首的地位高于政府首脑，新西兰总理理应给予最高规格款待女王，加之女王被誉为礼仪的最高典范，国宴又被视为国事访问中的精华与高潮部分。按照国际惯例，国宴中主角的着装规范是要身着正式礼服，而非普通服装，为王室举行的国宴更加不容忽视。具体来说，女士要穿落地的礼服长裙，佩戴珠宝，使用精巧的晚宴包，呈现雍容高贵的风范。女王还会头戴王冠、身披绶带，以彰显其身份与地位。国宴主人若身着简单服饰款待宾客会传递很多信息，比如

① 中新网，普京外号“迟到大王”与朴槿惠会见晚到半小时，央广网。http://news.cnr.cn/native/gd/201312/t20131202_514296273.shtml，2016年3月11日。

② 中国新闻网，普京与多国首脑会见均曾迟到 被封“迟到大王”，环球网。http://world.huanqiu.com/regions/2013-12/4619022.html，2013年12月2日。

不重视来宾、降低礼宾规格、自身服饰修养不够等等，这种规范是外交活动中的群体成员共享的意义。但是海伦·克拉克的着装正好打破了这条国际惯例，她身着极为随便的服装——普通上衣、休闲长裤、背着普通挎包出席国宴。当晚，克拉克在国宴上的服装以及通过服装所展示的强硬风格令举座震惊。

克拉克并非不懂国际着重规范，背后传递的信息值得研究。她个性鲜明，被誉为新西兰的“铁娘子”，其强硬作风可比英国前首相撒切尔夫人。克拉克一直支持新西兰脱离英联邦，成为独立的共和国，必然对女王作为新西兰国家元首的地位不持积极接纳的态度。降低着装规格客观上削弱了女王的威望，因为礼仪与权力高度统一，互为因果。礼仪、仪式成为体现、维护女王权威的手段，女王的威望又由仪式、礼仪来展现。克拉克的行为引起了极为重视皇室礼仪的英国方面的不满，面对英国媒体的批评，尽管克拉克否认是故意为之并辩解“这是2002年不是1642年①”，但“如果裤子事件不算丑闻，至少这种行为是对新西兰共和主义的一种声援②”。在新外交中，通过软性规范体现权力更加符合时宜且不易被察觉，微观的服饰成为权力博弈的工具并运用于削弱他人的权力就不足为奇了。同样，前文所提到的美国总统特朗普与安倍晋三、默克尔、马克龙的握手均包含了权力的较量，其政治含义已经超越了一个简单的握手。

总之，礼宾礼仪作为权力斗争的工具这一功能早就存在，一个“礼宾礼仪”之争的案例可以体现国家利益、国家关系以及交往的状态，还能体现相关方背后的权力博弈。面对诸多的礼宾礼仪之争，本文认为这是一种更加有力的解释，也是对其它解释体系的一种很好补充。

四、小结

礼宾礼仪看似是一些细枝末节的形式问题但非常重要，鉴于大部分研究集中于操作层面，学理性的研究较少，本文尝试从学理的角度对礼宾礼仪的功能这个问题进行研究。在介绍了礼宾礼仪的三个常见的功能之后，主要分析礼宾礼仪一种隐性的功能——权力斗争的工具。本文认为“权力博弈的工具”是礼宾礼仪一

---

① ONE News,*PM's pants prove problematic*,TVNZ.http://tvnz.co.nz/content/83922/2591764.xhtml, 2016.3.

② ONE News,*PM's pants prove problematic*,TVNZ. http://tvnz.co.nz/content/83922/2591764.xhtml, 2016.3.

个隐形的功能，这个功能可以更有力地解释发生在历史上的各种礼宾礼仪之争，以及由此引起的冲突甚至战争。鉴于礼宾礼仪包含的权力因素，这就使外礼宾礼仪必须小心翼翼地处理，因为哪怕是最微不足道的琐碎细节也会造成巨大的问题。谈判桌两侧人数的多寡和谈判者的相关位置，也会引起争论甚至导致战争和死亡。[①]外交是以和平的方式处理国家之间的关系，但绝非没有斗争，通过礼宾礼仪争权夺利是和平年代的最佳方式。

第一次世界大战之后，新外交逐渐代替了旧外交，礼宾礼仪的演进日趋成熟，礼宾礼仪规范成为各国共同接受与认可的惯例并受到相关法律的保护，具有规范性、制度性与法律性的特点。1945年签订的《联合国宪章》确认了主权平等的原则，主权平等也成为礼宾礼仪的重要原则。有了国际法文件的保护，礼宾礼仪直接导致冲突、战争的可能性变小了，但并不意味着国与国之间没有权力的博弈，而是博弈的方式发生了变化。礼宾礼仪中的隆重排场、觥筹交错、珠宝华服掩盖了赤裸裸的争斗，礼宾礼仪在新外交中的权力博弈更加委婉、含蓄、不露痕迹。

总之，礼宾礼仪为国家之间的权力博弈提供了战场，礼宾礼仪之争本质上包含了权力的较量与交锋。礼宾礼仪功能的发展趋势会继续朝平等、和谐的方向发展。尽管表现形式会更加隐蔽与柔和、丰富与多元，但权力政治的功能不会消失。

---

① 大卫.科泽：《仪式、政治与权力》，江苏人民出版社，2015，第120页

中美外交礼宾的比较研究
——以国旗位次排序为视角

周慧萌*

外交礼宾是外交工作的重要组成部分，体现着东道国对来访国的尊重和重视。随着国际社会交往越来越频繁，为避免相互间因文化、习俗不同而产生误会、冲突，外交礼宾逐渐形成了一些被各国认同并遵从的国际惯例。各国的外交礼宾规则受到各国历史、文化等因素的影响而各有特点，展现着本国的风采和特色。① 中国和美国是当今国际政治舞台的两个重要参与者，与国际社会关系密切，但双方的外交礼宾规则由于其确立过程不同而不尽相同，国旗位次排序方式的差异就是其中之一。

一、中美国旗位次排序的异同

（一）中美国旗位次排序的相同点

国旗是一个国家的象征和标志，是一个国家最直观、最集中、最鲜明的符号显现，代表着国家和民族的尊严。按照国际外交礼宾的惯例，在多边外交场合下，排列多国国旗，一般以各国常用名的拉丁字母排序，而作为东道主的国家可置于荣誉地位，即在一列并排时的最右位，单列时最前位，弧形、圆形等排列时在中心位置。而中美两国在同时排列多国国旗时所采用的规范都与国际惯例相同。

根据中华人民共和国外交部《关于涉外升旗和使用国旗的规定》的第十五条规定："在中国境内，中国国旗与多国国旗并列升挂时，中国国旗应该置于荣誉地位。并排升挂具体办法：（一）一列并排时，以旗面面向观众为准，中国国旗在最

*　北京市第三中级人民法院司法行政，外交学院2013级本科毕业生。

①　参见吴德广：《礼宾官背后的外交风云》，四川人民出版社，2016年版，第16—17页。

右方；（二）单行排列时，中国国旗在最前面；（三）弧形或从中间往两旁排列时，中国国旗在中心；（四）圆形排列时，中国国旗在主席台（或主入口）对面的中心位置。”①

同样，当在美国本土，如果多国国旗同时放置，应该按照各国常用国名的英文字母顺序排列摆放，而当美国作为东道主的时候，美国国旗被置于荣誉地位，即排列的最右侧。②

（二）中美国旗位次排序的不同点

按照国际外交礼宾的惯例，在双边场合下，相互交往的两国，东道国出于礼让和尊敬，往往会把作为宾客的国家的国旗置于荣誉地位，遵循国际惯例，以右为尊，即以国旗朝向判断的右侧的位置。但在这一点上，中美国旗位次排序则出现了不同之处。

中国采用了国际通用的礼宾习惯。根据中华人民共和国外交部《关于涉外升旗和使用国旗的规定》的第十三条规定：“在中国境内举办双边活动需要悬挂中国和外国国旗时，凡中方主办的活动，外国国旗置于上首；对方举办的活动，则中国国旗置于上首。”③

但美国在双边外交场合采用的国旗位次排序方式则与国际惯例不同。在美国本土，当两国国旗同时摆放，美国国旗永远被放置在右侧，即以右为尊中的尊位。1942年美国重新修订了美国法典，修订后的第四卷第一章是关于国旗的条款，其中对于国旗的位置规定：“当国旗和其他旗帜在同一队伍中时，应当在行进方向的右侧，即国旗自身的右侧；如果在一列旗帜中，国旗应当被放置在列队中心的前方。”“当美国国旗被和其他旗帜一起靠墙放置时，美国国旗应在右侧，即国旗正面朝向的右侧。④这是《美国法典》作为国内法对于国旗和其他旗帜一同放置时

---

① 《中华人民共和国外交部关于涉外升旗和使用国旗的规定》，http://www.gsfao.gov.cn/xxgk/xxgkzcfg/xxgkxzgz/2018/916/1891683411235059JA0D2K3IC24AGH.html,2018 年 9 月。

② Mary Mel French, United States Protocol: The Guide to Official Diplomatic Etiquette,Rowman & Littlefield Publishers Inc., 2010, pp. 241.

③ 《中华人民共和国外交部关于涉外升旗和使用国旗的规定》，http://www.gsfao.gov.cn/xxgk/xxgkzcfg/xxgkxzgz/2018/916/1891683411235059JA0D2K3IC24AGH.html,2018 年 9 月。

④ U.S. Code,Cornell Law School. https://www.law.cornell.edu/uscode/text/4/7.

的位置，但在国际外交场合，美国也选择遵循《美国法典》的规定，即在两国旗帜同时摆放时，美国国旗永远置于右侧的尊位。

（三）美国的国旗位次排序方式带来的问题

在双边外交场合，美国的国旗位次排序依其国内法而非国际惯例。出于对美国的尊重与礼让，各国在与美国的双边交往中尊重了这一做法。因而在各国领导人访美的报道中，从观众的角度来看，美国国旗一般出现在画面的左侧，他国国旗出现在画面右侧，从国旗自身的方向来看，即美国国旗在右，别国国旗在左。例如2015年我国习近平主席访问美国时，奥巴马总统在白宫为习近平主席举行的欢迎仪式上，两人身后的国旗就是如此摆放的。

但美国的国旗位次排序方式往往会带来一些问题。第一，这一排列方式会使观众误解。观看新闻报道的观众在无法辨别双方领导人身份的情况下，往往通过其身后的国旗来辨别国家，而按照国际惯例，国旗位次排序与宾主二人的位次排序相一致。但是按照美国的国旗位次排序方式则会使观众误判人员与其所属国家，可能引起不必要的误会。

其次，美国这一做法其实违背了外交礼宾的原则。按照前文对外交礼宾原则的分析，各国互相给予的礼遇应该是平等、对等的。当今国际社会，大多数国家都采取了同时给予来访国领导人和国旗礼遇的做法，即领导人和国旗都处于右方的尊位，各国在接待美国领导人来访时也都是完整地给予了相应的礼遇。对等原则要求相互交往的双方在同一规格的人员受到的礼遇应当是相同的，那么在各国领导人访美之时，美方也应同时给予对方在人员和国旗两方面的礼遇。但事实是美国并没有这么做，相当于相互交往的两个主权国家之一并没有受到对等的待遇，是不平等的一种体现。这种不对等的做法很可能引起对方国内对美国规定不了解的民众的不满情绪，进而影响两国友谊。如果一国与美国的外交关系本就存在裂痕，那么这种不平等的暗示甚至可能引起外交关系的破裂。

第三，是美国国内法和国际习惯二者间的冲突问题。按照《国际法院规约》的说法，国际习惯法是指“作为通例之证明而经接受为法律者”。[①]国旗位次排序的方式在国际社会上已经形成通例，并且被多国遵循，将之内化为准则，虽然未被写入各自的国内法，但事实上已经构成国际习惯法的要素。固然，国际习惯法的效力较国际成文法就要弱一些，而国际习惯法、国际法都依赖各国国内法来发挥效力。但国际社会秩序的维护正是依靠各国自愿自觉遵守国际法和国际习惯法，美国使本国的国内法完全凌驾于国际法和国际习惯之上，并不利于国际法和国际习惯法发挥作用，也不利于国际社会的稳定秩序。

二、中美国旗位次排序差异的原因分析

（一）中国

中国作为四大文明古国之一，拥有悠久的历史和丰厚的文化底蕴，在历史的各个时期也与周边各国往来密切。我国乃是礼仪之邦，上下五千年的历史印证了我国自古以来就相当注重礼仪、礼节。公元前11世纪，周王朝确立，周公旦制礼，规范了周王朝社会的诸多方面，对后世产生巨大影响。随着《周礼》成为儒家经典，“礼”也逐渐融入了社会生活的各个方面。

在封建社会时期，儒家所提倡的“礼”不仅是个人言行的指导规范，也是国与国相互交往应当遵循的准则。在遵行“礼”的基础上，国与国的交往，才能增进友谊和理解，才会有和平共处。[②]但我国古代外交与今天的外交有很大不同，礼宾活动也有很大不同。我国古代外交是在“朝贡体系”的基础上建立起来的。中国作为中原大国，是“天朝上国”，人口众多，物产丰富，周边各国相较于中原

① 《国际法院规约》第三十八条第一款（丑）项，http://www.un.org/chinese/law/icj/statute.htm。

② 马保奉：《礼宾春秋》，世界知识出版社，2007年版，第235页。

国家都是弱小、落后的，为谋求安全和庇护，需要向中央王朝觐见朝拜、交纳贡品。在此背景下，各朝为接待前来朝贡的各国使节，逐渐设立了专门的接待部门，即现代意义上的外交礼宾机构，并制定相关的外交礼宾规定，形成了完整的外交礼宾制度。

按照中国古代传统，在位次排序上，中国是以左为尊以右为卑的。中国传统的居住习惯是坐北朝南，那么左侧就是东方，而太阳也正是从东方升起的。因而在礼宾的位次排序上，也是以左为尊的。以《史记·项羽本纪》中的记载为例："项王即日因留沛公饮。项王、项伯东向坐；亚父南向坐，亚父者，范增也；沛公北向坐；张良西向侍。"[①] 即项王、项伯坐在西方，面向东方，也就是左侧的尊位上，并且将刘邦安排在范增之后，表现了项王对刘邦的不重视。而在历朝历代的礼宾制度里，作为接受朝贡的王朝，中国都是将自己排在了尊位，虽然也给予了前来进贡的国家一定礼遇，但在位次排序上仍是将其排在卑位。

1949年新中国成立前的战争时期，中国的外交活动主要是国民党政府的外交。当新中国成立后，崭新的国家需要在外交领域开辟全新的气象，需要与各国建立和平友好的外交关系。按照毛泽东主席的三条外交政策，在周恩来总理的领导下新中国的外交工作逐步走上正轨，越来越多的国家与中国建立外交关系，随之而来的领导人访问，也使中国的外交礼宾的规范和原则逐步确立。

中国是礼仪之邦。新中国成立后的礼宾制度，在周恩来总理的指导下，没有采用中国历史上封建制度朝贡体系下的礼宾方式，但也传承了重视礼仪、礼节的思想，保留了与现代社会相符的一些习惯。由于自身并没有合适的礼宾制度，所以，新中国的礼宾制度主要是吸收、借鉴国际上的成规、惯例，注意和国际礼仪接轨。礼宾规格和具体做法来自三个方面：一、我国传统礼宾习惯；二、从苏联和其他社会主义国家学习和借鉴的经验；三、资本主义国家的成规和习惯做法。[②]

当然，新中国刚成立时确立的外交礼宾规范也存在着一些还需改善的地方，但随着交往的频繁、领导人的重视和观念的转变，我国逐渐改革、完善了外交礼宾制度，努力形成与国际上公认的习惯做法一致，又具有中华民族特色和社会主义风采的礼宾制度。现如今，我国的礼宾工作既重视礼仪，又讲求实效；既周到细致，又简化节约，受到国际上普遍好评。

① 司马迁，韩兆琦译注：《史记》，中华书局，2007年版，第65页。

② 马保奉：《礼宾春秋》，世界知识出版社，2007年版，第137—138页。

由此，再看中国采用的国旗位次排列方式就不难理解。虽然按照中国传统习惯位次排序是以左为尊，但新中国成立后，与国际接轨，为了显示对其他国家的尊重与敬意，也为了避免由此带来的误会，中国在外交礼宾活动中，即对外的场合，采用了国际通用的惯例，将右方视为尊位，并出于礼让，将尊位留给客人。而国旗作为国家的象征，也同样给予了相应的礼遇。事实上，在国内会议中，我国仍然保留着“以左为尊”的传统，而通过这一对比也更好地阐释了中国对各个主权国家的尊重与礼让，与中国谋求和平友好发展的诉求。

（二）美国

十五世纪末哥伦布发现了美洲新大陆；十六世纪，欧洲列强开始在这片新大陆上建立殖民地；十七世纪，大批英国殖民者来到美洲大陆，从而开始了英国对这片领土的统治。然而早期英国对这片殖民地的统治是一种放任的政策，这使得美利坚民族的精神和文化得以自由发展并逐渐成熟。当英法七年战争结束后，乔治三世开始以高压政策统治这里时，新的民族开始了对其的反抗，并最终建立了全新的美利坚合众国。

全新的美国对于刚刚摆脱的英国殖民者深恶痛绝，领导者和人民都致力于摆脱英国统治者所遗留的种种影响。十八世纪的美国外交家所熟悉的都是欧洲的外交礼节和礼宾方式，但人们并不想继承这些殖民者留下的习惯，政治家们试图创造出独特的、“美国”牌的外交礼仪和礼宾，尽可能与传统的方式分离开。[①] 人们希望新国家的外交能反映和旧世界分离的新世界的原则。

欧洲国家从罗马帝国分裂到现代国家的建立，经过了千余年，长期的封建历史和等级制度观念，使得各个国家像中国一样形成了繁复的礼仪、礼节规范，这些规范影响着从人们的社会生活到外交礼宾等各个方面。但刚独立的美国由于大部分是中下层人民，并不热衷这些复杂的礼制，因而大部分人对于欧洲外交礼节也是反对的，人们更支持简单而真诚的方式，而不是虚礼和特殊的服饰。

然而，即便初建的美国努力摆脱英国对他的影响，但不可否认，美国早期的外交礼宾还是继承了很多英国传统。但是，在政治家、外交家们的努力下，早期的美国外交礼宾、礼节也确实有着自己独特的风格，使其和英国礼宾制度区分开来。此外，必须提及的一点，由于美国总统作为国家元首有着很大的行政权力和

① Robert Ralph Davis, Jr., *Manners And Diplomacy: A History Of American Diplomatic Etiquette And Protocol,* Ph.D, Michigan State University, 1967, pp.1.

外交决策权，早期的历任总统对于美国外交礼宾制度的影响也是很大的。十九到二十世纪的国际环境复杂多变，国际上的一些外交礼宾惯例、成规还是正在形成的状态，因而不同总统时期内的外交礼宾细节由于总统的喜好、政策不同也不尽相同。同时，总统夫人作为白宫的女主人，对在白宫举行的礼宾仪式，如欢迎仪式、欢迎晚宴等，也会起一定的影响作用。

从民族主义的角度来看，当前国际社会的主要行为主体是主权国家，而很多主权国家也是作为民族国家而存在的。对这些国家而言，人民对国家的认同是基于长期的历史发展、文化积累而形成的，是人们对于共同的历史文化的感情，形成了其对同一民族以及国家的感情。但美国并不是这样。尽管美国在事实上是建立在新教英格兰族群的文化基础之上的，但是奴隶制、对美洲原住民的征服和持续的移民浪潮已经将它变为一个真正的多族群的复合的民族，但是它是一个由共同语言、共同法律、共享政治象征和“世俗宗教”——向国旗敬礼、庆祝公共节日、礼拜宪法和立国者、纪念光荣的阵亡将士等等 ——凝合起来的民族。① 美国作为一个多民族的移民国家，并没有自己的历史文化，使得美国需要政治性的民族主义，使人民对国家建立强烈的认同感，从而推动国家发展。而国旗作为国家的象征，正是美利坚民族人民对国家的精神寄托。国旗永远位于尊位的规定更容易激起人民对国家的热爱和认同。

现在使用的美国法典中关于国旗的规定，是1942年罗斯福总统在位时修改通过的。当时的美国刚刚经历了经济危机，美国人民对国家的认同感和信任度正处于低谷时期，但1941年末日本偷袭珍珠港使美国彻底卷入第二次世界大战，美国人民的民族意识重新凝聚，焕发了生机。而正是此时，美国两院提出了修改国旗法的提议。在当时的历史条件下，这样的做法有利于凝聚民族力量，增强美国国民对国家的热爱。自此，将美国国旗永远置于上首，即国旗正面面向的右方，也成为美国沿用至今的规则。另一方面，这一规定得以实现一定程度上也由于美国综合国力的强大。第二次世界大战对欧洲各国的经济和基础建设都造成了极大的伤害，而美国在第二次工业革命开始就已经走在世界的前列，第二次世界大战后期参战的美国其战场也都在国外，美国不仅在第二次世界大战中并未受到极大损伤，反而获益良多，这使得美国在第二次世界大战结束后在国际社会中成为综合

① 安东尼·史密斯:《民族主义：理论，意识形态，历史》，上海人民出版社，2006年，第43页。

实力最强的国家。在战后的对外交往中，美国的国际地位和自身实力使得他将违背了国际惯例的国旗位次排序方式应用在外交礼宾场合，并使各国接受了这一违背外交礼宾原则的做法。

三、结论

中美两国间外交礼宾的不同不止国旗位次排序一个细节，但国旗位次排序应是最易于被发现和关注的一点。基于不同的历史历程和对政治因素的考量，两个在国际社会上占有重要地位的国家在双边活动的礼宾的过程中采取了不同的国旗位次排序方式：中国遵循了国际惯例，将国旗尊位留给来访国；美国则严守国内法的规定，美国国旗永远放在尊位。而出现这一不同现象的原因既有双方的历史经历、文化传统不同，也有两国领导人近现代对国际格局、国内政治等因素的考虑。

除美国外，世界上还有一些其他国家也采取了相同的国旗位次排序方法，将本国国旗置于尊位。而其他国家在外交礼宾过程中也尽可能尊重了这些国家的国内法，或是采取国旗交叉摆放，或是同时摆放多面两国国旗等做法来避免误解。但这一现象的本质依旧不能被忽略。将本国国旗置于尊位，违背了外交礼宾的平等、对等原则，是对国际礼宾秩序的一种挑战。长此以往，不仅会为国家间的相互交往带来负面影响，也影响了国际社会对外交礼宾、礼遇的认可，带来消极影响。

文化多元化全球化时代的礼仪文化观

金　龙*

在礼仪的研究和教学中，笔者发现常有人将礼仪简单地笼统地划分为“东西方礼仪”或者“中西方礼仪”，还有人认为国际礼仪等于“西方礼仪”，更有人无视时代的发展而试图将传统礼仪原封不动地照抄照搬到当今社会中来。如此种种情况，较为普遍地存在。如何看待这些现象、走出误区，对于礼仪的教学研究和普及推广具有重要的现实意义。本文试从这些问题入手，对身处多元文化时代的人们应该对礼仪持有什么样观念做一些探讨和分析。

一、“东西方礼仪”辨析

每每有人谈及“西方礼仪”，其实往往并没有界定清楚什么是“西方礼仪”，而且很容易令人自然联想到“西方礼仪”是相对于“东方礼仪”而言的。或许这是因为人们视礼仪为文化的组成部分，并根据“东西方文化”的说法而来的。“东方文化”与“西方文化”作为一对对立的概念在世界范围内被长期使用，但这对概念本身是模糊不清的，葛剑雄、李慎之、周有光、宁宗一等多位著名学者曾先后就此做过重要论述。结合以上几位学者的观点不难看出，将礼仪划分为“东方礼仪”和“西方礼仪”同样也是经不住推敲的。

（一）从地理概念看，本初子午线经过的英国等国横跨东西半球，欧洲的大部分区域处于东半球。按照制图学以西经20度和东经160度划分东西半球，则绝大部分的欧洲、亚洲、非洲、大洋洲皆属东半球，唯有北美洲和南美洲属西半球，南极洲暂且不论。显而易见，以东西方来笼统划分礼仪的看法显然不应是从地理概念上考量的。

* 国家图书馆副研究馆员。

（二）从地域之间的相对位置看，所谓东西方都是判断者以自身所在地为中心来确定的。在古代印度人眼中，中国地处东方，是太阳初升之地，因此称为震旦。而玄奘则西行求法，或按照《西游记》中的说法“前往西天拜佛求经”。再如，日本由于地处中国的东方，自称“日出之国”，将中国作为西方“日没处”，《隋书》记载：607年日本推古朝派出的第二次遣隋使向隋炀帝献上以“日出处天子致书日没处天子无恙”① 为开头语的国书。《日本书纪》则记录：日本天皇在给中国皇帝的国书中写到“东天皇敬白西皇帝”②。礼仪是在漫长的历史长河中不断发展变化的，究竟“东方礼仪”和“西方礼仪”是指哪里的礼仪，显然在具体的时间和空间所指不同。

（三）冷战时期，世界被划分为东方社会主义阵营和西方资本主义阵营，东西方成了不同社会制度的指代。据此，东欧诸国和苏联属于东方，但东欧诸国和苏联部分加盟共和国的人们所沿袭的礼仪显然与欧洲各国更为接近。而按社会制度属于西方国家并作为西方七国集团（G7）③ 创始成员国的日本则很好地继承和保留了其自身的传统礼仪，可这些传统礼仪显然并非所谓的“西方礼仪”。因此，这种以社会制度划分东西方的标准也不适用于礼仪。

（四）李慎之先生曾指出：“西方文化因为有一个希腊—罗马、犹太教—基督教的传统还不妨囫囵谈论。东方文化则至少有东亚文化（姑且以中国的儒教文化为代表）、南亚文化（姑且以印度的印度教文化为代表）、西亚—中亚—北非文化（姑且以阿拉伯的伊斯兰文化为代表）。三者大不相同，其差别实不亚于中国与西方的差别。”④ 可见，不但地理概念上、地域相对位置上、社会制度上的东西方划分不能适用于文化，即使专门为文化而设置一个东西方的标准也是无法实现的，因为每种文化的边界并不是清晰的，要说清某种文化的范围从哪里起开始到哪里结束，是不可能统一意见的。同时，每种文化内部也都存在着差异。单就“囫囵谈论”的“西方文化”来说，西欧各国皆有各自的特点，东欧、西欧、南欧、北欧的文化差异更加明显。若将此“西方文化”扩展到欧美文化，那么其中的差异也随之加强。礼仪作为文化的组成部分同样具有这样的差异。即便在一个国家之

① 魏徵等撰：《隋书》，中华书局，1973 年，第 1827 页。

② 安麻吕：《日本书纪》，文海堂，日本明治 3 年 [1870]，推古天皇十六年九月条。

③ 注：后因俄罗斯参与而演变为八国集团（G8）。

④ 李慎之：《东西方文化之我见》，《天津社会科学》，1998 年第 1 期，第 52 页。

内的东西之间也存在着礼仪的不同。且不说中国东西两端相距5000多公里而礼仪风俗迥异，日本的东京和大阪虽然相距只有500多公里，礼仪风俗也有着诸多不同。事实如此，更遑论界定“东方礼仪”和“西方礼仪”。

可见，将礼仪简单地划分成“东方礼仪”和“西方礼仪”（更有甚者说“中国礼仪”和“西方礼仪”），在学理上是站不住脚的，并且忽略了礼仪文化的多元性。

二、礼仪的基本理念的跨文化共通性

“百里而异习，千里而殊俗。”①虽然不同地域的礼仪在礼节、仪式层面存在着差异，但在基本理念、精神层面则有诸多共通之处。但是在礼仪研究和教学中，甚至在日常生活中，人们往往更加关注、强调“异”，而忽略了“同”。“张载哲学启示我们，世界各文明之间，虽然存在差异，却不必然发展成为冲突。”②“存异”是必要的，但如果不努力“求同”，如何加强交流、扩大共识呢？特别是在多元文化时代，发掘不同地域、不同文化中的礼仪共通之处更具价值。

（一）追求仁爱

在《论语》中孔子明确指出：“人而不仁，如礼何？人而不仁，如乐何？③”对子夏“礼后乎”的提问孔子予以肯定的回答，认为“礼在仁后”正如“绘事后素”一样。通过与颜渊的对话孔子提出“克己复礼为仁。一日克己复礼，天下归仁焉”④的思想。那么什么是“仁”？经典答案之一便是“樊迟问仁，子曰！‘爱人’。⑤”仁就是仁爱。以上这些说明，孔子之“礼”的目的是“仁”，“礼”服务于“仁”。基督教文化倡导博爱，伊斯兰教文化讲至仁至慈，佛教文化重视慈悲，虽然这些理念的内涵并非完全相同，但落实在礼仪上都包含劝人向善、善良友爱之意。可见，不同文化背景下礼仪的追求是相对一致的。

（二）人本精神

礼仪的行使者是人，礼仪最终要通过人来实现。孔子赞同子贡“仁者爱人⑥”，

① 张纯一撰：《晏子春秋校注》，中华书局，2017年，第123页。

② 刘梦溪：《学术与传统》，北京时代华文书局，2017年，第1230页。

③ 杨伯峻译注：《论语译注》，中华书局，2007年，第32页。

④ 杨伯峻译注：《论语译注》，中华书局，2007年，第171页。

⑤ 杨伯峻译注：《论语译注》，中华书局，2007年，第181页。

⑥ 楼宇烈主撰：《荀子新注》，中华书局，2018年，第593页。

孟子曰“仁者爱人[①]、民为贵，社稷次之，君为轻[②]”。至今中国人在礼仪规范中依然认同孔子“己欲立而立人，己欲达而达人[③]”、“己所不欲，勿施于人[④]”的逻辑，在礼仪的实施中普遍认同“食色，性也[⑤]”的人道理念。欧洲的人本精神、人道主义由来已久，自文艺复兴时期以来人文主义者热情洋溢地讴歌人的价值、尊严和力量，倡导个性解放，以理性反对蒙昧，法国大革命时期还提出“自由、平等、博爱”的口号。《古兰经》人本伦理思想既是伊斯兰教教义的主要内容，又是使伊斯兰教能走向积极入世关怀的基本理念。佛教针对不同的人开出不同教法正是人本精神的体现。这些不同文化都强调从人出发、以人为本，对不同文化背景的人们的礼仪修养起着导向作用。无论在何种文化中，要提倡以礼待人、以礼敬人，脱离了人显然都是无法实现的。

（三）自制原则

自我克制作为是礼仪的要义之一，广泛地存在于不同文化之中，即使在强调利己主义的文化中自制也同样被看作是一种不可忽视的美德。《保禄宗徒致斐理伯人书》劝诫：“凡自高自大的，必被贬抑；凡自谦自卑的，必被高举。”中国人自古重视自谦。《尚书》讲：“满招损，谦受益，时乃天道”[⑥]。张廷玉说：“盛满易为灾，谦冲恒受福”[⑦]这些中国人熟知的至理名言，伴随着世代中国人的成长，已经不仅是基本的礼仪规范，更是人生准则，有时甚至成为处理国家间关系的政策。在外交部例行记者会上，新闻发言人常常针对国际冲突呼吁各方保持自我克制。在其他文化中关于自谦、自制的名言同样广泛存在，伟人们所言掷地有声、所做身体力行，成为大众礼仪修养的榜样。例如，泰戈尔说：“我们是大为谦卑的时候，便是我们最近于伟大的时候。”[⑧]罗曼·罗兰有名言：“真实的、永恒的、最高级的快乐，只能从三样东西中取得：工作、自我克制和爱。”如此等等，不再赘述。众所

① 方勇译注：《孟子》，中华书局，2017年，第163页。

② 方勇译注：《孟子》，中华书局，2017年，第289页。

③ 杨伯峻译注：《论语译注》，中华书局，2007年，第91页。

④ 杨伯峻译注：《论语译注》，中华书局，2007年，第232页。

⑤ 方勇译注：《孟子》，中华书局，2017年，第215页。

⑥ 顾迁注译：《尚书》，中州古籍出版社，2017年，第44页。

⑦ 出自《清诗别裁集》，上海古籍出版社，2013年，第745页。

⑧ 泰戈尔：《飞鸟集》，郑振铎、冰心译，译林出版社，2017年，第12页。

周知，在日本文化中人们更是将自制原则贯彻到自谦语、鞠躬礼等等生活的每个细节之中。德国社会学家埃利亚斯把自制原则提高到人类文明的高度，在其名著《文明的进程》中论述到："文明发展的特点就在于更加严格、更加全面而又更加适度地控制情感。"[①]这与孔子所说的"克己复礼为仁。一日克己复礼，天下归仁焉。为仁由己，而由人乎哉？"[②]有着异曲同工之妙。

（四）尊重为本

"夫礼者，自卑而尊人。"[③]尊重他人与自我克制是一体两面，只有其一就不是真正的礼仪。"仁者爱人，有礼者敬人。"[④]"礼者，敬而已矣。"[⑤]儒家文化将以尊重为本的礼仪放在极高的位置，因此荀子曰："礼者，人道之极也。"[⑥]现代欧美文化中对他人尊重、信任、关爱是重要的价值观，人际交往中尊严和平等被高度重视，追求个人利益和尊严与关心他人利益和尊严同样重要。而在世界范围内，尊老爱幼、尊重女性早已成为世界文明的潮流。

基于以上论述，试问：礼仪的这些基本理念何处不在？哪有东西之分？可见，礼仪的基本理念有着跨文化共通的特点，但共通之处绝不仅限于上述几个方面。刘梦溪先生在中美文化论坛最后一次圆桌会议上发言时引用钱钟书先生的名言"东海西海，心理攸同；南学北学，道术未裂"[⑦]，来论述文化的"异""同"问题，并专门做了阐述："各个国家民族的不同人群，大家的心理结构和心理指向，常常是相同或者相通的。"[⑧]

从国际礼仪的礼节、仪式层面的具体规范和操作不难看到：首先，当今国际礼仪无疑受现代欧美礼仪的影响相对更多，但如果没有得到全人类普遍的认同和遵守，那么就不可能成为国际礼仪。同时，得到普遍认可的礼仪就是全人类的共同财富，而不再是某个国家、地区或某种文化的专利。可以说当今国际礼仪主要

---

① 埃利亚斯：《文明的进程》，王佩莉、袁志英译，译文出版社，2009年，第36页。

② 杨伯峻译注：《论语译注》，中华书局，2007年，第171页。

③ 王文锦：《礼记译解》，中华书局，2016年，第4页。

④ 杨伯峻译注：《孟子译注》，中华书局，2016年，第216页。

⑤ 皮锡瑞撰：《孝经郑注疏》，中华书局，2016年，第94页。

⑥ 方达评注：《荀子》，商务印书馆，2016年，第337页。

⑦ 钱锺书：《谈艺录》，商务印书馆，2016年，第3页。

⑧ 刘梦溪：《学术与传统》，北京时代华文书局，2017年，第1228页。

源于某种礼仪，但“源于”绝不是“等于”，而且这种“主要源于”也只是相对而言，并不是单一的“源于”。从人类文明的角度来看，没有哪一种礼仪可以等于国际礼仪。从国际礼仪的基本原则来看，它是普遍适用的，例如对等原则、次序原则、惯例原则等。虽然这些原则在不同国家、地区和文化的礼仪中具体规范不尽相同，有时甚至差别很大，但原则本身却是较为普遍地一致或相近。此外，国际礼仪不是一成不变的。随着人类文明的进步、世界多元文化的发展、国际交往的日益频繁，国际礼仪自然也会发生变化。各个国家、地区及各种文化理应积极向国际礼仪贡献智慧，并乐见更多优秀的、文明的、多彩的礼仪成为国际礼仪的元素。同时，要避免以狭隘的视角去看待这种变化。企图以某种礼仪作为国际礼仪的单一来源，乃至以某种礼仪取代国际礼仪，都是不可取的。

因此，简单地以东西方来划分礼仪、认为某种礼仪等同于国际礼仪的观点，不但忽视了礼仪文化的多元性，同时还无视礼仪基本理念的跨文化共通性，否定了人类文明的共性。

三、礼仪的多元化、全球化与现代化

伴随着科技飞速进步，全球化、网络化、信息化的趋势在全世界范围内日益凸显，人类的流动性与知识的流动性不断加速，促进了礼仪的交流与融合，使礼仪呈现出多元化、全球化与现代化并存的现象。

礼仪的融合自人类文明交往已有

礼仪融合并非新鲜事物，它是漫长的历史过程。“人类文明交往是人类跨入文明门槛后就开始并将一直持续下去的基本实践活动……人类文明交往的历史观念反映着不同文明之间和同一文明内部的交往，反映着物质、精神、制度、生态等文明的交往关系，反映着人类对真、善、美良知本性的弘扬。”① 礼仪既是人类文明交往的产物，也是人类文明交往的方式。有差异才有融合，礼仪的融合持续存在于人类文明交往之中，通过碰撞、磨合与学习来实现。

例如，中英之间最重要的一次早期交往中发生的礼仪之争，在经历摩擦之后，“最后，马戛尔尼一行还是见了乾隆，乾隆也就没有要求他们必须双腿下跪，权当他们是化外之人不明礼仪，随便唱个大喏就算了，这样礼仪之争才基本告一

① 彭树智：《人类文明交往的历史观念》，人民网，2015 年 6 月 11 日，http://theory.people.com.cn/n/2015/0611/c40531-27137142.html。

段落”[①]。如今已经没有哪个国家的领导人会要求他国来访的官员给自己行跪拜礼，这是礼仪融合的结果，是文明进步的结果。

礼仪多元化与全球化并存

全球化并非只是经济的全球化，政治、科技、文化、生活方式等方面无不全球化。虽然全球化的进程遇到了英国“脱欧”等一些“插曲”，但正如英国首相特蕾莎·梅在2017年初达沃斯论坛上提出的打造“全球化英国”目标，表明英国“脱欧”之后将会选择的方向是拥抱全球。[②]

礼仪作为文化的重要组成部分也在全球化。如今无论身处世界哪个角落，人们都可以轻易了解到自身所处文化环境之外的其他文化。哪怕跨越大洋、万里之遥的礼仪文化也变得不再完全陌生，而且越来越容易彼此理解和接受。礼仪的多元化与全球化并不矛盾，是差异与融合的动态过程，也是互相尊重与互相学习的动态过程。礼仪的“异”与“同”是并存的，试图以多元化否定全球化，或者以全球化否定多元化，都是有失偏颇的。

近年来国内一些人反对过“洋节”的声浪日渐高涨，似乎过了“洋节”就丢了传统文化，就没了文化自信，却忘记了中华文化强大的生命力与包容性。这些人大概没有想到，倘若没有所谓的“洋节”，哪有现行的公元纪年？而元旦、“五一”国际劳动节和“三八”国际劳动妇女节等典型的舶来品“洋节”，反对过“洋节”的人是否也不过呢？

当然，无论“洋节”还是我国传统节日，过与不过纯属个人选择，但不可干涉他人的权利、误导大众。节日中有礼仪，国际化的节日中有国际礼仪。国际礼仪是不同地域、不同文化背景的人们广泛认可、普遍遵守的，是礼仪在多元化与全球化共同的作用下形成的。“人类的未来，世界历史的大趋势，是走向文明的融合而不是相反。”[③]有些人惧怕、反对外来礼仪文化则正是缺乏文化自信的表现。

同样也是在近年，海外的春节节日气氛有逐年渐浓的趋势。“作为中华民族传统佳节，春节日益成为向世界全面展示中国文化的重要窗口和精彩舞台。中宣部、国新办日前启动2018年春节文化走出去工作，坚持以习近平新时代中国特色社会

---

① 张鸣：《重说中国近代史》，台海出版社，2016年，第25页。

② 《美英“特殊关系”淡了》，新华网，2018年1月20日，http://www.xinhuanet.com/world/2018-01/20/c_129795242.htm。

③ 刘梦溪：《学术与传统》，北京时代华文书局，2017年，第1230页。

主义思想为指导，加强统筹协调、创新内容形式、拓宽渠道平台，向世界推介更多蕴含中国智慧、承载中国理念、彰显中国精神的春节文化，把新时代的春节故事讲述得更加生动精彩，增强中国形象的亲和力、感染力、吸引力、影响力，进一步提升国家软实力……推动春节进一步成为中国时间、全球时刻的国际性节日，提升中华文化国际影响力。”①假如这一部署顺利推进，假如春节逐渐发展成为国际性节日、他国民众以春节礼仪互致祝福，我国那些反对过“洋节”的人是否也要加以反对呢？假如在国外有人排斥春节，我国那些反对过“洋节”的人是否会感同身受地拍手叫好、额手相庆呢？事实是，2019年中国春节，纽约时代广场、柏林波茨坦广场、巴黎埃菲尔铁塔、开罗狮身人面像、东京塔等标志性建筑都张灯结彩，以中国元素庆祝春节，世界多国政要发表讲话向华人、华裔拜年。

王蒙先生在2015年北京青年汉学家研修班上的讲话中指出“第一，全球化和现代化是不可避免的，你喜欢它，会全球化，你不喜欢它，也会全球化，你抗议，它也会全球化。第二，全球化和多元化又是并行的，越是全球化人们知道的多了，越明白世界上的文化是多种多样的，你不能简单地把它统一起来，你不可能变成一个文化，变成了一个文化是一个大的悲剧。”②“东方礼仪”和“西方礼仪”的笼统提法、国际礼仪等于"西方礼仪"的观点同时背离了礼仪多元化和全球化的事实。

礼仪不要“东”和“西”，要现代化

周有光先生曾形象地描述说：“文化流动，不是忽东忽西，轮流坐庄，而是高处流向低处，落后追赶先进。这样，人类文化才能不断前进。”③与其以对立冲突的思维定式将利益划分为“东方礼仪”和“西方礼仪”，不如以周先生的“双文化论”去关注所有礼仪文化都要面临的极为重要的共同问题：传统礼仪及其现代化。

既要继承传统礼仪中至今仍有宝贵价值的基本理念和精神追求，也要与时俱进、重视传统礼仪的创造性转化。礼仪的多元化、全球化与礼仪的现代化具有一致性，礼仪的多元化、全球化正是礼仪现代化的应有之义。“礼，时为大。”④这不

① 《中宣部 国新办：向全世界精彩讲述新时代中国春节故事》，新华网，2018年1月19日，http://www.xinhuanet.com/politics/2018-01/19/c_1122283772.htm。

② 王蒙：《中华玄机》，天地出版社，2017年，第306页。

③ 周有光：《要从世界看国家，不要从国家看世界》，《中国青年报》，2013年06月18日02版。

④ 王文锦：《礼记译解》，中华书局，2016年，第280页。

仅适用于我国传统礼仪，也适用于任何地域、任何文化背景下的礼仪。笔者的授业恩师金正昆教授曾警示今人："孔子之'礼'并不完全适用于今日之中国。对其死记硬背或照搬照抄到今日中国人的生活与工作中，必定劳而无功。"[①]他同时提出："当今在弘扬包括孔子之'礼'在内的中华传统文化的具体过程中，当'扬'则'扬'，当'弃'则'弃'。这种态度，同样也是对中华传统文化、对孔子乃至对孔子之'礼'的最好的维护与尊重。"[②]这些观点对于我国传统礼仪的现代化具有重要的指导意义。

宁宗一先生指出："世界不是西方为中心，但也不是东方为中心，未来的世界是多元的，但绝不应是文明与愚昧并存的多元，该消亡的，谁也无法挽留，不该消亡的，自会生存下去。"[③]任何礼仪文化都应该积极贡献智慧，跨越文化差异，尊重多元化，正视全球化，追求现代化，共同促进人类文明的进步。

① 金正昆：《孔子之"礼"新探》，《江西社会科学》，2017年第5期，第248页。

② 同上。

③ 宁宗一：《点燃心灵之灯》，北方文艺出版社，2016年，第169页。

外交外事礼宾礼仪的演变与发展

文　泉*

外交礼宾礼仪是礼仪的特殊分支，它为礼仪创立标准，是礼仪的最高典范。其未来演变与发展何去何从？这是一个值得思考的问题。作为一种实操性极强的学问，外交礼宾礼仪的未来演变与发展方向与大的国际形势、外交领域新动向和整个国际社会的人文社会与经济发展状况紧密关联。

当前，在国际形势和外交领域，中国提出的“人类命运共同体”已经越来越成为外交领域与国际社会的大趋势。在这一大趋势的背景下，在外交和国际关系领域出现了多个比较突出的现象。

一、外交与国际关系领域的新现象

（一）首脑外交日益增多，形式丰富多彩

不管是在美国、中国还是在其他国家，首脑外交已经成为一个非常重要的外交活动。交流的方式也不再仅仅局限于官方活动，而是带有很隆重的个人色彩。比如这几届美国总统都会把外国首脑约到自己的牧场、山庄等地方，举办家宴，游历牧场等。而且在这些活动当中，不仅首脑个人和配偶参与，首脑的其他家人也越来越多的介入这些首脑外交活动当中。其中比较典型的是美国刚刚当选的特朗普总统，他把自己的女儿、女婿、都不同程度地带进他的外交国务活动当中，并且成为重要的成员，委以重任女婿库什纳甚至成为他的助理和白宫高级顾问[①]，并在美国—以色列，以及在美国调节巴勒斯坦—以色列关系中，被委

---

* 新加坡南洋理工大学驻中国办公室主任，中国外交学院前涉外礼仪课教师。

① 相关报道请参阅《美国华盛顿邮报》2017 年 1 月 22 日关于“美国总统和副总统出席仪式，任命白宫职员”的报道，https://www.washingtonpost.com。

以重任[①]。

（二）问题解决的方式、形式不断丰富

国际问题的解决方法推陈出新，各种新的多边外交方式出现，新的国际组织还在不断涌现。人们越来越意识到通过多边外交机制来解决各国、各地区，甚至世界政治、经济、军事发展中问题的必要性。G8、G20、世界气候峰会、金砖国家峰会、一带一路高峰论坛、达沃斯论坛等，这些多边外交活动在协调各方立场，共同维护世界政治、经济、社会发展，促进创新发展等方面起着重要作用。同时，各种新的、有影响力的国际组织也在持续涌现。最明显的是在“一带一路”倡议下设立的“亚洲基础设施投资银行（Asia Infrastructure Investment Bank, AIIB）”，全球能源互联网发展合作组织（Global Energy Interconnection Development and Corporation Organization,（GEIDCO））。

（三）中国在国际组织中开始发挥引领作用

中国在新的国际多边活动中，开始处于引领、倡议和推动者的角色。最明显的是在一带一路、上海合作组织、世界互联网大会、博鳌论坛等这些具有世界影响力、并且日趋重要的国际多边活动、多边组织中表现最明显。上海合作组织2001年成立，是当今世界第一个以中国城市命名的永久性政府间国际组织。博鳌亚洲论坛是2001年由25个亚洲国家和澳大利亚共同发起，世界第一个以中国地名命名，并以中国城市为永久会址的国际会议组织。世界互联网大会则是2014年开始，完全由中国政府主办，由中国地方政府承办的国际性专题会议。而“一带一路”则是2015年3月28日，由中国国家发展改革委、外交部、商务部联合发布的《推动共建丝绸之路经济带和21世纪海上丝绸之路的愿景与行动》基础上形成的一个国际合作和发展的重要中国倡议！

从这些国际会议组织、政府间组织和国际倡议的发展情况来看，我们就会清楚地看到中国在推动、主导这些国际多边活动、国际多边组织中的作用和影响力。而且，从宏观来看，这些国际活动和组织的一个共同特点就是这些组织和活动都是开放和包容的组织，而非封闭和派外的组织和活动，符合当前国际社会发展的趋势，站在世界发展道路上前进方向。中国所起的作用，符合世界发展的潮流和世界各国的需求。

---

① 相关报道请参阅《中青在线》2017年6月23日报道“库纳什首次单独访问中东巴以和谈能否重启？”，https://news.cyol.com/content/2017-06/23/content_16222819.htm。

（四）国际社会动荡的因素在不断积累

当前国际关系面临着新旧格局交替的态势，以及由此引发的代表新旧格局政治和社会主要力量之间的紧张局势。旧的国际关系格局的利益既得者，特别是以欧美国家为代表的利益集团，在传统的热点地带和军事要冲，通过包括军事介入的方式在不断维护其传统利益。这种做法，与当地人文社会发生激烈的冲撞，引起局部地区国际关系、人文社会的极度紧张。甚至引发极端力量和恐怖主义的聚集、扩散和向其他国家和地区，特别是欧美、阿拉伯国家的溢出。国际反恐形势越来越严峻；恐袭的形式越来越多样化。

二、人文社会与经济领域的新特点

（一）大多数国家和地区的人文社会变得越来越包容

世界大多数国家越来越开放，包容性越来越强。移民现象（包括难民）已经呈现出成为世界性问题的趋势。同性恋、同性婚姻等过去一直不被公开允许，甚至是被严厉惩罚的社会行为和现象，现在在一些国家和地区得到法律上的认可。有的国家首脑不但公开承认其同性恋倾向，而且携同合法的同性配偶参加官方活动，甚至进行国事访问。从某种意义上，这个世界越来越成为一个大包容性的世界。

（二）国际社会变得包容的同时保守势力力量也在不断加强

不管是反移民、反同性恋、反女权运动、反世俗化，还是反全球化、反现代化，各种各样的保守势力在面对汹涌而至的新事物、新现象、新变化和新潮流时，变得焦躁不安，甚至非常暴力。保守势力和传统习俗仍然在一些国家非常强势。反全球化的力量和地方保护主义的势力在很多国家、地区抬头。

（三）科技进步越来越成为推动变化和发展的主要动力

即时通讯、社交媒体、智能手机、智能装备、高端制造等高科技产品，越来越深刻地影响着我们的生活，同时影响着我们对外交往的方式、方法和过程。个人的隐私开始失出私密性和隐藏性。尤其是公众人物，开始完全处于全媒体的曝光之下。人们越来越可以轻易地获得一个人的过去和现在的信息；并且随时可以进行传播、渲染，甚至扭曲和反串。

由于我们的时代具有以上这些新的特点，人们开始思考、探究这些影响对我们各种社会行为的影响，希望了解这些发展变化的趋势，以及对我们未来生活方式、交流、交往方法的影响。特别是从事外交外事的工作人员，我们也非常想了解这些新变化、新趋势会带来怎样的外交外事礼宾礼仪新变化、新趋势。

三、外交外事礼宾礼仪的新变化与新元素

基于以上国际人文社会和经济领域的新特点，本文认为，这些新的发展变化，从总体上来看，仍然只是形式和方法上的变化，而没有带来人文社会本质性的改变，不会对国际，特别是外交领域的交往方式产生革命性的影响，不会带来颠覆性的变化。过往的对外交往基本原则、方法和原理仍然会长期有效但是，这些新的变化和发展会触发对外交往形式上的一些新变化，带来一些新元素。

这种观点同时也是基于对外交礼宾礼仪基本功能和作用的认识。

外交礼宾礼仪说到底是一种信息和情感的表达方式，它是一种类似于语言的交流工具，它的一个基本要求是要让他人准确诠释并理解己方的礼宾仪式和礼仪行为背后所想表达的信息和情感。经过经年累月的积累，外交礼宾礼仪已经衍生和创造出一套比较复杂和通识的信息表达方式和符号，很多是一些惯例。

因此，如同讲同一种语言的人们不希望，也无法接受过分篡改他们的共同语言一样，外交礼宾礼仪的行为主体也无法去接受其表达方式和方法发生太大的改变，导致误解和混乱。当然，语言体系和大格局不变化，并不代表语言体系内的微小语言风格和词汇的组合不发生变化一样，在保持交往的基本方式方法、原则、原理不变的情况下，外交礼宾礼仪也会有如下的一些新现象、新元素：

（一）位次排序可能会更加复杂、形式更加多样

引起这种新变化的主要原因有以下几点：

1. 新科技推动出现很新的职业和社会力量。这些科技新宠的身份变化和阶层飙升的速度，会超出人们的想象，他们所代表的经济形态和社会力量也会以超出寻常的速度飙涨。这些新人的出现，会打破原有位次排序的惯例。

2. 国际人文社会和经济领域的新特点催生许多新的社会组织，特别是新的多变国际组织。这些组织的发展和影响也会快速增长，冲击位次排序的惯例，寻找他们自己认为合适的新位置。

3. 人文社会观念的变化，特别是同性婚姻、不婚同居等现象会带来很多新型的社会乃家庭关系。这些关系需要获得外交礼宾礼仪的认同，引起礼宾排位方面的新变化。

4. 由于科技的进步，我们看世界的角度和方法也会发生变化，排位的方式也

会变化，变得更加多样。甚至可能出现立体、三维等多种不同的物理空间上的排位方法。

（二）外交礼宾活动中的通讯外交和新媒体运用会更多

1. 由于通讯工具和技术的发展，通讯外交，特别是电话外交也变得越来越普遍。这种电话外交不但便捷，而且及时、经济和高效。尤其是国与国之间关系越来越紧密，但同时又日渐复杂，且常常瞬间变化，各国高层保持紧密地联系不但重要，而且对于消除误解，达成共识和互谅互解有现实必要。

2. 新的社交媒体发展越来越迅猛，影响力成几何倍数增长，越来越成为传达信息的重要手段。由于其应用的广泛性，新媒体已经成为一些国家政要官员的标配。可以预见，未来的礼宾活动当中，社交媒体的运用也会越来越多，甚至有可能会产生基于社交媒体的外交和礼宾活动。美国总统特朗普就是其中一个比较典型的例子。

（三）外交活动中的时尚元素和视觉表达会更加丰富多彩

1. 由于视频媒体的日益发达，摄影摄像已经成为对外交往各个层面和环节中的重要内容，对外在形象的要求变得更加的突出，视觉效果要求更加严苛。由于时尚元素可以营造良好的视觉感受，贴合媒体的需求，因此显得非常重要。

2. 人们的健康养生观念日益深入人心，而且随着生活条件的不断改善，物质文明高度发达。拒绝饮食诱惑、坚持锻炼身体已经成为世界潮流。形象的重要性越来越高。

3. 由于媒体和资讯传播的速度提升，全球范围内人们的观念和审美品位也越来越趋同，并成为潮流文化。这种视觉审美品位的潮流化，甚至影响到人们对一个政治人物的好恶之感，影响到人们的政治态度和对政治人物的选择。当今世界越来越多年轻的帅哥靓女成为主导一国事务的政治人物，登上总理或总统的宝座，与其符合人们内心深处对政治人物的审美要求有一定的原因。一句话，政治人物的形象也成为获取大众支持的重要因素。

（四）外交礼宾活动更加亲民

1. 由于传媒和人文社会的发展，“为民服务”已经成为一个普世政治的价值观。为了体现亲民形象，礼宾的过程会让更多的普通市民和社会成员参与；礼宾活动的一些环节还会成为助推商业或者丰富文化活动的一部分。

2. 外交礼宾中体现文化交流的成分会多起来。这些有文化交流成分的礼宾活动获取大众支持助推国与国之间民心相通，增进相互了解的重要方式。

（五）强化传统元素在礼宾仪式中的作用

外交礼宾当中仪式的部分会更加突出、强化，而在这些仪式活动那个中，民族和传统的特色和元素会变得更多。人们会越来越意识到礼宾的象征和表意的功能。意识到礼宾活动对于凸显一国政府和人民对他国政府和人民的态度可以起到的重要作用。意识到礼宾，从某种意义上讲，其实是一种政治态度的表达方式。

因此，礼宾活动的仪式和仪式感会进一步的突出和强化。尤其是当人们意识到国与国之间的政治关系，已经不仅仅是政要之间的关系，而且涉及更广泛和全面的国与国之间经济、人文和社会关系，涉及更广阔的利益范畴，因此，如果能通过礼宾仪式的强化来达到增进全面的人文社会经济交往，创造更大的互利共赢局面，强化礼宾活动中的仪式部分就一定会成为一种自然的选择。

1. 但是在这种选择的过程，挖掘民族和传统的元素，让礼宾活动中的民族传统成分加大，既会使仪式的强化更有意义，也因实践者更熟悉本民族的文化而使这种渲染更容易操作、更具独特性。因此，这种趋势也会成为一个方向。

2. 这种仪式的强化在迎送场面中的表现会更加突出。

3. 这种仪式的强化和突出也会充分地考虑成本和效益，会尽可能避免出现过度和浪费之风。

（六）中国元素在国际礼宾实践中会增多

1. 由于中国经济社会人文实力的不断增加。礼宾活动中的中国元素一定会随之增多。但具体会在哪些方面得到体现，还有待于进一步观察，国际社会还需要一段时间去摸索和体会。

2. 中国提出的人类命运共同体等理念，会成为国际社会外交礼宾活动中的重要论点、理念和观点。

3. 在国际礼宾实践当中，最先出现大量中国元素的位置可能会在餐宴形式、餐宴菜肴、饮品和礼宾服饰当中。

（七）安保在外交礼宾活动中的分量会进一步加强

1. 随着科技的进步，可以导致安保问题，造成人员伤亡的手段和工具越来越多，越来越先进、智能和便利。这些问题自然会导致外交礼宾活动中安保问题的分量越来越重，尤其是重要嘉宾参与的外交礼宾活动中的安保工作要求会越来越高。

2. 与此同时，国际恐怖主义的形式越来越多样化，国际关系也日趋复杂，造成国际和各国内部的各种利益诉求交织多元。这些因素使得安保越来越成为一个重要的课题。因此，外交礼宾活动中的安保工作不但会越来越重要，难度系数也会越来越大，安保方面的投入也随之增加。

以上是本文认为最有可能在礼宾活动当中出现一些新变化的几个领域和方向。但是，如前所述，外交礼宾的原则不会出现大的变化。人与人之间当面交流交谈的形式不会从根本上被替代。因此，这些变化和不同是一种数量、形式和程度上的不同，而不是本质特性的变化。

总而言之，礼宾活动是国际关系和外交活动的一个表现形式。尽管随着国际社会以及人文社会经济和科技的变化，会带来一定程度的形式变化，但国与国之间和国际社会一直以来所遵循的礼宾原则不会发生本质的变化。

第二章

实践运用篇

礼宾决定成败
——外交一线的礼宾见闻

袁南生*

回忆起我外交生涯经历到的事情，最深刻的印象之一就是礼宾工作在第一线的外交工作当中是非常重要的。常言道细节决定成败，很多时候外交礼宾工作不到位也是决定成败的。根据多年的外交实践经历，关于外交礼宾工作的若干体会，总结为以下四点。

一、注意区分习惯的对等与机械的对等

在外交实践当中，从礼宾的角度考虑，需要注意明确区分习惯的对等与机械的对等。外交对等是大家都认同的概念，但其内涵要仔细推敲，到底是一种怎样的对等。在这里，我结合在我国驻阿拉伯埃及共和国大使馆的工作经历谈一谈。

2001年，我在我国驻埃及大使馆担任公使衔参赞、首席官员，那时候朱镕基总理要去访问埃及。在朱总理访问之前，我与时任外交部礼宾司副司长罗林泉前去踩点，遇到一个问题。我们提出来，朱总理访问埃及要检阅仪仗队，仪仗队在哪里检阅，对方说在总理府。如果这个时候这个问题到此为止，那后面就会出问题，因为一方面，作为一名外交礼宾人员，你必须到现场去勘察；另一方面，依埃方通常做法，埃及为来访的国家元首和政府首脑举行欢迎仪式是在机场。埃方在总理府举行欢迎仪式的安排不符合埃及的通常做法，因此，我们需要深入了解其礼宾方案的由来和具体的实施策划。

此前我国已将来访国家领导人欢迎仪式从机场改到了人民大会堂东门外广场，

* 曾任中国驻津巴布韦共和国与苏里南共和国特命全权大使，中国驻旧金山总领事，中国驻印度孟买总领事，外交学院党委书记兼常务副院长。

因天气原因会在室内。那时候穆巴拉克总统刚刚结束对中国的访问，我们是在人民大会堂的室内举行的欢迎仪式，所以埃方提出来朱镕基总理的欢迎仪式改到总理府。那我们就提出来要到现场去看，现场勘察发现埃及总理府场地有限，只能站18个人。一般欢迎仪式检阅仪仗队要有乐队，还要有列队排开的海陆空人员，只能站18个人的场地显然不符合规格和要求。

随后，我们与埃及方面展开了磋商。我问："你们怎么安排在这里举行欢迎仪式啊？"对方回答："我们对等啊，你们不在机场，我们就不在机场，你们在人民大会堂，我们就在总理府。这就是对等。"然后我告诉埃方，这个安排中方不能接受，朱总理不能够在这里检阅仪仗队。我们认为，埃方对外交对等的理解不对，对等是习惯的对等，而不是机械的对等，不能说一国仪仗队里有两名女性，另一国的仪仗队里也要有两名女性，这是很机械的做法，这也不是外交对等的真实内涵，其内涵应当是各国外交礼宾习惯的对等。

所谓习惯的对等，我们进一步做了说明，中方欢迎外国来访国家领导人的欢迎仪式已经改了，我们的习惯就是在人民大会堂举行，而不是在机场举行。你们的习惯是在机场举行欢迎仪式，我们在人民大会堂是按习惯办的，你们为什么不按习惯办呢？而且，如果要讲习惯，中方为来访的国家元首鸣炮21响，为来访的政府首脑鸣炮19响，但是埃及从来不为任何来访的外国领导人鸣炮，因为埃及没有这个习惯，没有这个习惯中方就不要求机械对等，中方不因为埃及不鸣炮也在欢迎仪式上不鸣炮，我们仍旧按我们的礼宾习惯为埃方的国家领导人鸣炮。你的习惯是什么，我的习惯就是什么。既然你的习惯是在机场，那就应当在机场，我的习惯鸣炮，尽管你不鸣，我也给你鸣。但是埃及方面依然不让步。

后来我说："如果是你们一定要这样机械对等的话，那么将来贵国的总统和总理到我国的人民大会堂，我们将按照对等原则不再鸣炮。"至此，埃及方面态度软了下来，解释说，之所以不在机场举行欢迎仪式，是因为怕面子过不来。经双方协商，埃方提议改到库巴宫举行欢迎仪式。我们勘察以后，认为库巴宫挺合适，库巴宫在埃及的地位相当于我国的钓鱼台国宾馆，面积很大，符合要求，而且欢迎仪式结束后朱总理就可以直接进去休息。

这个实例说明外交礼宾工作一定要细致，不能一味听信对方说辞，更不能想当然。如果埃方说在总理府时我们就想当然说这样可以，而不去现场勘察，那么，等到朱总理访问时一切工作就都迟了，不仅会直接给这次访问带来一些本不应发生的意外，而且有可能会对中埃关系造成不良影响。习惯的对等，就是说一国需要一视同仁地以其外交礼宾习惯性做法、通常性做法对待其他国家，不能给某一国单搞一套，锦上添花、好上加好的礼宾创新值得推崇，但降格和低于普遍待遇的做法是不符合外交对等原则的。

二、注意把握同一事情先做与后做的不同效果

在外交礼宾工作中，有时同样一件事情先做与后做效果不一样。同样一件事情，比如说礼宾当中的看望、送花、送礼，先做与后做会产生完全不一样的效果。把握好这个先做与后做的关系，甚至能产生事半功倍的效果。

2008年，我担任我国驻津巴布韦共和国特命全权大使。当时的津巴布韦，政治形势比较复杂，朝野两党一直是对抗的，政府这边穆加贝总统和中国的关系一直不错。反对派候选人摩根·茨万吉拉伊在当时大选的第一轮得票领先，但得票未过半数，需要举行第二轮选举。在第二轮大选中，穆加贝宣布得票83%，茨万吉拉伊不承认这一结果，宣布退出大选，穆加贝宣称自己获胜。于是，美国以穆加贝大选作弊为由带头对津巴布韦穆加贝政府进行制裁。之后，茨万吉拉伊顶着西方压力，出任了联合政府的总理。

但是，意外总是突然降临，转机之中往往存在危机。茨万吉拉伊在从家乡到首都哈拉雷的路上发生了严重车祸，导致茨万吉拉伊受伤住院，而其夫人则因车祸逝世了。事情发生后，我就安排使馆相关工作人员展开调研，以确保所有驻津巴布韦大使当中，我国驻津外交官是第一个去看望茨万吉拉伊的。通过高效的准确调研和协调安排，我成为第一个前去看望茨万吉拉伊的外国驻津巴布韦大使。

在津巴布韦当时的国内情况下，在我看来，与茨万吉拉伊建立良好关系是具有重要性的。穆加贝第二轮投票胜利了是胜而不利，茨万吉拉伊领导下的反对党失败了是失而不败，联合国在调停是调而不停，推动两党联合是联而不合。茨万吉拉伊虽然有西方背景，但是，第一，有西方背景的政党不等于没有民意基础；第二，反对党不是反动党，更不一定是反华党，所以我们可以做工作，发展与茨万吉拉伊的良好关系，促成有助于津巴布韦国内局势稳定和发展的联合政府的成立。

在我看望茨万吉拉伊三个小时之后，穆加贝宣布为他的夫人举行国葬。若是在这之后，我们再去看望他，那就不能充分发挥这次看望的效果了。我们在穆加贝之前，抢占了先机，也第一时间让茨万吉拉伊感受到了中国的和平友好。茨万

吉拉伊虽然有西方背景，但担任总理期间，对华一直友好。从外交礼宾工作的角度讲，看望、送花和表示我国慰问等都是常事，这也是礼宾的应有之义。但是先做与后做，效果是很不一样的。因此，我们的礼宾工作要积极主动、及时准确、抢占先机，尽可能多地发挥外交礼宾工作为实现国家外交战略目标以及政治利益服务的作用。

三、注意处理好在位与在野的关系

我们的礼宾工作要处理好在位与在野的关系，因为现代民主政治的一大特色就是，西方国家多实行政党政治，政党轮替执政的现象屡见不鲜。一些政党今天在朝明天在野，这就需要我们在外交礼宾工作中注意处理好在位与在野的关系，与各党派全面发展良好关系，以保障双边关系平稳健康发展。

2010年，我担任我国驻苏里南共和国特命全权大使。其中有一件事情令我印象深刻，就是苏里南总统罗纳德·费内西安只差七天就要卸任了，当时我去总统府看望他，对他表示敬意，送点礼物，谢谢他在任期间对中苏友好做的贡献。罗纳德·费内西安总统对我的到来既表示热烈欢迎又表示无比感动，他说："我只有7天要下台了，鬼都不理我啦，只有中国大使还记得我，朋友！"所以我的看望产生了意想不到的效果，实际上后来我也得了个很大的便利。

我得到了什么样的便利呢，这就要从苏里南内政及历史讲起。罗纳德·费内西安总统与现今的德西·鲍特瑟总统是死敌。德西·鲍特瑟总统在历史上曾经发动过军事政变，在军事政变中产生了人员伤亡。在德西·鲍特瑟总统就职仪式上，罗纳德·费内西安总统及其为代表的民主党拒绝把总统的印绶亲自给新总统戴上。费内西安总统甚至拒绝出席鲍特瑟总统就职仪式，他把印绶转给议长，请议长为德西·鲍特瑟总统戴总统印绶。也就是说，这两位新老总统从来没有在同一个场合出现过，哪怕是在苏里南的独立日庆典，费内西安总统都因有鲍特瑟总统在场而拒绝出席，二者私人矛盾水火不容。

但是就在唯一的一个场合，新老两位总统都出现了——他们都出席我的离任招待会。于我个人以至国家而言，这是极大的荣誉，任何人任何国家代表也很难做到这一点。我认为，费内西安总统能出席我的离任招待会，与我在他在卸任7天前去看望了他有密切关系。所以说，外交礼宾工作就应当"台上台下一个样"，换言之，只要是对我国国家利益无害，对于台上台下的政党及其领导人，应该一样尊重、一样热情。

四、处理好按规则办事与按需要办事的关系

最后一点体会就是要处理好按规则办事与按需要办事的关系，工作方式方法的灵活性在外交礼宾当中非常重要。也就是说，既按规则办事，也按需要办事，按需要办事的时候需要从实际出发突破一些规则限制，但是也不违反原则精神，这个规则不是指党风党纪，而是指外交礼宾惯例。据我观察，无论中方还是外方的外交礼宾工作中，都有这样的做法。

我先举个外方礼宾的例子。当年我到津巴布韦赴任时，希腊驻津巴布韦大使比我早到一个月，我和希腊大使同一天去递交国书，按照惯例津巴布韦总统应该先接见他。所以当时津方外交部的常秘（实际主持工作且不随政党进退，相当于英国的国务部长）就先领希腊大使进去了，而我则在外面等候。结果他刚进去不到一分钟就又出来了，又把我叫了进去。

为什么会出现这样的情况呢？常秘说，总统批评他了，总统说中国老朋友来了怎么能摆在后面呢。于是我就进去了，我还跟那个希腊大使说不好意思。希腊大使表示能理解。那位常秘对希腊大使说："你也应该要理解，你本来还要等的，是因为中国大使来了，你就搭他的顺风车，不然的话你还得等两三个月。"中国大使来了，不能等，这不是我的魅力，是我们国家的影响力。但是，从这里可以看出来，外交礼宾惯例的实际操作与实施是可以根据国家间关系的冷热亲疏和实际需要进行弹性调整的。

我再举一个我参与其中的例子，即不是简单地按照习惯来开展外交礼宾工作的例子。我无论是在津巴布韦还是苏里南，我都跟政治处的负责同志说，我们要把总统、副总统、总统的夫人孩子以及家里人的生日都搞明白，这个工作其实可以不做，单纯圣诞节的时候发张贺卡致以问候就够了。但是，我认为这个工作要做得细致一些。以我在津巴布韦为例，有一天，津巴布韦第一夫人格雷斯·穆加贝带着9岁的儿子从国外坐飞机回来，我因为得到准确的信息就到机场接他们，而按规则办事我就不需要去接他们，因为这是总统的个人家事。但是我去了，还给穆加贝总统的儿子特意带了一个小礼物，因为那天是小儿子的生日，第一夫人母子都乐坏了。这无疑会给我们对津工作的开展带来诸多便利，在后来也得到了津方的良好互动。

在苏里南，总统夫妇和总统家人生日，我都以适当的方式表示祝贺；苏里南的警察部长夫人住院，我让我的夫人前往医院看望；苏里南有位年轻的华裔女国会议员生了小孩，我的夫人从北京给她带去具有中华文化元素的儿童装。这些做法，既让我们的礼宾工作更具有“人情味”，也进一步扩大了我们外交礼宾工作的乘数效应。从国家利益的角度来讲，我在苏里南工作了三年半，举行了四次国庆招待会，这四次国庆招待会都是总统、副总统、议长和外长“四驾马车”全部前来参加；我每年生日，鲍特瑟总统都会给我送来生日花篮，目前我方的这个记录还没有被任何一个国家驻苏使馆突破。

为什么会出现这样的变化和对比？我认为，我在新年祝贺、生日祝福等这些小事方面比他们细致，它们可能就是圣诞节的时候一张贺卡，例行公事固然没错，但是既无特点又无新意，无法借此打动对方以发挥外交礼宾工作的潜在能量。我们就是在礼宾工作的这些方面做了更多文章，从而取得了任何一个大国无法媲美的成绩，大大维护了与苏里南双边关系的稳定和发展。

礼宾是外交工作当中的重要内容，在外交实践当中要积极发挥礼宾工作服务政治的作用和潜在能量。外交一线当中的礼宾工作应当是积极主动、细致准确、既有原则又有灵活、既有细节又有全局的系统性工作，每一位外交一线的外交官都应深谙外交礼宾内涵要义、灵活处理礼宾惯例原则、切实做好外交礼宾工作，为中国特色大国外交服务。

礼宾次序与实践

马保奉*

一、礼宾次序

国际交往中的礼宾次序，也就是位次顺序，是指国家、元首和政府首脑、国旗等以及代表国家的人士、团体等，按照一定规则或惯例，进行排列的先后次序。先后次序，不论在一国家内部，还是在国际交往中，其重要性都是不言而喻的。法国在1907年就公布《关于位次排列的命令》，英国也早已规定，驻伦敦的外交团长，位次排在英国掌玺大臣之后。

为了安排好各项礼仪活动，各国礼宾部门，在筹办国际会议以及接待外国代表团前夕，总是想方设法，尽快拿到有关代表团的礼宾次序名单，否则具体准备工作，如宴会、会谈、会见以及合影等各项活动位次、座位安排，以及住房、车辆分配等，就无法进行。

对于身份、职务不同的客人，进行礼宾排序比较容易，一般是按照身份、职务的高低排列就行了，而困难的是如何排列国家、那些身份相似的人士、团体次序。国际上对礼宾次序的排列已有一些惯例，如同为国家元首，常常将国王排在总统之前等；也有些位次排列，已被国际公约所肯定，如《维也纳外交关系公约》规定，各国驻同一国大使们的先后礼宾次序，按其递交国书日期、时间先后确定。但是，实际上，礼宾排序工作是很复杂的，为了排列出让大家都满意的次序，常常不得不动很多脑筋。

二、实力说话

自国家产生以及国与国开展交往以来，国与国、人与人、团体与团体等位次

* 外交部礼宾司前参赞，外交学院兼职教授（2005—2013）。

排列，历来都是吸引人们眼球的敏感事项。排列在前面或在显要位置，往往是荣耀的象征，而排列在后面、边、角，却常常让人感到“受到冷遇”。令人遗憾的是，千百年国际交往的历史长河中，人们曾长时间屈从于丛林法则，往往靠实力说话，靠拳头大小论资排辈。大国、强国总是占据优先位置，居高临下，他们说了算，由他们做出决定，而小国、弱国，只能由大国摆布。第一次世界大战后，英法美把持巴黎和会，本属战胜国的弱国——中国，却没有发言权，甚至连讨论德国所占领的中国国山东归属问题的会议，中国代表也不能参加。

三、争抢闹剧

早期，凭实力排列先后顺序，常常引起不满或争执，甚至引发武装冲突。摘取三个欧洲国家外交官争抢位次的案例：

1. 法国宫廷安排，法国国王路易十四（1643—1715年），同一天接受意大利和普鲁士两国公使国书，以先到凡尔赛宫者，先呈递。意、普公使同时到达巴黎，都想第一个递交国书。于是，普鲁士公使，半夜就来到凡尔赛宫门前等候。那天一早，当意大利公使到达凡尔赛宫门口时，看到普鲁士公使正在打瞌睡，便悄悄从侧门进入路易十四的寝宫。当普鲁士公使醒来，进入国王寝宫时，意大利公使已经读完了颂词，正准备向国王呈递国书。情急之下，普鲁士公使赶忙将国书呈放在法国国王的御床上。

2. 1661年9月30日，伦敦为瑞典驻英国新大使到任举行入城仪式。英方还邀请了其他国家的大使参加这一仪式，当瑞典大使在托尔码头上岸，并乘坐英国皇家马车准备出发时，为了争夺第一个紧随其后的位次，西班牙驻英国大使的随从，拟把法国大使的随从，强硬挤到队伍的后边去。法国人拔剑向西班牙人刺去，并开枪射击。而西班牙人却砍伤了法国人的马腿，并将重伤的法国马车夫拉下马车，占据了紧随瑞典大使马车之后的位置。此事导致法、西关系恶化，几乎兵戎相见。最后，西班牙国王派特使赴法，公开认错并保证今后不再与法国大使争先后位次，才使风波平息。

3. 1768年冬，伦敦王宫举行舞会，俄国大使先到，即坐到罗马教皇大使的次席。按照惯例，教皇大使的座次是外交席的第一位。法国大使来迟一步，但他想方设法挤到这两位大使中间。于是法、俄大使发生了口角，并引发了决斗，致使俄大使遭受重伤。

四、理智处置

国与国相互之间关系复杂、微妙，这时各方尤为在意本方的礼宾顺序。近代外交史上，也不断发生次序之争的事件，有些处理比较成功，给人以有益启示。

第二次世界大战以后，法西斯残暴和强权政治，遭到人类唾弃，国际交往中，文明程度有了较大提高，尽管仍然十分注重自己的位序，但是在具体处置上，不再那样粗野，表现得比较文明、理智。以下三例，可给予人们不少有益启示。

1. 各自进门

第二次世界大战即将结束，1945年7月，美英苏三大战胜国首脑，在德国波茨坦塞西林宫会晤，讨论战后对德国的处置问题。苏联和美、英首脑各自怀着不同心情，以胜利者姿态来到战败的德国，各方都不想被矮化，都不想站在别人身后，因此对会晤的礼宾细节都很在意。首先，为了表示各自的大国地位，应不分先后、主次。经过反复协商，三国达成协议：斯大林、丘吉尔、杜鲁门，分别从塞西林宫各自单独的大门步入会议厅。

2. 小儿席

1959年5月，占领德国的苏美英法外长在日内瓦开会，讨论与两德签订和约和解决第二次柏林危机。会议的席位安排是，四大国围坐大圆桌一半，另一半接出两张较小的桌子，分别安排东、西德的代表。东、西德代表是作为会议的咨询者身份出席的。按照苏联方面的设想，拟让两德代表与四国外长同坐一桌，但美英法不同意东德以主权国家资格与会。原定大会上午开会，由于两德代表席位安排争议，致使大会推迟到下午6时才开始。由于两德代表坐在附加的小桌子旁，被媒体称为小儿席。

3. 另纸签署

1973年1月，美国、越南在巴黎签署《关于在越南结束战争、恢复和平的协定》，南越西贡伪政权与越南南方临时政府的代表与会。越南不承认前者，美国不承认后者。对于他们席位，越、美双方争执不下。后来根据基辛格的建议，采用椭圆形会谈桌，越、美两侧相向而坐，西贡和南方代表分别坐两端。争论的第二个焦点是，在协议文本上签字问题。越南拒绝与西贡伪政权的代表在同一张纸上签字，又是基辛格出了点子：四方代表各自分页另纸签署。

五、平等理念

第二次世界大战以后，“平等”理念得到各国认可，这在《联合国宪章》中有明确说法：“本组织系基于各会员国主权平等之原则”。相对于靠实力说话，实力决定一切，遵守“主权平等”原则，是人类社会一大进步。大小国家一律平等，在国际交往中的具体体现就是，大国、小国及其代表，不分高低、先后，在位次排列上不能出现歧视现象。当然，国际会议的轮值主席、东道国以及上、下一届东道主，一般都会被突出，其位置安排应在显要之处。如何实现平等？在实践中，人们总能想出各种办法，使平等的理念得以认可。

2016年在秘鲁利马举行的APEC（亚太经合组织）全家福，中美国总统奥巴马居然被排到后排的偏僻位置。没有看到秘鲁礼宾部门这样安排的“理由”，人们只能猜测，可能是按照国名英文字母顺序排列的，因美国国名首字母U，比较靠后，或者还有其它原因，如总统奥巴马快要卸任了。总之，这张照片给人留下了各国“平等”的印象。

六、常任理事国

虽然《联合国宪章》说“各会员国主权平等”，可是，在联合国，五个常任理事国却享有“否决权”，即中美俄英法五大国，各自拥有对联合国安全理事会决议草案的否决权，即一票否决，就是说只要有一个常任理事国不同意，安理会的任何决议均无效，均无法执行。难道说，这不明显违背“平等”理念吗？确实如此，这是第二次世界大战必然形成的国际大格局。当时，以中美苏英法为首的世界爱好和平的人民，战胜日本、德国法西斯，并以这五国为核心，成立了联合国组织，目的在于防止日、德等法西斯侵略势力再度卷土重来，危害世界和平。自联合国成立70多年来，世界各国已经认可、适应了五常机制，五常在一定程度上，也确实维护了世界大局的基本稳定与和平。事实证明，这一安排是适当的、合理的。

七、过分繁琐

礼宾排序要力争做到简单易行，如果过分繁琐，不便操作，往往费力不讨好。1986年，在东京举行西方七国首脑会议。东道主日本在安排宴会席位时，采用就任时间久者为尊，于是法国总统密特朗排在首位。日方安排他第一个到达宴会厅，美国总统里根随其后。密特朗动作迟缓，不能按预定时间到达宴会厅，里根的车队只好在东京的大街上兜圈子，临时决定行车路线，结果把东京的交通搞得混乱不堪。后来，里根不耐烦了，说早已看够了东京的街景，要求车队立即去宴会厅。尽管司机尽力压着车速，里根还是先于密特朗到达现场，打乱日方布置，礼宾官束手无策，急得团团转。

八、照顾“理由”

显而易见，在国际交往中，所谓平等，也不是绝对的。出于对某些、某个特别重要，或特别友好者，表现出偏爱，在位次排列上，给予适当照顾，在交往现实中，不难找到例证。但是，任何打破排序常规的做法，必须能找到应付外界可能会提出质疑的“理由”。1989年2月，日本昭和天皇逝世，163个国家代表参加葬礼，其中包括美国总统布什在内的很多国家元首。如按照常规，若以国名英文字母决定各国元首的礼宾位次，布什将被排在后头。根据日美关系，日方决定突出美国总统，给出的理由是：凡天皇出访过的国家代表优先。日本昭和天皇出访不多，但到过美国。这个“理由”，应该是站得住脚的。于是，布什堂而皇之地被排到最前面去了。

九、女士优先

2002年墨西哥APEC第十次非正式会议10全家福值得关注，显然是墨方礼宾部门根据某种规则进行排列的肯定有其“合理”性。但是，人们看到这张照片后，总觉得哪里有些不妥！啊，原来三位女士，通通被放在后排，特别是菲律宾总统阿罗约夫人，由于身材矮小，几乎挡在高个子男人们身后。人们不禁要问，国际上通行的“女士优先”哪里去了？

果然，第二年泰国人就吸取了教训。2003年，在泰国首都曼谷举行的APEC第十一次领导人非正式会议，与会各国领导人集体照相，泰国礼宾部门抛弃常规，采用了一种新颖的方法：大体上按照与会者身材高矮排列：矮者在前，高者在后。女士一般都比较矮小，所以都被排在前排，实现了“女士优先”。

当时人们反映不错，认为这是礼宾排序的创新，可是此后的礼宾排序实践，并未按照这个思路继续前行，而是根据实际需要，更加关注大国的影响和体面。

十、我国做法

第二次世界大战以后，在国际舞台上，明目张胆地凭借实力排列礼宾次序，已经不多见了，可是在现实交往中，人们仍能看到它的影子，例如现今国际大家庭中，无论是“全家福”合影，还是座次排列，美国、中国（特别是国家元首）常常被“照顾”，常常被安排在显要位置。当然，人们能够找出各种冠冕堂皇的“理由”。至于俄罗斯，中国与其保持着友好关系，在我国的外交政策中，俄罗斯的大国地位是确认的，因而在礼仪安排上，往往会给足面子，例如2014年，北京APEC会议合影，分别把美、俄总统排在主人右左两侧，而2016年G20杭州峰会，合影时，除了右左两边分别是G20下、上届主办国领导人外，我们分别将美、俄领导人放在第三、四的荣耀的位置上。

十一、普京被冷

西方世界对俄罗斯不满，甚至制裁，也表现在礼宾排序上。2014年澳大利亚举办G20峰会，澳方主任在安排合影时，明显冷落俄罗斯，将普京总统排在最边上。据说，普京不悦，不参加欢迎宴会，借故提前离澳回国。

十二、香港回归

在礼宾排序的实际工作中，遇到的情况往往是复杂的，所以不能死记教条，而应当灵活运用，大胆创新，根据本身的政治需要决定，只要有个能解释通的“理由”就行。1997年6月30日，出席香港回归仪式的外国嘉宾有160多位，中英双方只对外国政要进行礼宾次序安排，其他客人座位则只分区，而不排座位，比较妥善地解决了泰国诗琳通公主、印度尼西亚国务部长穆迪约诺，澳门总督、台湾辜振甫及与我国未建交七国驻港总领事的排位问题。

香港回归交接仪式前，根据中英双方协议，江泽民主席、查尔斯王子在会展中心会见。英方表示，6月30日前香港仍由英国统治，王子应为主人，会见时在主人座位就座。我方则以国家元首高于君主代表为据，在会见形式上提出了自己的建议，得到双方确认：双方会见时的陪见人先入会客室，江、查最后分别从会见厅两侧同时步入会客室，在会见厅中间握手，双方面对面相坐。中方面对窗、背对门，按我国习惯实为主人位置。

十三、奥运宴会

2008年8月，我国举办第29届奥运会，美、俄、日、法、英等125位国家元首、政府首脑与会，欢迎宴会怎么排席位？需要考虑的因素有：突出重点国家以及地区代表性，兼顾同我国的关系、宗教信仰，避免关系不爽国家代表相邻或同桌。同时，必须避免出现某国元首或政府首脑桌次靠后的尴尬。谁先谁后？中国礼宾圆满解决了诸多困扰，取得良好效果。具体做法是：贵宾所在九大桌，不以数字表示，没有明显先后次序，而分别以牡丹、茉莉、兰花、月季、杜鹃、荷花、茶花、桂花、芙蓉九种花卉名称命名，每位贵宾都得到尊重，皆大欢喜，充分体现了奥运大家庭的和谐氛围。这在我国国宴史上是首创。

十四、排序操作

次序排列常见的操作办法有：

1. 按身份与职务高低

这是针对身份、地位不同者的礼宾安排。这种排列方法最古老、最常见、较少引起争议。国家官员由高至低顺序是：国家元首、副元首、政府首脑、副首脑、部长、副部长；外交官则是：大使、公使、参赞、一等秘书、二等秘书、三等秘书、随员等。

2. 任职时间

身份相同，按其任职时间先后排序，是一种比较陈旧的方式。例如驻一国外交团，各国使节的位次，以其递交国书时间先后决定。这种按照任职时间先后决定次序的做法，对于大使们是适当的。但是，如果把它引用到多边国际会晤中，操作起来就相当困难。

1998年，第二届亚欧首脑会议在英国举行，英国外交礼宾部门，就是采取按各国首脑任职时间先后排列的，而实践效果不好，曾引起与会者不满。1989年7月，30多位国家元首、政府首脑，到巴黎参加法国大革命200周年纪念活动。法方将执政时间最长的科特迪瓦总统乌弗埃·博瓦尼排在首位，而把任职时间最短、本应排在末尾的美国总统布什提到第二位，从第三位起均按任职时间长短排列。如果法国礼宾部门，对此没有给予令人信服的说明，遭到非议是必然的。

3. 按字母顺序

多边外交的礼宾排序，涉及国家及其元首、政府首脑的尊严，颇为棘手。现在最常用的办法是，按照参加国国名字母顺序排列。

那么问题出现了，世界上文字那么多，究竟按照哪种文字的字母顺序呢？办法总比困难多，不同场合，可以使用不同文字字母啊！目前，联合国、APEC、亚欧首脑会议等多种国际活动场合，多使用英文字母，但其它国际会议，也有按其它文字字母顺序排列的。

联合国大会，按英文字母排序，但为避免一些国家总是被排在前排就座，所以就想办法，解决这一难题，于是就采取按照英文26个字母抽签办法解决，抽到哪个字母，就以那个字母打头，以便各国都有机会排在前列。

上海经济合作组织首脑开会，1996年4月在上海首次会晤时，中、俄、哈、吉、塔五国首脑礼宾顺序，是按其国名的汉语拼音字母顺序排列的；而下一年在莫斯科开会，则以各国国名俄文字母顺序决定其先后位置。在实际操作中，会晤中的多场活动，也不是每次都遵循同一种排列方式。例如2000年7月，上述五国首脑在杜尚别会晤，塔吉克斯坦方面按五国国名英文字母排列，其顺序是：中、哈、吉、俄、塔。这种方式没有突出俄的地位，而塔、俄关系非同一般，为了照顾俄，塔方在欢迎宴会时，把俄总统普京排在客人的首位。又如，1996年第一届亚欧首脑会议开幕式时，按各国国名英文字母排序，但在合影、午宴等时，东道主适当照顾了排序靠后者。

国际体育比赛开幕式，各国代表团出场顺序，一般也是按国名字母顺序排列，但东道国的代表团出于礼让，往往是最后一个出场。

然而，在我国举办的国际会议，包括国际体育赛事，需要悬挂参加国国旗时，虽然也是按照各国国名字母顺序，但是依照我国国旗法，我国国旗应置于优先位置。

以字母顺序排列，多用于国名、团体名，有时也有按出席人的姓名字母排列礼宾顺序。这种做法虽不常见，但也不失为一种尝试。例如，1992年，联合国在巴西里约热内卢召开世界环境与发展大会，120位国家元首、政府首脑与会，会议上的座位顺序，就是按与会领导人姓名英文字母先后决定的。

十五、左右问题

中国传统左为上，即把左看成高于右。我国封建王朝有的设左、右丞相，也是左丞相高于右丞相。这是我们千百年来流传下来的礼仪习惯。目前，我国国家的非涉外礼仪活动，仍遵照传统礼仪“左高、右低”做法。人大、国务院等举行会议、礼仪活动，均以左为上。

而新中国的外交礼仪，一开始就与国际接了轨，采纳了以右为上的做法，主方座位在左，客方座位在右。例如，涉外会见宾客，宾主双方在沙发上就座，会见厅内呈半圆形或英文字母U形排列的沙发，其中间两个左右并列的座位，应分别是主人和主要客人的座位。主要客人右边，依次是2、3、4……号等客人座位；主人左边则是主方人员的座位。宴会上，主要客人坐在主人的右侧。悬挂两国国旗时，客方国旗在右，主方国旗在左。凡此种种，在对外交往中，均应掌握以右为上的原则。

左和右如何确定？请看你的左右手好了，左手即为左边，右手就是右边。如果在主席台上，则是以面向观众方向为准。

十六、座位安排

1. 坐车：专职司机者，轿车座位通常是后排右座为上；吉普车或主人驾车，则前排右为上；中小型面包车，通常是司机身后座位为上。

2. 合影：

主方：1、2、3、4、5；客方：A B C D E

合影图：5 E C 2 A 1 B 3 D 4。主客双方人员穿插，不让客人站在最边上。

3. 会见：

会见场地示意图

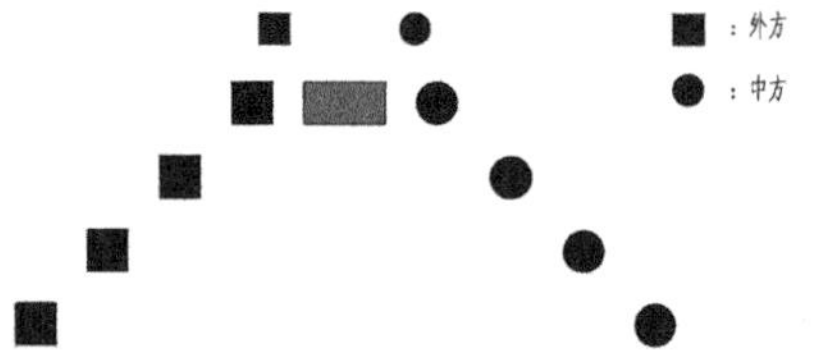

主宾坐右侧，主人坐左侧；双方陪见人员亦按礼宾次序，分别在主宾、主人两侧入座；译员、记录分坐主人和主宾后侧（外方译员参加时，一般坐主宾后侧）。

4. 会谈：

会谈双方对面而坐；主背门，客面门；主谈人居中，陪同按礼宾顺序分别在各自主谈人的两侧入座；我方二号人物在主谈人左侧，三号人物在译员的右侧；为便于交谈，我国一般安排译员坐在我主谈人的右侧，外方译员在其主谈人左侧。

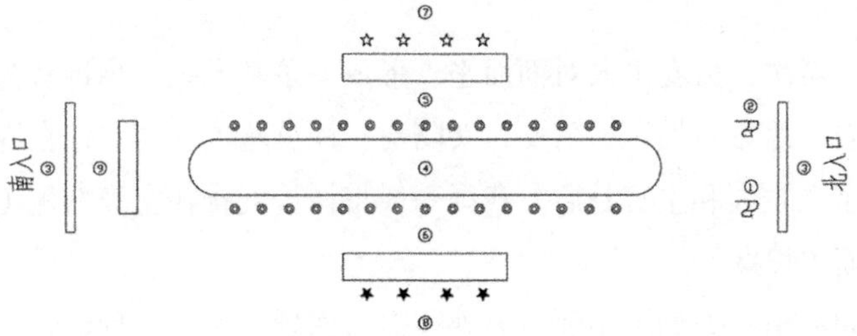

如会谈长桌一端朝正门，则以入门方向为准，右为客，左为主；多边会谈：圆形、四方或多边形座位安排，常常按照各方名称的字母顺序排列。

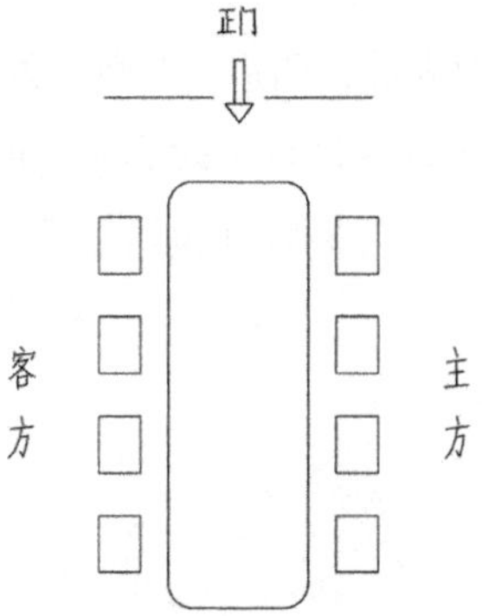

5. 签字：

各国签字仪式安排不尽一致。出席签字仪式的人员应基本上是参加谈判的全体人员，重要仪式，国家领导人也可能出席。一般是站在签字人背后，客方在右，主方在左；双方身份高者在中间，越往两边身份越低。也有的是，两位领导人坐在签字人身后，其它参礼人站在签字桌两旁。

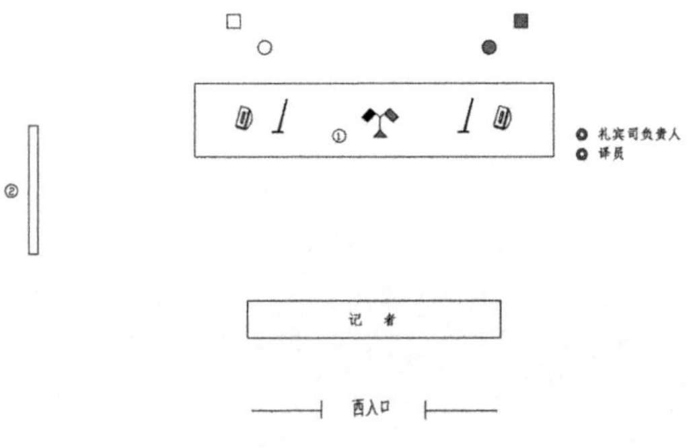

6. 宴会：

圆桌宴会席次：男女主人对面而坐，形成一条基准线，靠近者为尊，右高左低；客在主右；西方习惯：男陪女，女陪男；译员座位主宾右；在许多国家，译员不入席，坐在主人和主宾身后。我国一般将译员安排在主宾右侧（圆桌）或主人左侧、对面（长桌）。

宾主相间而坐；夫妇不相邻；另外还需考虑到，说同一种语言者，尽量坐在一起；敌性国家的代表，不可相邻而坐。

长条桌宴会席位有三种形式：A基本上按圆桌安排，即从两边中间开始排列；B以两端为宾主男女人员创造两个谈话中心；C一边设座，从中间排起，译员可排在对面需要的位置。

马蹄形宴会桌席位：正面为尊；两边右为尊；外尊于内。

以上对外交实践中的位次排序进行了较为系统的梳理，需要说明的是实践中的位次排序是非常复杂的，既需要原则性也需要灵活性，如此才能更好地完成外交实践中的各位排序。

涉外礼仪活动中人员位置难题之破解

樊　剑*

在外交、外事工作中，会见、会谈、宴会等涉外礼仪活动的礼仪安排与准备涉及诸多方面，如活动程序设定与现场掌控，出席活动人员的确定与邀请通知以及他们的座位、站位安排，场地的选定及布置、服务与技术保障等。其中对出席活动人员的座位、站位安排是外交外事礼仪工作中需要认真对待的一部分。

一般情况下，会见、宴会等活动的人员席位安排，可依三个做法进行安排，这三个做法是：一是右为上的做法，国际交往中右边视为尊位，并高于左侧，通常将主宾的位置安排在主人的右侧。二是按礼宾次序将人员安排到对应位置；礼宾次序的排法通常人员按职务、身份高低，团组按名称字母顺序等。三是交叉的做法，即主客、中外或男女出席活动的人员座位或站位相邻。上述三个做法是许多国家在安排对外活动时所采用的，略有区别是我国官方在安排位置时，不是以男女相邻而坐为主要考虑；而是以工作为主要考虑，即安排业务对口的中外人员相邻而坐。

由于涉外礼仪活动参加的人员来自方方面面，因此会出现一些人员身份难以确定或与常见的级别难以比对，或主客身份相差较大等特殊情况；同时由于活动或仪式的需要，主要人员的位置突破了常规的摆法，也给安排带来难题。对于这些难题，我们不妨借鉴中外在外交礼宾和外事礼仪工作实践中的一些案例，开拓思路，妥善加以解决。

一、退休公职人员的位次排序

在职人员位次排序比较简单，级别高低是重要参照标准。如果活动中既有在

---

*　外交部礼宾司前参赞，中国驻爱尔兰大使馆前参赞。

职人员，也有退休的公职人员，他们之间如何排序往往让人困惑，我国现行的做法是：一般是按照他以前担任公职的最高职务的下一个等级排序。如一位正部长退休后没有人大、政协等委员会的职务，也没有二线的职务，如协会、学会、论坛等组织的职务，则按副部长对待，排在现职副部长之后，副部级官员或部长助理之前。其他级别的退休官员亦可按此类推。

为发挥退休大使对曾经任职过的国家情况十分了解的特长、从老朋友角度多做来访国的工作，唐家璇外长曾指示，在他欢迎来访的外国外长的宴会上，请一位近期退休的前驻该国大使出席。唐外长的欢迎宴会一般根据会谈的议题和外方一行的组成情况，由外交部办公厅、相关的地区司、业务司（必含礼宾司、新闻司）的司领导和必要的工作人员出席作陪。外长欢迎宴会加请中国前驻来访国退休大使后，退休大使的排序排在有关地区（或国际）司的司领导之后，其他业务司司领导之前。外国国家元首、政府首脑来华访问，中国领导人举行的欢迎宴会上，外交部有关地区、业务司也会建议请一到二位前驻来访国（或国际组织）的退休大使出席作陪，其礼宾排序同我外长的欢迎宴会。

二、高官夫人单独出席涉外活动

夫人外交蓬勃开展，国家元首与首脑的夫人们是外交队伍中的一支独特力量，具有不可替代性，夫人代表一国出席国际会议的情况逐渐增多。那么，如何安排夫人们的位次呢？

1995年，联合国第四次世界妇女大会在北京召开。许多外国代表团由总统夫人或总理夫人率领出席会议。当时考虑到会议的性质，对单独率团与会的总统夫人，按副总统对待，并排于与会所有副总统之前。单独率团与会的总理夫人则按副总理对待，并排于与会所有副总理之前。在世妇会期间，东道国安排活动的礼宾次序是身份、职务高低排序，同等身份或职务的按国名字母分先后。

2010年上海世界博览会期间，10月7日是参展国摩纳哥的国家馆日。摩方由摩纳哥国王（国家元首）出席馆日活动，随行有公主（国王的妹妹）等。中方代表为欢迎摩纳哥国王来华出席其国家馆日活动于当日中午举行宴会款待摩方一行，中方代表为国务院部委一名正部级官员。在安排宴会座位时，鉴于摩方要求国王和公主活动时座位不要离得太远，同时考虑到摩方邀请了一位中国前国家领导人的夫人出席馆日的相关活动，故将她视为摩方的尊贵朋友，因此宴会上，中方代表作为主人居中而坐，他的右侧是国王，左侧为公主。中国前国家领导人夫人坐在公主的左侧。

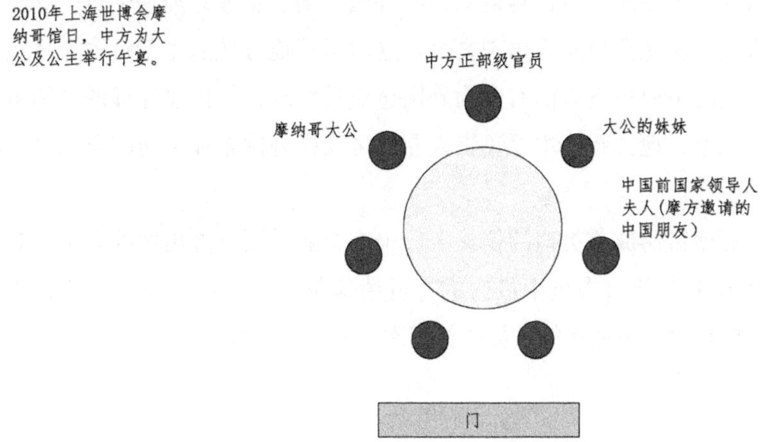

三、主人与主宾身份相差较大或主人邀请己方一位尊者出席

餐桌的位次排序按照惯例，最好的位置往往由一号主人就座，一号客人往往坐在主人的右侧。但如果主人与主宾的身份相差较大或者主宾身份非常尊贵时，主人也有让出主方尊位的情况。

如我国驻亚洲某国大使在使馆内宴请驻在国最高领导人时，是请驻在国最高领导人居中而坐，中国大使则坐在其右手，中国大使夫人坐在最高领导人的左侧。

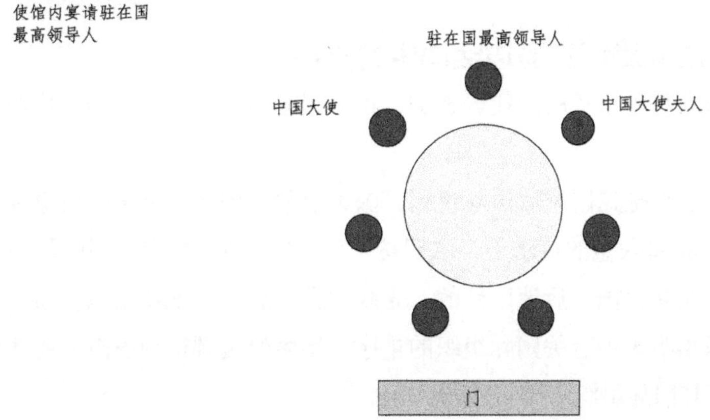

此外，如果东道方邀请已方一位身份地位较高的人员出席宴请，也有主人让出主方尊位给已方这位位尊者就座的情况，以表明对已方贵宾的尊重，此时，这位位尊者即扮演了东道方的一号主人角色。

再如，国内某企业的董事长宴请来访的外国一知名企业总经理一行，同时也邀请地方政府的一位主要负责人出现宴会，这时可请地方政府主要负责人坐在主人的位置上，政府主要负责人的右侧为外国企业总经理，外国总经理的右侧可请中国的董事长就座；地方政府主要负责人左侧可安排外国企业来访的第二号人物就座。

同样在合资项目落成或类似的仪式上，中方企业邀请已方出席的人员中有一位的身份是所有上主礼台人员中最高的，可请这位身份最高者站在主礼台中间，并以他为中心将其他上主礼台的人员按礼宾次序右左右左地安排。

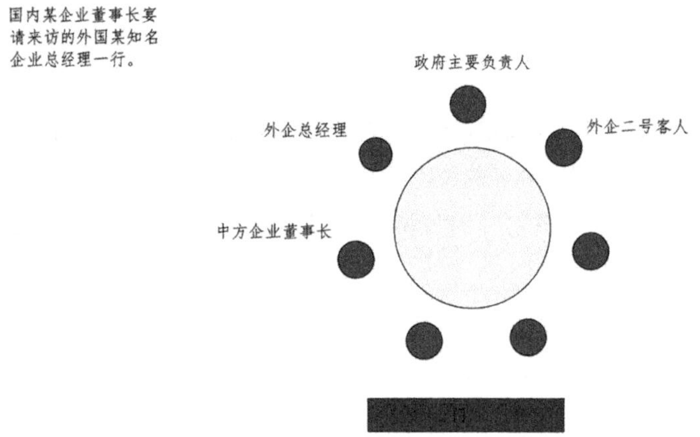

四、政府与国际组织在多边活动中的排序

有些国际活动既有国家政府的代表参加，也有国际组织的代表参加，他们之间如何排序？

一般情况下，通常是先国家后国际组织，国家通常按国名字母（或按笔画多少）排序。现时在欧洲联盟的要求下，欧盟按“E”排于国家之中。国际组织中先世界性的组织，如联合国，后地区性的，先政治类组织后其他类组织。通常可以参照《世界知识年鉴》中有关国际组织的排序。年鉴的编撰得到国内一些涉外权威部门的支持，其国际组织的排序国际认可度高。

2010年上海世博会的开、闭幕式主席台的位置安排，国际展览局主席在出席开、闭幕式的中国领导人的右侧。按国际组织的一般排序国际展览局较之全球性的、政治安全类的国际组织如联合国要低得多；但世博会是在国际展览局指导下举办的，国际展览局同中国是上海世博会的主办方，故较之其他出席开、闭幕式的外国国家元首、政府首脑的位置，国际展览局主席排在他们之前。同样奥林匹克运动会也是这样，国际奥委会主席在奥运会的开、闭幕式的排位在东道国国家元首之后，其他国家元首之前。这说明国际组织的排序如果涉及主、客的因素，其排序则先主后客。

五、出席活动人员之间存在微妙关系的排序

如果出席活动的人员之间存在微妙关系，为了避免引起尴尬、增加和谐，东道方可以做出特殊安排。如每年的诺贝尔颁奖晚宴，主办者在安排席次时，特别注意获奖的教授或科学家和他现任妻子的席次安排；如获奖教授的前妻也是知名学者，也应邀出席颁奖晚宴，则安排获奖教授夫妇在一桌，将教授的前妻安排互相不容易看到的另一桌。而不是简单机械地按礼宾次序排座，以避免他们相距太近而引起尴尬。再如在两伊（伊朗Iran和伊拉克Iraq）战争期间，如遇按代表团国名字母排序的多边活动，则要避免将两个代表团的人员安排在同一桌。宴会时可以请伊朗团人员在一桌就座，伊拉克团人员在下一桌就座。

六、一些较为独特的场地设计

一些涉外礼仪活动因要结合相关的传统或惯例会有一些特殊设计。

在一些开闭幕式或仪式上，主席台的安排往往只摆放讲台和一些椅子。讲台在主席台的右前部。摆放椅子则在主席台中心线附近开始向左边延伸，这样的摆法以接近台中心线的椅子位置为高，离中心线越远则越低；有时外方在主席台会少摆一把椅子，6个人上主席台，摆5把椅子，1个人讲完话，请下一位讲，讲完的人就坐在刚上去讲的人的位置，这样台上没有空的椅子。

再如联合国的一些在总部以外召开的会议，如社会发展大会、人居大会等，由于其简短的开幕式后紧接着就是正式会议，而开幕式主办会议国家的最高领导人将出席但不在开幕式上讲话，为保证会议衔接流畅，主办国的国家元首安排在主席台下最显著的区域就座。在开幕式结束后，会议主席请全场热烈鼓掌欢送主

办国元首离场，接着会议主席宣布正式会议的第一议程。

从上述几类位置难题的破解来看，涉外礼仪活动的位置安排要综合考虑各种因素，要具体情况，具体分析解决。其实不论涉外礼仪活动位置安排的难与易，把活动涉及的方方面面都考虑到，才能做出妥善的安排。这方方面面包括国家之间的关系，所在的地区状况，活动的性质与内容，参加活动人的威望、资历等。

涉外礼仪活动中人员的位置在一定程度上反映出尊与卑，重与轻；越靠近主人、中心越尊贵。因此越是隆重的涉外礼仪活动对位置的安排越讲究礼仪规范。不过由于国际大型多边会议（活动）涉及的人员多，层次广，位置安排讲究的程度会有所区别，如奥运会的开闭幕式，在主席台上的位置安排极为讲究，而在国际嘉宾区的座位安排可以适度进行微调，如把同一国家集团的、同一地区的、同一宗教信仰的，或关系特殊的国家的代表团团长和配偶排坐在一起。在一些场合，如观看演出、比赛，由于座位前通道不宽敞，即便是嘉宾（贵宾）区也可以不排座，按照先来后到的“潜规则”自由入座。

话说礼宾为经济外交服务

吴德广*

我曾三次在外交部礼宾司任职，深感礼宾司人员职责重大。礼宾司的主要职责是承担国家对外礼仪和典礼事务；组织协调国家重要外事活动礼宾事宜；管理驻华外交机构和相关人员在华礼遇、外交特权和豁免等事宜；拟订涉外活动礼仪规则等。

随着国际形势的变化，外交礼宾的管理必须继续进行改革。我认为外交礼宾业务有必要做出调整，以适应民族崛起和世界大国地位的需要。礼宾如何为经济外交服务必然成为新课题。

经济外交

在经济全球化趋势日益发展的今天，经济外交在广义外交中有着特殊的地位和重要性。经济外交有两种不同的含义：一种表示经济是某一国家外交特别强调的侧重面，另一种则表示经济是某一国家外交所使用的特殊手段。

经济外交是主权国家元首、政府首脑、政府各个部门的官员以及专门的外交机构，围绕国际经济问题开展的访问、谈判、签订条约、参加国际会议和国际经济组织等多边和双边的活动。

经济外交有两种具体表现形式，一是指国家为实现其经济目标而进行的外交活动，即以外交为手段，为国家谋求经济上的利益；二是指国家为实现其外交目标而进行的经济活动，即以经济为手段，为国家谋求对外关系上的利益。通过加入国际组织和对外交往，扩大对外贸易、引进外国技术与资金，或限制来自外国的进口、消除外国对本国商品的歧视等；而通过对发展中国家提供经济技术援助，

* 中国驻古晋首任总领事，外交部礼宾司前参赞，现为外交部老干部笔会顾问。

以提高本国的国际地位、扩大在国际问题上的发言权等等也属于经济外交。

从20世纪70年代末开始，随着中国日益广泛参与国际经济活动，中国逐渐成为国际经济外交舞台上的重要角色。中国经济外交的内容十分丰富，其主要目的是服务于以经济建设为中心的发展目标，同时通过经济手段实现一定的外交目标。有学者认为：中国经济外交发展的历史演变，大体上经历了接触性经济外交、融入性经济外交、参与性经济外交和领导性经济外交四个阶段。如今在中国成长为世界第二大经济体之后，国际经济结构正面临重大变化，领导性经济外交越来越显著突出。中国的经济外交也迎来巨大的机遇和挑战。

习主席在瑞士主旨演讲引人瞩目

2017年1月习近平主席访问瑞士，17日在达沃斯国际会议中心出席世界经济论坛2017年年会开幕式，并发表题为《共担时代责任 共促全球发展》的主旨演讲。18日，他在日内瓦万国宫出席“共商共筑人类命运共同体”高级别会议，并发表题为《共同构建人类命运共同体》的主旨演讲，深刻、全面、系统阐述人类命运共同体理念，主张共同推进构建人类命运共同体伟大进程，坚持对话协商、共建共享、合作共赢、交流互鉴、绿色低碳，建设一个持久和平、普遍安全、共同繁荣、开放包容、清洁美丽的世界。中国国家主席两篇主旨演讲震撼全世界，历史影响深远。

习近平主席强调，中国始终认为，世界好，中国才能好；中国好，世界才更好。面向未来，中国维护世界和平的决心不会改变。中国将进一步联结遍布全球的“朋友圈”。“朋友圈”的重要任务之一，在世界的经济外交中，中国必然迎来更大的机遇和挑战。

近年来习主席出席二十国集团领导人杭州峰会、亚太经合组织会议、金砖国家会议等国际活动时的主旨演讲，都是中国经济外交的重要声音。习主席出访瑞士的两次主旨演讲更为引人瞩目。以《共担时代责任 共促全球发展》演讲中的“中国方案”更清晰而简洁。媒体报道，中国又一次彰显了大国的自信和担当！“融入世界经济是历史大方向，中国经济要发展，就要敢于到世界市场的汪洋大海中去游泳，如果永远不敢到大海中去经风雨、见世面，总有一天会在大海中溺水而亡。”“中国的大门对世界始终打开，不会关上。开着门，世界能进入中国，中国也才能走向世界。我们希望，各国的大门也对中国公平敞开。”关于世界经济应该如何发展、未来世界呈现怎样图景，两篇演讲，发出了中国声音，提出了中国方案，分享了中国经验。

中国面对国内发展问题，不会动摇地着力提升经济增长质量和效益、将不断激发增长动力和市场活力、将积极营造宽松有序的投资环境、将大力建设共同发展的对外开放格局。

考虑到既要为当代人着想，也要对后代人负责，“构建人类命运共同体”是习近平回应世界人民期待所提出的中国方案。这个命运共同体，是由世界各国共同掌握世界命运、共同书写国际规则、共同治理全球事务、共同分享发展成果的共同体。

在当今世界，“中国好”是一个鲜明的事实和趋势，“中国如何让世界好”则承载了世界人民更大的期待。坚持创新驱动，打造富有活力的增长模式；坚持协同联动，打造开放共赢的合作模式；坚持与时俱进，打造公正合理的治理模式；坚持公平包容，打造平衡普惠的发展模式——这是中国关于世界经济发展的新方案，它显示经济全球化是历史趋势。

中国领导人出访经贸亮点多

新世纪以来中国领导人出访经贸亮点多。例如2011年1月18日至21日胡锦涛主席访美，胡主席除与奥巴马总统政治会谈、政治互动外，访问日程经贸亮点多。两国元首首次在白宫共同会见了两国企业家代表。体现了两国元首用最直接方式倾听来自企业家最真实的声音。向外界表明两国元首支持中美经贸合作、投资合作前景广阔的积极信号。胡主席还在芝加哥参观了美国“中西部中国企业展会”，传递了中美加强经济合作将给中美两国带来互利共赢的信息。

习近平主席访问阿根廷签“大单”又是一例。2014年7月18日，国家主席习近平在布宜诺斯艾利斯同阿根廷总统克里斯蒂娜举行会谈，决定将中阿关系提升为全面战略伙伴关系，加强互利合作和战略协作，增强新兴市场国家和发展中国家团结合作。

西班牙《国家报》网站7月19日报道，作为世界第二大经济体的领导人，中国国家主席习近平在250名中国企业家的陪伴下访问了阿根廷，为阿根廷带来合作大单。两国签署了提升双边关系以及对石油、矿产、核领域、农业和植物病虫害领域进行投资的协议。此次75亿美元贷款中的47亿将被用于在巴塔哥尼亚新建两座水电站。此外，中国还向阿根廷提供21亿美元，用于阿根廷国有铁路运营公司更新铁路设备。习近平带来了一项规模达110亿美元的中阿货币互换协议。总共19项双边协议签订为中阿全面战略伙伴关系开一个好头。

庞大的经贸团随国宾访华

目前国宾访华十分重视为其国家经济发展服务，经济外交成为他们访华重要目标之一。

中国对外贸易在中国国民经济发展中的重要性，众所周知。从20世纪90年代以来对外贸易的迅速发展对我国经济的增长做出了很大贡献，我国对外经济贸易在发展的广度、深度和速度上都超过了历史上的任何时期。

对外经济贸易的发展，有力地配合了我国的外交工作，对创造我国社会主义现代化建设所需的良好国际环境也做出了贡献。目前，世界各国的经济关系已从单纯的进出口买卖关系发展成为多种形式的经济关系，从商品的进出口演变到了劳务的输出入，商品贸易、技术贸易、服务贸易多头并进，由满足物质享受的商品到满足精神享受的旅游，商品结构、贸易方式都发生了很大的变化。国际贸易在国际经济关系中有着十分重要的地位。

在改革开放不断深化的新形势下，进一步认识对外贸易在我国国民经济发展中的战略地位和作用，正确处理好外贸发展的速度、规模和效益等各种关系，不断提高对外开放水平，使对外贸易在我国经济建设中发挥更大的作用，有着重大的现实意义。

突出的例子，不胜枚举。2017年11月8日下午，应中国国家主席习近平邀请，美国总统唐纳德·特朗普抵达北京，开始对中国进行国事访问。这是特朗普2017年初就任美国总统以来首次访华，也是中共十九大胜利闭幕后中方接待的第一起国事访问。除了全套国事活动，中方还安排两国元首进行小范围、非正式互动。11月9日上午习近平主席与特朗普总统举行会谈。两国元首举行双边会晤、会见中美企业家并共同会见记者；当晚中方将设国宴款待特朗普一行。访华成果丰硕。在特朗普及其商贸团落地仅2小时后，在中国国务院副总理汪洋、美国商务部长威尔伯·罗斯见证下，中美企业家就已经在人民大会堂河北厅签署19项商业合作协议，涵盖生命科学、航空、智能制造等多个领域，总计约90亿美元。

特朗普在华三天，中美两国企业在两场签约仪式上共签署合作项目34个，金额达到2535亿美元。此次中美两国经贸合作的签约总额，创下了中美经贸合作史上的记录，也刷新了世界经贸合作史上的新纪录。

2017年11月9日上午，在两国元首的共同见证下，中国石油集团与美国切尼尔（Cheniere）能源公司签署《LNG长约购销合作谅解备忘录》。根据该备忘录，中国石油将加强与切尼尔能源公司位于墨西哥湾的天然气液化项目方面的合作，并为推动中美两国LNG采购业务长期合作发挥重大作用。同天，中国石化、中投海外、中国银行和阿拉斯加州政府、阿拉斯加天然气开发公司（AGDC），共同签署了中美联合开发阿拉斯加LNG项目意向性文件。该项目由阿拉斯加州政府隶属的AGDC主导，将建设由北坡气田供应到阿拉斯加湾尼基斯基（Nikiski）港的长输管线，以及2000万吨/年的液化厂等设施。

11月9日，国家能源集团与美国西弗吉尼亚州政府签署战略合作谅解备忘录，约定双方将在美国西弗州及周边地区开展页岩气全产业链开发和利用方面的合作。在技术经济条件具备的条件下，20年内总投资837亿美元，这是迄今为止中美两国能源领域合作的最大项目。同日上午，中粮集团与ADM签署谅解备忘录，双方将进一步加强大豆贸易领域的合作。同时，中国航空器材集团公司还与波音公司在北京签署了300架波音飞机的批量采购协议，总价值超过370亿美元。

又例如2017年2月21日至26日，意大利共和国总统塞尔焦·马塔雷拉对中国进行国事访问。意大利236人的经贸团随访，华商代表应邀参加意大利元首访华也是首次，这是意大利7万家华商企业融入意大利主流社会的最好证明。

马塔雷拉总统访华期间，安排中意经贸论坛和文化论坛。两国企业就农业食品、航空航天、能源环境和医疗健康几个重点合作领域进行交流洽谈。

总统访华进一步推进意中两国的友好关系，加强与深化两国在各领域中的双边合作。意大利总统新闻顾问格拉索说，良好的政治关系是经贸合作蓬勃发展的前提，这也是总统访华的重要目的之一。

2010年7月德国默克尔总理访华，默克尔带了一个由众多德国重要企业家组成的经贸代表团，中方安排两国总理在北京和西安会见企业家，并进行对话互动。在北京两国举行签字仪式之前，两国总理在人民大会堂共同会见中德对话论坛成员，以体现两国总理对中德对话论坛的重视，以此推动中德高层多领域的合作交流。

切实做好礼宾为经济外交服务

新世纪以来，中国积极开展多边外交、经济外交、公共外交，国家领导人和外长出访增多，国宾和重要外宾访华越来越频繁，在中国召开或举办的多边国际会议或论坛也越来越多越来越大。如2001年10月中国在上海承办亚太经合组织系列会议、2006年6月上海合作组织上海峰会、2006年11月中非合作论坛北京峰会、2008年北京奥运会和残奥会、2010年上海世博会、2014年11月亚太经合组织北京峰议、2016年二十国集团领导人杭州峰会、2017年“一带一路”高峰论坛在北京举行等。礼宾人员精心筹划，组织安排上述国际会议和大型活动。

根据国际形势的变化以及在中国举行的国际会议越来越多的情况下，礼宾人员必须深入学习习近平总书记外交思想和十八大以来的外交实践；礼宾人员必须精心筹备每場国际合作高峰论坛，深化大国关系和周边友好合作；要更加主动服务国内发展，为地方改革发展营造更加有利的条件；要持续打造“海外民生工程”，全力维护中国公民和企业海外合法权益。在中国领导人出访以及国宾访华的重要外交活动中，中国企业家、经济界人士的礼宾地位应该给予充分的重视和安排。

近年来礼宾司调整了编制，增设了大型活动处、典礼处，这两个新处大力支持礼宾工作的创新。它们除了大大增强礼宾服务于经济外交的职能外，对切实做好礼宾为经济外交服务有着重大的现实意义。礼宾人员一定能务实创新，继续稳妥推进礼宾改革，做好礼宾为经济外交服务的工作。

外交接待在国际关系中的重要性：在良好礼仪、文化差异和礼宾方面

【荷兰】马克·弗尔*（Mark Verheul）
胡雨彤（译）

外交可以追溯到各国之间的联系。几个世纪以来，外交“包含了由国家间建立关系所产生的整个利益体系——它的目标是保证各自安全，尊严；它最直接的诉求是，或至少应该是维持大国之间的和平与和谐”[①]。 在这方面，范汀（Van Dinh）指出：沟通之于外交就好比血液之于人体。每当沟通停止时，国际政治的主体，即外交的执行者，便会死亡，从而带来暴力冲突或关系冷淡的后果。[②]

著名的外交官哈罗德·尼克尔森爵士在1939年已经提到过，谈判是外交官的主要沟通任务之一，而关于一个成功的谈判者应具有什么品质的问题，已经被太多外交理论作家讨论过。他们普遍同意，一名外交官如果要取得成功，就应该能够赢得他所派驻的国家中行使权力的人的信任和喜爱。为了能达到这个要求，在尼克尔森看来，一个理想的外交官应该具备以下道德和才智：“诚实、准确、冷静、耐心、善良、谦虚和忠诚”。

“但是”，读者可能会反对，“你忘记了智慧、知识、洞察力、谨慎、好客、

* 曾任海牙礼宾处处长2010—2018年），曾先后供职于约旦王室哈希姆家族（2008—2009年）、荷兰王室（2005—2007年）、海牙礼宾局（1999—2003年）。2016年4月，弗尔与荷兰贝娅特丽克丝女王殿下前礼宾官吉尔伯特·莫诺德·福罗德维勒（Gilbert Monod de Froideville）共同撰写了《国际礼宾指南——外交与企业关系的最佳实践》，该著作由阿姆斯特丹大学出版社和芝加哥大学出版社合作出版。

① De Garden in Ostrower, A., *Language, Law and Diplomacy,* Volume One, University of Pennsylvania Press, Philadelphia, 1965, pp. 100-101.

② Dinh van, *T., Communication and Diplomacy in A Changing World,* Alex Publishing Corporation, Norwood, New Jersey, 1987, p. 147.

魅力、勤劳、勇气、甚至机敏。”我没有忘记这些，我只是认为这些条件是理所当然的。①

然而，时代已经发生了变化，外交官或者政治家往往似乎缺乏我所提到的品质。我认为如果这些品质不得到重视，国家间的和平与和谐也会和“诚实、准确、冷静、耐心、善良、谦虚和忠诚”这些品质一样难以维持。本文的重点将放在好客、知识（礼仪和文化差异方面）和机敏（作为良好礼仪的一部分）在外交活动中的影响。

我们可以说外交是一门艺术。据奥斯特瓦（Ostrower）所说，外交意味着“巧妙且艺术性地掌握谈判，以确保自己的优势”②。摩根索称外交是“使国家权力的不同要素对国际局势中最直接关系到国家利益的那些方面产生最大影响的艺术”③。摩根索也指出，外交在政治、法律和象征三个方面的作用中存在分离。尽管很多学者可能会着重强调外交官的前两个作用，但摩根索认为，外交官首先是象征着其国家的形象代表。从这方面考虑，好客和接待的艺术发挥着重要的作用。

大多数外交使团向驻在国的政府官员，外交官同事以及他们所居住的首都的上流社会提供奢侈、铺张的款待，这样的活动一直都受到大众批评。然而它的作用并不是个别外交官和政治家对奢侈表示喜爱，而是作为他们外交代表的一部分特殊功能。④

在约旦皇后努尔所著的《信仰的飞跃——约旦皇后的传奇生活》一书中，她描述了这样一件与外交代表和外交形象相关的微妙事件：

1987年秋天，（国王）侯赛因和我对芬兰进行了国事访问。芬兰人非常有礼貌，他们总是很友善，很好客。当我们的车经过街道时，他们向我们挥手致意。或许是因为侯赛因是十年内第一位访问他们国家的阿拉伯国家元首；或许是他们希望侯赛因能够为一个自七十年代初就被芬兰和平队驻扎的地区带来和平……约旦与芬兰签署了第一份旅游业协议：从那时起，每一周皇家约旦航空公司的一架飞机都会从赫尔辛基飞往亚喀巴，来自斯堪的纳维亚的游客们能够为我们的经济提供

① Nicolson, H., *Diplomacy,* Thornton Butterworth Ltd, London, 1939, p. 126.

② Ostrower, A., *Language, Law and Diplomacy,* Volume One, University of Pennsylvania Press, Philadelphia, 1965, pp. 106, 107, 111.

③ Morgenthau, H.J., *Politics among Nations,* Prentice Hall, New York, 1993, p. 364.

④ Morgenthau, H.J., *Politics among Nations,* Prentice Hall, New York, 1993, p. 364.

急需的推动力。如今，事实证明他们确实为我们推动了经济。每当我们访问某个国家后，约旦都会收到来自此国家的更多游客。所以，当我们在那次国事访问中受到来自国内的严厉批评时，我们感到非常惊讶。事情是这样：芬兰严格的礼宾规范要求我们穿戴上我们所有的皇家标识，如皇家饰品。在这种情况下我需要佩戴一个三重冠头饰。而这些照片被刊登在国内报纸上后，引发了国民对我们的指责，他们认为我们忽视了约旦的现实状况。其实这种反应表明了我国国民对经济下滑的不满情绪变得更加强烈，以至于就算这次国事访问使约旦从政治和经济层面双重获利，但在涉及国事访问期间的常规礼宾方面，我们却遭到了批评。①

热情好客可以成为实现目标的有效工具，这不仅适用于外交使团，也同样适用于各国政府接待。早在乔治·华盛顿任美国总统时，“他就明白，总统这一身份如果被有效地包装，将具有双重性质：一方面是行政长官，一方面是仪式性的国家元首。而后者的功能和其行政功能同样重要。”②。华盛顿之后的每一位总统和第一夫人都有自己独特的接待之道和履行职责的方式。一些总统非常清楚地认识到安排外国大使与总统坐在同一张桌子的重要性，因此在晚宴上尽心地款待大使，而也有其他总统使用不同的方法来影响和说服。不过，无论采用何种策略，官方接待的基本目的都是帮助国家实现其国内外的政策目标，并进一步促进国家利益。

好客和热情的款待是与外交团和领事团以及其他文化、政治、社会团体建立良好关系的必要工具。在宴会上进行的友好交流的作用可能会比在会议桌上磋商数周解决分歧大得多。③

在这方面，2010年9月1日，约旦国王阿卜杜拉二世在奥巴马、穆巴拉克、阿巴斯、内塔尼亚胡和他本人的联合新闻发布会结束后，对晚宴座位安排的影响作出如下回忆：

“在那里我们传递了一个带着希望的信息，并表明现在正在采取切实行动来解决冲突局势，尽管很多美好的憧憬在几十年来都无法实现。但这不是一个容易传达的信息，因此在地区内，失望和破灭的幻想一直持续。……内塔尼亚胡尽力想

① Noor, Queen, *Leap of Faith: Memoirs of an Unexpected Life,* Dutch version *“Koningin Noor van Jordanië: Een leven in het teken van vrede”,* Arena Amsterdam, 2004, p. 261.

② Levy, L.W., and Fischer, L., *Encyclopaedia of the American Presidency,* Volume 3 & 4, Simon & Schuster, New York, 1994, p. 1595.

③ McCaffree, M.J., Innis, P., and Sand, R.M., *Protocol; The Complete Handbook of Diplomatic, Official & Social Usage, 25th Anniversary Edition,* Durban House, Washington, D.C., 2002, p. 239.

表明自己是一个渴望和平的人，他直接与阿巴斯进行交流，并说他自己来华盛顿是来为历史和平做贡献的。阿巴斯表现得十分慷慨大度，表示他的目标就是为他的人民和以色列人求得尊严、自由和和平。演讲结束后，我们参加了奥巴马的晚宴。阿巴斯和内塔尼亚胡坐在一起。奥巴马强调，如果两位领导人互相帮助，谈判是有可能获得成功的。他也提到，当他们在通往和平最困难的道路上迈出第一步时，我们所有人都会和他们站在一起。阿巴斯和内塔尼亚胡在整个晚宴上进行了深度交谈。这两位是否有可能制定一项和平协议，以保护我们的地区免受战争的纷扰？①

成功接待的秘诀在于仔细的策划和安排。这无关正式或非正式，也无关大型或小型。在这方面一个至关重要的问题是：如何才能让客人觉得自己受到了主人的私人关注？

今天的世界充斥着矛盾。一方面，互联网革命使得我们可以在短距离内联系和沟通；另一方面，这个“方便的事实”也可以在个人社交中产生距离感。这使得那些极少的接触变得极为重要，你可以利用这个机会让客人觉得自己受到了你的私人关注，从而为你的社交带来附加值。

在《白宫邀请函》一书中，美国第一夫人希拉里·克林顿为一个真正具有私人意义的礼物做出了完美的举例：

“比尔给客人的最独特的礼物之一，是他给纳尔逊·曼德拉的礼物。他知道曼德拉总统爱好拳击，知道这是他打小的爱好。而且在监狱里时，他还在收音机上全程收听了1938年乔·路易斯与马克·施梅林的史诗级较量。因此，比尔让每位在世的重量级冠军都给曼德拉总统写一封信，并将他们放在一本相册中。这本相册的最后一页是一张未使用的门票，用来观看路易斯和施梅林在洋基体育场的比赛。②”

为了保持有秩序的外交活动，国家间的联系必然要依照国际公认的准则、习惯或某些计划性的组织形式。我们一般称之为礼宾。

礼宾一词来自希腊语“protokollen”，意思是“第一胶水”。作为一个比喻，可

① Abdullah II, *King of the Hashemite Kingdom of Jordan, Our Last Best Chance, A Story of War and Peace,* Viking, New York, 2011.

② Clinton, H.R., *An invitation to the White House: At Home with History,* Simon & Schuster, Inc., New York, 2000, p. 74.

以说礼宾是世界各地的官方交际黏在一起的胶水，以确保官员之间以最小的冲突和最高的效率进行合作。[①]虽然礼宾涉及官方交际，但良好的举止也是人们与他人的在日常接触中应遵守的规则。所以礼宾可以被视为“社会车轮的润滑油”，这使得任何人都有可能在没有任何冲突的情况下和谐共存。[②]

礼宾可以定义为如何组织与重要人物会面的一整套准则规范，或者是“程序或仪式的正确形式”。[③]它还被称为“社会纪律”“良好风度和知识的混合体”，一套“行为准则”，一套“等级秩序”的方案。[④]

但这种等级秩序的标准来源于哪里？在早期历史中，它基于国家的力量大小，但这显然带来了很多摩擦。例如普鲁士比法国更强大吗？除了评估一个国家的力量是不可能的之外，一个国家对于自己力量的认知也通常不同于其竞争对手对他的认知。[⑤]因此，几个世纪以来，是教皇有权决定世界上各国应该如何排序，这项规定被记录在了1504年的备忘录中。[⑥]当然，教皇被置于了全球君王之上，其次是罗马国王、然后接着是法国、西班牙、阿拉贡、葡萄牙和英格兰的国王们。不难得知，排名较低的国家不同意这样的排名。因此，在很多场合可以看到外交官的马车在相互比赛，只为了成为第一批到达场地的人，以便在官方典礼中拥有最好的席位……这不需要我进一步解释这些条件有多不利于有关国家间的外交关系了。

在1815年的维也纳会议上建立了了一些重要的礼宾规范。根据条约第四条，外交官的等级顺序由他们向接受国国家元首递交国书的日期决定，其中任职时间最长的大使被称为外交团团长。但是在一些国家，如阿根廷、比利时、菲律宾和瑞士，由于这些国家对天主教会和梵蒂冈的重视，教廷大使会被视为外交团团长。

---

① Axtell, R.E., *The Do's and Taboos of hosting International Vistors,* John Wiley & Sons, Inc., New York, 1990, p. 16.

② McCaffree, M.J., Innis, P., and Sand, R.M., *Protocol; The Complete Handbook of Diplomatic, Official & Social Usage, 25th Anniversary Edition,* Durban House, Washington, D.C., 2002, pp. 1, 13, 14.

③ Nicolson, H., *Diplomacy,* Thornton Butterworth Ltd, London, 1939, p. 247.

④ Levy, L.W., and Fischer, L., *Encyclopaedia of the American Presidency,* Volume 3 & 4, Simon & Schuster, New York, 1994, p. 1250.

⑤ McCaffree, M.J., Innis, P., and Sand, R.M., *Protocol; The Complete Handbook of Diplomatic, Official & Social Usage, 25th Anniversary Edition,* Durban House, Washington, D.C., 2002, p. 2.

⑥ Nicolson, H., *Diplomacy,* Thornton Butterworth Ltd, London, 1939, p. 179.

除此之外，每个国家都使用本国的程序来举行国书递交仪式。罗伯特·哈德曼表示，在《与女王度过的一年》中写到英国女王伊丽莎白二世在接收国书时对大使和高级专员的处理有细微差别：

“无论是乍得还是美国，女王总是为大使和使馆高级职员派遣一辆马车。唯一非常微小的区别是对待高级专员（英联邦大使）时。因为女王是英联邦的国家元首，她向他们额外致意。英联邦国家的高级专员有四匹马拉着他们的马车，非英联邦国家的大使只有两匹。这是一个非常微小的差异。但所有礼宾都是有关微小举止的。①”

在大多数的君主制国家，外交团的位次仅低于在位的皇室成员。在其他形式的政府中，一些官员，如参议院和众议院的议长，可以排在他们的前面。条约同时还确定了签署条约时签名顺序按照国家名字的字母顺序排列。② 如今，这个字母顺序的排列可以依照法语、英语或者各国自己使用的语言。

埃里克·戈德斯坦教授在他的论文《礼宾的发展》中如下写道：

“由波索波利斯古国的浮雕中存留外交礼宾的证据显示，礼宾可以追溯到各国之间的联系。外交实践在二十世纪表现出了越来越多的非正式性，但现有的威斯特伐利亚体系是基于国家主权平等所建立的，所以国家始终必须认为他们是受到平等对待的。外交实践中逐渐发展出了一套准则，这套准则用来确保每个国家在个人代表国家处理事务的非正式化的趋势下得到平等的对待。现在关于国家间常驻外交使团的礼宾规则已经确定，但现在最具变幻和打破常规的场合是涉及领导人之间的见面。回顾历史，国家统治者之间的私人会面在十九世纪之前并不常见，受困于长途旅行以及其他保障。科技和交通运输的发展使见面变得更加容易和安全。自1960年之后，最高级别的会议数量一直在垂直上升。领导人之间的礼宾规则几乎没有变化，直到二十世纪最高级别会议成为潮流，礼宾不得不为了满足领导人们强烈会面的愿望而不断进行改善。这样的结果就是，大部分的礼宾规则都得到了进一步放宽。③”

---

① Hardman, R., *A Year with the Queen, Touchstone,* Simon & Schuster, Inc., New York, 2007, p. 207.

② Nicolson, H., *Diplomacy,* Thornton Butterworth Ltd, London, 1939, pp. 180-181.

③ Goldstein, E., *Developments in Protocol*, www.diplomacy.edu/books/mdiplomacy_book/goldstein/goldstein.htm.

这些显著变化说明了礼宾的形式必须改变以适应我们的时代需求，这些需求越来越集中于如何在正确认识到文化差异的大环境下完成任务。在这个充满礼宾和社交行为的世界中，我们可以看得到文化差异在两方面产生的巨大影响，一是商业活动的开展形式，二是在国际组织和国际社会中的互动方式。

这个时代，经济全球化已经渗透进生活的各个方面。礼宾在商业领域也被赋予了极其重要的地位。礼宾是管理工作关系的工具，它基于尊重、良好沟通、合作、好客以及在对国际贸易中对国外文化的理解和维护。

古典礼宾是由欧洲君主创造的，它回应了我们今天仍在努力解决的一个困境：国王和他的随行人员的时间很少，但需要见面和交谈的人却很多。为了寻求一种更有效的方法来管理时间和获取信息，他们制定了礼宾规则：用规则和方针来安排事件，目的是提高事件成效和增加有意义的会面数量。这样的礼宾规则还意在利用“不同的时刻但同一的方式”表示尊重。

可以说，自1815年维也纳会议以来，礼宾的准则几乎没有变。但是，处理礼宾事务的人肯定是变了。不同的时代和环境会反映各种变化，如社会价值观，社会中的实际行为以及好客的细节。[①] 因此，良好的举止礼仪是适应了时代的变化的。但良好的举止礼仪不仅是因时而异，他们还因地而异。由于这个原因，跨文化交流的能力也非常重要。即使礼宾对于局外人来说似乎过于正式和夸大，但任何一个有过官方工作经历的人都知道礼宾是如何在不同国家的人际交往中发挥作用的，无论他们自己的国家有着多么不同的风俗习惯。

如前所述，礼宾通常被视为一套规则，但由于礼宾的灵活性是不可避免的，因此这更应被视为一种指导性方针。埃里克·戈德斯坦教授在他的论文《礼宾的发展》中给出了一个相关例子，他描述了各国是如何不断在等级秩序方面采用新的方法来解决具体的外交问题的：

“日本裕仁天皇的葬礼是一项重大的国际活动，来自世界各地的领导人都参加了此次活动。当美国总统乔治·布什宣布他将出席葬礼时，日本人很高兴。可传统的礼宾又面临了一个难题：传统规则规定国家元首的位次由他们的在职时间排序。由于布什刚刚上任，所以最年轻的他将被安排在最次的位置上。但是日本人希望好好利用这次机会，毕竟这是世界上最强大的国家领导人出席他们天皇的葬礼。最后的解决方案是，将葬礼视为裕仁天皇的生活仪式而不是国家事件。因此，

① Heal, F., *Hospitality in Early Modern England,* Clarendon Press, Oxford, 1990, p. 4.

日方宣布国家元首的位次将首先按照裕仁天皇一生所访问的国家顺序安排。这也将美国总统置于了第一排国家元首中的中心位置。①

在这个特殊情况下，葬礼的主办委员会决定最好与美国保持良好关系。所以不根据实际情况进行排位而是更愿意去取悦他。不然的话他可能会“不愉快”或者甚至是觉得侮辱了他。

在《与女王度过的一年》中，罗伯特·哈德曼解释了每年一度在白金汉宫举办的女王的外交招待会的会见顺序：

今晚的礼宾将会非常严格。为避免冒犯，外交优先权将由任职时间决定。进行问候的排序将会根据外交官们上任时的时间排序。任职时间最长的伦敦外交官——人称外交团团长——将由科威特大使哈立德·杜维森担任，他已经在这里任职了十三年。②”

2014年10月15日，Roxanne Roberts在华盛顿邮报的网络文章《戏剧·自我·礼宾：都在华盛顿的晚餐里》中提供了一个在正式晚宴中将客人们混合的例子：

“Rima Al-Sabah是科威特驻华盛顿特区大使的妻子，她是一位能在一屋子大人物中游刃有余的一位温柔的社交专家。她说礼宾是‘至关重要’的，因为外交官们都希望自己能受到与自己等级相匹配的接待。‘不这样做是很无礼的。’几位非常重要的大使被‘安排’在房间的各个地方——Al-Sabah用他们的位置作为不同桌子的定点，然后使与他们有着相似兴趣的人坐下来，这样他们就会聊得很投机。她说：‘在完成了最根本的礼宾规则后，我把所有的客人混在一起，因为我不喜欢那种把主人和他们最重要的贵宾安排在主桌的想法，也不喜欢把其他的客人一起安排到那种看起来不太重要的桌位。’”③

著名的荷兰政治家Frits Bolkestein在他的回忆录中提到了他在20世纪70年代早期任壳牌在印度尼西亚的总代表时，在位次安排时对现代礼宾的应用：

---

① Goldstein, E., *Developments in Protocol,* www.diplomacy.edu/books/mdiplomacy_book/goldstein/goldstein.htm.

② Hardman, R., *A Year with the Queen, Touchstone,* Simon & Schuster, Inc., New York, 2007, p. 214.

③ Roberts, R., *Drama. Ego. Protocol. Washington Dinners have it all,* www.washingtonpost.com/lifestyle/style/drama-ego-protocol-washington-dinners-have-it-all--and-thats-just-the-seating-chart.

"在Pertamina（印度尼西亚国家石油公司）的债务付清之际，壳牌的几位高级代表来到雅加达庆祝这一时刻。我安排了一场约二十位客人的晚宴，并邀请了Pertamina的高层一起参加。除了他们，印尼日惹苏丹九世也将出席。那我要如何安排坐在两张桌子旁的客人们呢？我的首要任务是建立起壳牌和Pertamina代表的联系，所以我将他们放在彼此附近。此外，新任的英国大使和他的妻子也会出席。他还没有递交国书，但我和我的妻子可以为他和他的妻子提供一些关于雅加达的情况，所以我把他们放在了我们旁边。荷兰大使和他的配偶在排位上就有些靠边了。第二天早上荷兰大使打电话给我，并且非常愤怒，他抱怨道：'你对我太差了'。我难道不知道壳牌60%的股份是荷兰的，40%的股份是英国的吗？我知道。只是我们从来没有弥补过。[①]"

那我们从座位安排的灵活性的话题回来，继续讨论在欢迎外交官或国家元首的访问中严格的礼宾规则。罗莎莉·李维特（Rosalie Rivett）在她的书《外交礼宾》中写到以下关于英国正式欢迎仪式的习惯：

"外交官的问候通常都是握手，而且通常都是在欢迎仪式上排队握手；它既不能像骨头粉碎机那样用力，也不能像一条湿鱼一样无力。在引荐时，资历高的人通常会首先伸手握手，如果不是这样，人们会通过等待看位尊者先做什么来避免首先伸手可能导致的被忽视的尴尬。女王总是戴着手套的，就算她每年要握手上千次。但我们其他人在握手时通常是要摘下手套的，除非手套是制服或者礼服的一部分。[②]"

2005年2月，美国总统乔治·W·布什在他抵达布拉迪斯拉发机场时违背了斯洛伐克的习俗。他在与国家总统、总理以及其他官员问候时，没有脱下手套。他一定知道这个在外交活动中众所周知的道理，官方之间的握手一定是空手的，就算有可能很冷。布什带着手套的失礼握手在国家电视台直播播出后，公众对于一天后他与俄罗斯总统弗拉基米尔·普京的会晤也持否定的论调，尽管那时布什没有发表任何表态。布什的这种行为与身势学——我们身体活动中的非语言表达——有关。斯考伦和王·斯考伦(Scollon & Wong Scollon)认为，身势学可能不是话语的一个主要方面，但它是"我们话语交流发生时语境背景的一部分。所

---

① Bolkestein, F., *Cassandra tegen wil en dank*, Prometheus, Amsterdam, 2013, pp. 73-74.

② Rivett, R., *Diplomatic Protocol: Etiquette,* Statecraft & Trust, Whittles Publishing, Dunbeath, 2018, p. 73.

以我们必须要记住，人们不能简单地忽视那些我们在理解其他交流参与体的非语言表达时所产生的理解，或者是误解。”[①] 因此，除礼宾拥有基本统一的普遍性之外，人类行为和文化习俗之间确实存在差异，外交官应该清楚这一点。这意味着外交官在前期必须做很多准备工作，因为他必须了解与他打交道的人的历史、宗教，甚至语言。以下示例显示了外语可能带来的困难：

“总统约翰·肯尼迪说‘Ich bin ein Berliner,’（而不是正确的‘Ich bin Berliner’）。他希望在柏林墙建成之后，声援西柏林的人民。不幸的是，这个短语实际的意思是‘我是一个充满果冻的甜甜圈’，一个受欢迎的柏林糕点！肯尼迪的语法失误可能没有造成太大的伤害，但它确实说明了来自不同文化的人们沟通的困难。[②]”

虽然现在的外交官们大多都见多识广，而且往往比“一般人”更加符合宽容的全球公民身份，但仍然应该遵循一些特殊的礼节。例如，一些宗教对吃喝有限制，一些民族可能不喜欢特定的颜色、数字、日期，并且性别也有可能是敏感话题。福特提到了一个访客，他来自一个严格的伊斯兰国家，他拒绝与所有女性陪同人员交谈，而这些女性陪同人员熟悉所有的前期工作。因此，还得很快找到一名男性陪同。[③] 缺乏对接待方文化差异的认识，可能会对外国尊贵客人的访问造成不太好的整体印象。可以说，组织、接待、礼宾和文化差异等问题与政治问题相比同等重要，因为如果处理不当，他们可能会成为两国关系的崩裂分子，而这个分子可以来自任何会谈和活动。

回到理想的外交官应该具备的品质，在我看来，只考虑有效的谈判技巧是远远不够的。就算一位外交官是一位出色的谈判代表，对国际关系和国际体系的运作有着深入了解，他也同样会因为缺乏待客能力，不懂得合适的礼节，在跨文化关系中没有委婉和得体的举止而无法实现他的主要目标，即维护两国之间的和平与和谐。与尼克尔森曾经说过的恰恰相反，“我绝不会把这些后来的品质视为理所当然，因为他们肯定会促成或者破坏成功的外交关系，而这些品质通常都没有得到充分考虑和关注。”

---

① Scollon, R., and Wong Scollon, S., *Intercultural Communication,* Second Edition, Blackwell Publishing, Oxford, 2001, p. 157.

② Cohen, R., *Negotiating Across Cultures: Communication Obstacles in International Diplomacy,* United States Institute of Peace Press, Washington, D.C., 1991, p. xi.

③ Ford, D., *Who's Who Guide to Protocol,* Crown Content Pty Ltd, Melbourne, 2001, p. 5.

礼宾礼仪与国际交流

【加】路易·迪索* （Louis Dussault）
郑书尧（译）

负责组织外交会面的人会面临一系列礼宾问题。本文探讨的是其中一部分问题，包括国家代表的位次、体现国际属性的旗帜多层面的运用、还有不同文化背景的与会者需要互动的场景中的非语言交流问题。文章还会探讨礼宾员担当的中间人角色，其职责是不要让双方产生误解，避免发生令人不快的事故。

外交位次

没有任何国际会议的举办不提到位次排序。组织者必须制定一套一视同仁的标准，在整个场合的所有活动里都予以遵守。这套标准应当使个人和团体的排位不出现任何争议。不管是常任的还是临时的礼宾人员都应该对位次分配原则和实践方法有广泛的了解，知道如何安排位次。甚至可以断言，从礼宾人员对位次排序惯例的把握就可以体现其职业素养，评判其能否担此大任。

每个国家的重要性可以通过经济、文化和历史来评估，这些方面都是有讨论余地的，可能引发争端的情况对于发展良好的国家间关系并无裨益。国家之间是平等的，至少形式上要平等，这是在位次排序时必须反映出来的，有必要确定一些中性的参照标准，表明参与各方都被无差别地对待。

字母表顺序

字母表顺序是安排位次时最常用的标准。这条简单的标准在运用的时候，也

---

* 加拿大魁北克大学蒙特利尔分校社会交流学系副教授，蒙特利尔国际研究所咨询委员会成员，曾任魁北克政府礼宾处处长助理及蒙特利尔市礼宾处处长。他曾担任世界首脑会议的礼仪顾问并参与组织重要领导人如英国女王、法国总理、比利时国王、俄罗斯总统、联合国秘书长以及其他国际重要人物的正式访问活动。

需要经过不少调整，以使得国家间平等的原则能得到遵守。

调整中最重要的部分就是确定使用的语言，因为这会影响一些国家的排序。比如沙特阿拉伯在法语中以A开头（Arabie Saoudite）而在英语中以S开头（Saudi Arabia），英国在法语中以R开头（Royaume-Uni）而在英语中以U开头（United Kingdom）。

最常见的办法是选择活动举办地使用的语言、组织活动的国际组织的官方语言或者是预先约定好的另一种语言。

在联合国

联合国在字母表顺序的运用上更进一步，确保成员间的平等。每年会抽签确定一个字母作为起始字母。比如，从H开始到G结束。这样避免了总是机械地使用惯常从A到Z的顺序，那种情况下，首字母在字母表前列的国家会自动排在前列，比如阿富汗（Afghanistan）、阿尔巴尼亚（Albanie）、阿尔及利亚（Algérie），而首字母在字母表最后的国家如也门（Yémen）、赞比亚（Zambie）、津巴布韦（Zimbabwe）就总是排在最后。我们的目标是不让任何一方的获益建立在另一方受损的基础上。

就任时间

与字母表排序不同，就任时长是一条真正按优先度排序的标准。这一标准经常用于国际关系领域，在举行庆典、就餐、正式抵达及车队行驶时为国家元首和政府首脑进行位次排序。

次序是这样决定的：

1. 国家元首按就任时长排序；
2. 之后是政府首脑按就任时长排序。

至于有些代表团领队既非国家元首也非政府首脑，对他们的排序则通常按照他们所代表国家的字母顺序进行。

外交使团及领事使团

1961年的《维也纳外交关系公约》第十六条明确了外交使团负责人的位次排序规则。“使馆馆长在其各别等级中之优先地位应按照其……开始执行职务之日期及时间先后定之。”各国大使在其就任国受邀参加某一活动时，这条位次排序规则是被严格遵守的。

至于领事馆负责人，1963年的《维也纳领事关系公约》第十六条确立了相似的原则，但有一点小区别。尤其要注意，名誉领事官员任领馆馆长者排序位于在职领馆馆长之后。

随机选择

虽然这种方法用的很少，但要知道抽签也是一种可行的方法。代表团的名字被一个一个全部抽出，由偶然性来抉择他们的排序。

混杂位次

混杂位次是指将高级别的客人和较低级别或不知名的客人的位次交替排列。例如，一位议会议长设宴招待外国议会议长们，而东道国的议会议员也受到邀请，就可以进行混杂排位，在餐桌上有序地把本国议员穿插进外国议会议长之间。而两种身份——议长和议员——内部各按优先级进行排位。

在本例中，没有严格按照议长排在议员之前的次序，而是确保了外国宾客和本国宾客的座次交替。要注意这种交替排列可以是无序的，位次排序中不时会出现这种混杂情况。

代表团内部的位次排序

成员来自同一国家的来访代表团内部的位次排序由该国政府决定。如果活动组织方不知道某一代表团的礼宾位次或者对位次存疑，最好向代表团的负责人提出这一问题，由后者来负责确定代表团内部的排序。自行处理是十分莽撞的做法，因为各国的政治体制不同，等级划分各有其特殊性。此外根据各人头衔来排序也可能有风险，因为在不同的环境中，同样的职位头衔并不必然对应同样的职责。

为了避免代表团内部成员的排序引起任何礼宾事故，最好在其抵达的时候就询问名单顺序是否与位次排序一致，以策万全。

最近的革新

位次排序的规则不是一成不变的。各国间频繁往来，国家间的关系更加多样，通讯手段愈发先进，这些因素使得对某一群体内部的位次排序方法发生了革新。也是受到外交使团排序方法的启发，我们可以按照参与者到达的日期和时刻，甚至是他们确认出席活动的日期，来进行一场会议的位次排序。

旗帜的国际惯用法

在国际场合由于旗帜展示问题引发的礼宾事故并不少见。2005年在蒙特利尔由国际业余游泳联合会主办的第十一届世界游泳锦标赛上就发生了这样的情况。

在一场比赛结束后，大韩民国（韩国）的运动员见到的不是自己国家的国旗，而是朝鲜民主主义人民共和国（朝鲜）的国旗被升起了，这使他们大为伤心。这一事件引发轩然大波，韩国驻蒙特利尔总领事馆公开表达了愤怒之情。礼仪事故掺杂了外交层面的因素，势必要进行正式道歉。

这一错误的责任归于比赛的主办委员会，市礼宾服务处认为应由不属于市政府成员的委员会主席致歉，而市长则对该错误的发生表示遗憾。为了表明对这次事故的重视，市长签署的信件决定由礼宾处长交给总领事，信件不密封，事情就这样办了。

礼宾处长来到了韩国领馆，总领事接见了他，在简单地翻转信封发现没有封口之后，总领事感谢了礼宾处长并邀他就坐进行了礼节性会谈。事件就这样结束了。

为什么信封要不封口呢？这证明信封的转交人是市长绝对信任的人，是一个地位很高的人，有资格以个人名义与尊敬的总领事交谈。应该补充的是，按照亚洲通行的礼节，当时交付信件用的是双手。

礼仪规范

在官方会面的场合，对外交人员的礼仪要求有多严格，对于展示旗帜的要求就有多严格。还是一样，礼仪规范要遵循国家平等的原则。因此对旗帜的用法有若干规则。[①]

- 当有多个国家的国旗挂出的时候，次序按照各国在东道国语言中的字母表顺序排列。
- 挂出的旗帜都应与东道国国旗尺寸相同。
- 旗杆尺寸应当相同，旗杆上的装饰也要完全相同。
- 如果旗帜尺寸不一致，至少旗杆尺寸应当一致。
- 每个旗杆上只能挂一面旗帜。这条规则必须遵守，一面旗帜在另一面的下方意味着劣等和臣服。
- 有其他旗帜相伴的情况下，在该国领土上升起的国旗居于首位。

国际组织

前面提到的旗帜用法中，还要加上政府间国际组织对自身旗帜颁布的规定。下举四例：

---

① 本文中没有提到旗帜的摆放位置，要知道各旗帜间的位置关系是和其次序排列相吻合的。

联合国——由联合国及其机构主办的活动中以英语作为参考语言进行字母表排序，除此之外，联合国旗帜还会遵守一些特别的规则，比如有一条规定：不论联合国的旗帜摆在另一面旗帜的右边还是左边，都不代表联合国旗帜的优先级低于后者。

欧盟——在欧洲联盟成员国会议上，东道国的旗帜排在第一位，欧盟旗帜排在最后。其他旗帜按照各国在本国语言中的国名排序。

东盟——东南亚国家联盟的旗帜排在成员国旗帜的后面，成员国旗帜按照英语字母顺序排序。

美洲国家组织——美洲国家组织的旗帜排在参加该组织的国家的旗帜后面，国家旗帜按照西班牙语字母顺序排序，西班牙语是其大部分成员国使用的语言。

国际奥林匹克委员会

国际奥委会是一个非政府性国际组织，其礼仪规范要求在奥运会入场时，参加国的旗帜按照东道国语言中的字母顺序排序。关于这条礼仪规则还有两条细节要补充。第一条是希腊国旗排在第一位，这是因为希腊扮演了奥运会发源地的历史角色，以此向其致敬。第二条是入场的最后一面旗帜是东道国的国旗。

2008年北京奥运会上，因为中文不是由字母书写而是使用简体汉字的语言，所以代表团的顺序是按照第一个字在汉语字典里的汉字笔画数排序的。

朝韩旗帜外交

在北京奥运会上还有一个例外。由于不难想见的政治原因，入场式时韩国和朝鲜之间插入了三个代表团，每个代表团都举着自己的国旗，而没有将韩国和朝鲜代表团的顺序紧挨着排列。

在之前的2000年和2004年奥运会上不是这样的。朝韩两国那时达成一致，在入场式时举着一面朝鲜半岛旗共同入场，但是分开参加比赛。那面旗帜的图案是白底上蓝色的朝鲜半岛。

当时甚至已经开始讨论在2008北京奥运会上组成一个联合代表团参赛。但后来朝鲜和韩国间的政治紧张局势加剧了，不仅这一设想没有实现，两国又重新分开使用国旗参加入场式，朝韩旗帜外交宣告终结。国际奥委会本希望通过这一绝佳方式阐明国家间的冲突可以在奥运会举办期间停息，就像古希腊时代那样。

2004年雅典奥运会上，希腊国旗按照奥运会礼仪排在第一，但是东道国希腊的代表团最后一个进入运动场。

1992年巴塞罗那奥运会上，举办地西班牙加泰罗尼亚地区的两种官方语言——加泰罗尼亚语和西班牙语——都没有被使用。为了避免厚此薄彼，采用了其他方法，即使用法语字母表顺序。法语是国际奥委会的两种官方语言之一，另一种是英语。

跨文化及非语言交流

非语言交流是跨文化交流[①]的一种可见方式，是外交人员在礼仪场合总要面对的挑战。由于工作性质和职责，外交人员经常要面临一项挑战：有效解读不同文化背景的人们当场做出的各种动作。负责国际活动礼仪事项的每个人都要培养

① 跨文化交流的内容涵盖了广泛的学科领域，例如心理学、语言学、人类学及地理学，受篇幅所限，本文没有探讨这些主题。

一种对不同文化中存在巨大差异的习俗的敏感性，这些习俗在实践中就是众多需要注意的行为特征。

正如我们在接下来的例子里将要看到的，各文化中的欢迎动作或是其他举止是十分微妙的，很可能不能被恰当运用。一个表面上无足轻重的动作可能在另一种文化背景中会被更复杂地解读。在来访者面前尝试做出这些动作，最好的情况是被当作干了蠢事，最坏的情况是会暴露判断力缺乏。

为了避免这些可预见的礼仪上的失败表现，最好是尽量不要做。这不是说不要去了解，相反，对这些动作应当予以关注，在动作出现时要能够精准解读。这样才能避免因为误会影响交流的成功，对于本就复杂的外交谈判更是如此。

人际距离

在不同文化中，人际间需要保持的距离并不相同。在加拿大、美国、大不列颠或是斯堪的纳维亚半岛，这一距离差不多是75厘米，也就是半臂的长度。在亚洲，这一距离差不多是90厘米，也就是一只手臂的臂长。在非洲、阿拉伯国家、意大利、西班牙、墨西哥及拉丁美洲，这一距离只有约30厘米。当然，这些数字只是相对值。

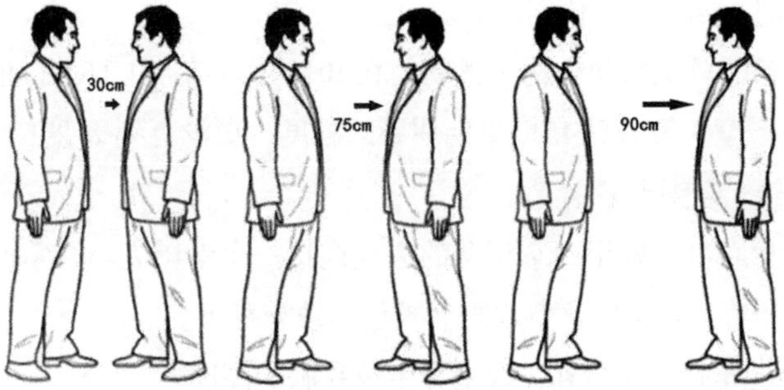

阿拉伯国家的部长或者塞内加尔的大学校长下飞机上前打招呼会靠近一点距离，建议斯堪的纳维亚半岛的礼宾员在迎接时不要后退，不要被这种场面动摇。如果没有事先提过，就还要将访客可能出现的行为举止告知陪同的当地要员。在必要的情况下，也要向访客说明东道主方面的举止，因为访客有时可能感到疏离，有时可能感到太过亲近，要让他们安心。

鞠躬礼—— 日本致意礼节

弯腰迎接一个日本人是冒失的，因此有必要了解掌握鞠躬的三种程度，其根据行礼对象的级别有所不同。

非正式　　正式　　非常正式

15°　　30°　　45°

双手位于身体两侧　　双手置于膝部　　双手置于膝部

除非本身就是日本人或者对日本礼仪习俗十分了解的外国人，不然谁知道要对谁，在何种场合，用哪一种方式行礼呢？这种情况在2009年奥巴马总统对日本进行官方访问期间会见日本天皇时就发生了。除了不该对外国元首鞠躬——因为国家元首间是平等的——他还在弯腰近90度的时候伸出手去握手，这三个动作显然是不应该做的，尤其不应该同时做。

法兰西共和国总统弗朗索瓦·奥朗德在2013年也访问了日本，他在伸出手的时候微微低头15度，没有到45度卑躬屈膝的程度，更没有到90度！

合十礼—— 泰国致意礼节

同样地，我们也不要用两掌相合的方式迎接一个泰国人。合掌的高度要与行礼对象的地位相符，不遵守这条规则会被认为缺乏尊重。

— 向比自己年轻的人行礼：双手合十放在肺的高度

— 向年纪相仿的人行礼：双手合十放在下颌的高度

— 向比自己年长或者地位高的人行礼：双手合十放在鼻子的高度

— 向泰国王室成员行礼：双手合十放在额头的高度

就观察到的情况来看，我们很难临场做出合适的致意礼节。泰国人从小就学习这些动作的区别。我们为了避免出现失误，最好在迎接泰国来访者的时候，像迎接其他访客一样，用我们自己的礼节。

握手

在西方，握手一般要有力，伸手的时候要看着对方的眼睛。软绵绵的握手会让人不舒服，很多时候也被理解为是侮辱。在中东，轻轻一握就足够了，用力地握手具有侵犯性，并且很显然，在这里人们不会和女性握手。在亚洲，握手一般力度较轻，不用看着对方眼睛，因为那样有威吓感且不尊重。在西非，握手会握到指节咔咔作响才告终。

在拉美和中欧，握手要有力，持续时间比其他地方更长。男性之间的握手经常伴随着左手放在对方右肩的动作。

意义相反的身体语言

同样应该熟悉身体语言的微妙之处，身体语言根据行为者来自的地理位置，会有极大的区别。

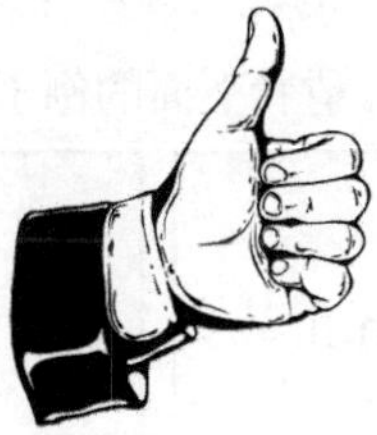

其他手指收拢，竖起大拇指，这个动作在北美表示喝彩，但在尼日利亚意思是“见鬼去吧”，而在德国表示数字一。

北美OK手势的做法是拇指和食指相连，表示的是满意。在欧洲，这个手势表示零、没什么价值的东西。在拉美，这是一个我们能做出来的最糟糕的侮辱性手势[①]，这是一位美国政治人物在这片广大区域内的几个国家出访的时候得到的教训。

历史记载是这样的。时任美国副总统理查德·尼克松就要结束某一站的行程登上飞机的时候，他向飞机下聚集的公众做出了这个OK手势致意。不难猜到，他立刻被喝了倒彩。他的这个手势第二天登上了拉丁美洲各大报纸的头版。这个例子表明，一个动作在一种文化里承载的意义在另一种文化里完全不同。这次官方访问本来希望能发展友好关系，结果却事与愿违[②]。

姓和名：可能造成混淆

在国际活动要注意准备的事项里，询问姓和名的顺序占一项，这一顺序在不同语言里不一样。尽管这个问题不属于非语言交流的部分，但是有纳入考量的价值。

在印欧语系的语言里，一个人的名在姓的前面。在汉语、柬埔寨语、越南语、匈牙利语等语言里正好相反：姓在名的前面。

不必说，不要呼喊一个不认识或不太熟悉的人的名，因为应该称呼那个人的姓。这条在个人生活中就被遵守的礼仪规则在外交领域是必须要遵循的，说实话，这是外交领域的一条基本原则。请看下面的例子：

Louis Dussault (Prénom) **(Nom)**	Xu Zheng **(Nom)** (Prénom)
路易·迪索 名在前，姓在后	徐正 姓在前，名在后

如果把第一个人称作“路易先生”，就好像把第二个人称作“正先生”一样。美国总统唐纳德·特朗普在今年四月就犯了这样的错误，他把习近平主席称呼成了“近平先生”。幸好他在十一月到访北京的时候没有重蹈覆辙。

为了帮助外国人区分姓和名，惯例是在名片上把姓的全部字母大写：

---

① 事实上，表示的是“屁眼”。

② 这一事件并非是访问失败的唯一原因。当时，被出访的拉美国家猛烈批评美国干涉其内政，并在各地发动了有敌意的示威游行。

Louis DUSSAULT	XU Zheng

这样做之后，就能帮助对话人了解应该怎么称呼我们。不只在名片上，在信件、出访计划、活动的宾客名单等处也推荐采用这种做法。为什么某一活动的宾客名单也算在内？这样可以让接待人员正确、有礼地称呼客人们，礼宾人员在任何情况下都应当做到这一点。

负责交接

用于指导集体关系的风俗习惯是很复杂的。国际关系中最重要的一条礼仪规则就是：按照东道国的习俗接待外国人。我们经常认为，这样就能解决这方面的问题了。唉，这条被普遍接受的原则，却并没有为所有人知晓。有时候——这种情况可并不少见——来访者并不完全清楚这条惯例，这就离外交事故不远了。这时候如果礼宾员能明确地进行解释，那么访客就算不了解当地习俗也不会造成事故。

这就是为什么我们要对来访者的生活环境有充分的了解，并不是为了用他们的方式办事，而是为了在需要的时候能够做出解释，来访者国度通用的礼仪可能在到访国是不合时宜的。作为首要的中间人，负责外国要员逗留期间事宜的礼宾员就要承担起主客之间适当交接的任务。在初始气氛良好的交流中，礼宾员要平息那些可能会无意义干扰交流的事件；而在形势紧张的情况下，这就更有必要了。

可以肯定的是，掌握跨文化交流，尤其是非语言交流的方法，对任何参与到国际环境中的人都是绝对有用的，无论国际场合的规模多大，是简单的礼节性会谈，还是当代政治生活中常见的各种性质的外交会议和峰会，都是如此。

吴建民

1939—2016

吴建民曾任中华人民共和国驻法国大使、外交学院院长。他认为培养跨文化交流的技巧十分必要。他深信这是促进发展和政治关系的优先手段。如果说外交的本质是通过非暴力手段解决不同国家、人民和民族间问题的能力，那么礼仪无疑是其中最优先的手段。

注：本文作者有幸在2007到2013年间与吴建民有过数次会面。

“一带一路”建设与国际交往礼仪

鲁培新*

以习近平同志为核心的党中央，面对纷繁复杂的国际形势和加速演变的世界格局，大手笔布局，全方位推进中国特色大国外交，一个承前启后的外交新格局全面展开——中国的全球伙伴关系网络正在成形，中国正加快走向世界舞台中心。从2013年到2016年的四年时间里，习近平主席出访24次，累计154天，行程近50万公里，相当于绕地球飞行近13圈，足迹遍布世界各大洲。同时，多国元首、政府首脑和国际组织代表纷纷来华访问。这一切表明，中国的外交形势比过去任何时候都看好。

2013年秋，习近平主席访问哈萨克斯坦，在纳扎尔巴耶夫大学演讲时提出，创建“丝绸之路经济带”和“21世纪海上丝绸之路”的构想，即“一带一路”。“一带一路”是对古丝绸之路的传承和提升，获得了广泛认同，到2017年“一带一路”国际合作高峰论坛举办时，参会外方嘉宾涵盖130多个国家和70多个国际组织。由于“一带一路”建设是一个具有战略意义的国际举措，本文试图就国际交往礼仪在“一带一路”建设中的重要性发表点滴看法。

一、“一带一路”建设背景下的国际交往礼仪

仪表、体态、言谈举止反映一个人的内在素质，修养程度和精神面貌，是互相了解和交流的重要基础和依据。这已不仅仅是个人行为，它会影响到本集团、本公司、本企业的形象，对外则影响到国家的荣誉。在一定意义上，每位公民的言行在外国人面前都是自己国家文明程度的一个小小缩影。你是谁并不重要，你代表的公司，特别是代表的国家最重要。你在哪里中国就在哪里，你是什么样中

---

* 外交部礼宾司前代司长、中国驻斯洛文尼亚共和国首任大使。

国就是什么样。因此，在“一带一路”建设中，我们需要增强国际交往的礼仪意识、加强国际交往礼仪培训、注重发挥国际交往礼仪对推动建设“一带一路”的积极作用、尽力规避和积极防范因忽视国际交往礼仪而给“一带一路”建设带来负面影响的风险。

“一带一路”沿线各国，有着不同种族、不同民族、不同宗教、不同信仰、不同风俗习惯，不同生活方式、不同思维方式以及不同文化等多方面的差异。对这些差异，我国有关方面人员在同沿线国家交往中都应充分重视，认真对待，否则可能会发生一些失礼和误解的情况。我国参与“一带一路”建设的人，有来自不同地区、不同省市、不同阶层、不同行业、不同职业，情况十分复杂。对这些人应进行国际知识、交往礼仪、涉外纪律等方面的培训和教育，防止可能会发生的涉外事件。

从事“一带一路”建设的人员中，商务人员占绝大多数，因此商务人员的形象显得十分重要。商务人员的个人形象就是品牌，就是服务，就是效益，就是本公司（企业）最重要的无形资产。所以个人形象就是财富。因此，一句话：你的形象价值无限。在当今世界文化知识十分普及的情况下，商务礼仪具有文化性。商务活动虽然是一种经济活动，但文化含量较高。因此，从业人员要不断提高自身文化素质，树立文明员工、文明企业、文明企业家的形象。

习近平主席曾在很多场合强调，“一带一路”是“合作共赢”之路，不是中国一家“独唱”，而是沿线所有国家的“大合唱”。然而笔者认为，中国在这个大合唱中处于主导地位，担当领唱角色。我国介入这些重要活动的人员对中国的作用，应有正确的认识。特别是要注意防止大国沙文主义的倾向发生。

总之，参与“一带一路”建设的人员牢记并掌握国际交往基本礼仪是十分必要的，更是非常重要的。有人认为国际交往礼仪是“小节无害”“与己无关”“自然养成”“无碍大局”和“无暇顾及”等观点是十分错误的。

二、“一带一路”建设中践行国际交往礼仪的原则

“一带一路”贯穿欧亚大陆，东边连接亚太经济圈，西边进入欧洲经济圈，无论是发展经济、改善民生，还是应对危机、加快调整，许多沿线国家同我国有着共同利益。历史上，陆路丝绸之路和海上丝绸之路就是我国同中亚、东南亚、南亚、西亚、东非、欧洲经贸和文化交流的大通道，可以被认为是世界上最长、最

宽、最具有发展潜力的经济大走廊。根据礼仪尤其是国际交往礼仪的基本原则，结合“一带一路”建设的政策背景和实际情况，笔者认为，我们应坚持一切从实际出发、实事求是的原则，探索既符合国际交往礼仪基本原则规范、又适合“一带一路”建设具有“一带一路”特色的国际交往礼仪原则。

1. 谦虚谨慎，尊重对方。时刻保持不骄不躁的作风，同对方接触不应贬低他们。

2. 诚信合作，信守约定。诚心诚意谈业务，力求达成协议，不应给对方虚假印象，不夸夸其谈，说话要算数。

3. 平等互利，文明经商。主张合作共赢的原则，不强加于人。

4. 融洽谈判，静观其变。谈判中保持冷静，不恶语伤人。谈判若陷入僵局，要耐心等待，善于沟通，找到解决问题的办法。

5. 实事求是，恰如其分。注意要适当宣传自己，不讲大话、空话、假话。

6. 不卑不亢，落落大方。不过分谦虚，也不盛气凌人。

7. 热情适度，内外有别。热情并不完全等于友好、等于礼仪。同外国人交往保持一种平常心态就可以了。

8. 第一印象，至关重要。交往中，除衣着、举止十分重要外，了解国情，才能拉近同外国人的距离，进一步联络感情，这样就会留给别人良好的印象。

9. 尊重对方，入乡随俗。要真正做到尊重交往对象，首先就必须尊重对方所独有的风俗习惯。当自己身为东道主时，通常讲究“主随客便”；而当自己充当客人时，则又讲究“客随主便”。

10. 需回避的话题。不要过分的关心或劝诫；询问个人私生活的事情；令人不快的事情；议论他人的长短；不谈论自己不熟悉的话题。

11. 女士优先，照顾妇女。在一切社交场合，尊重、照顾、体谅、关心、保护妇女。但对信奉伊斯兰教国家的妇女，不要过分热情。

12、以右为尊。在并排站立、行走、就座、会见、会谈、宴会席次、乘车、悬挂国旗等都应遵守这一原则。

三、了解“一带一路”沿线文化，尊重不同类型风俗习惯

（一）受宗教信仰影响形成的风俗习惯

1. 信奉伊斯兰教的国家

禁酒；妇女蒙戴面纱（外国人也一样），每天祷告五次；禁忌食用猪肉。在斋

月里，日出后和日落之前不允许吃喝。

忌讳用左手向客人传递食物。用左手洗澡，认为左手不干净，用左手拿食品是不礼貌的。宴会上不饮酒，以果汁代酒。

婚礼日期男女分开，电影场次男女分开，机场休息室男女分开，公交车前后男女分开。

2. 信奉印度教的国家

印度教徒不吃牛肉，认为牛是神圣不可侵犯的。把牛奉为神牛，牛在大街小巷行走，车辆行人要礼让。把母牛视为“圣牛”，老死不能宰杀，甚至当母牛不能自己寻觅食物时，有的还被收入“圣牛养老院”中供养。

3. 信奉佛教的国家

缅甸的国教为佛教。佛教徒占缅甸总人口的95%。缅甸人十分尊敬僧侣，僧侣出门上车、坐船，其他人都得起立让座。僧侣的食物由佛教徒来斋奉。只有当过和尚才算成人。

泰国人信佛教。非常重视头部，认为头是神圣不可侵犯的。如果用手触摸泰国人的头部，则被认为是对他的一种极大的侮辱。如果长辈在座，晚辈必须蹲跪，以免高于长辈的头部。某人坐着的时候，忌讳他人提物从头上掠过。小孩的头谁也不能摸，不然是不吉利。泰国人睡觉时不能头朝西，因为日落西方象征死亡。泰国人死后才将尸体的头部朝西停放。

（二）受文化传统影响形成的风俗习惯

1. 日常生活禁忌

泰国人习惯合掌行见面礼。泰国人绝对不用红笔签名，因为在泰国，人们用红笔把死者姓名写在棺材上。

日本人不喜欢别人敬烟，他们习惯自己牌号的烟。日本人忌讳“四”和“九”字，“四”在日语中发音与“死”和“苦”相似。

西方人忌讳“十三”。宴会避免在“十三日星期五”举行，门牌号、旅馆房号、楼房号、宴会桌没有13号，乘车没有13号。

中国人的习惯是“摇头不算点头算”，但在阿尔巴尼亚、保加利亚、斯里兰卡、印度、尼泊尔等很多地方，人们却以摇头表示同意，点头表示不同意。

对戴帽子的男人，在美国和英国，遇到朋友，需微微把帽子揭起点头致意。但在意大利，需把帽子拉低，以表示尊敬。

2. 重视职衔称呼

德国人、奥地利人很重视职衔的称呼，如果他们是博士、教授，应不厌其烦地使用这个称号，他们会很高兴。

3. 各国对颜色的忌讳

一般认为白色是纯洁的象征；黑色是肃穆的象征；黄色是和谐的象征；而红色和蓝色是吉祥如意的象征。很多国家以黑色为葬礼的颜色，灵车用黑色。比利时人忌蓝色。巴西人以棕黄色为凶丧之色，认为人死好比黄叶从树上落下来。

4. 各国对用花的忌讳

许多国家，喜欢赠送亲戚朋友玫瑰花和白色百合花，以表示祝贺。但在印度和欧洲一些国家，用这种花表示对死者的悼念。

在法国和意大利，人们忌讳菊花。

日本人忌讳荷花，梅花。

在巴西，紫色的花主要用于葬礼。

在法国，黄色的花是不忠诚的。

罗马尼亚人送花束时，棵数应是单数。

中国人喜欢菊花，但向外宾献花时忌用菊花，也不用杜鹃花、石竹花。

（三）受生活习惯影响形成的风俗习惯

- 鞠躬礼：脱帽，日本人讲究。
- 点头礼：对一般不很熟悉的人，点头示意表示尊敬。
- 举手注目礼：面对较多人群，为节省时间，举手表示敬意。
- 握手礼：为表示尊敬对方，可握手，并说一句“认识您很高兴”。
- 吻手礼：（注意女士先伸手，将指尖轻轻提起吻一下。如女方不伸手则不能强迫。屈膝，作半跪式）。
- 亲吻礼：（长辈对晚辈，在脸上或额上）
- 拥抱礼：（欧美，特别是俄国，拥抱和亲吻）
- “OK”的手势，食指和大拇指联搭成圆，其他三个指头向上伸开，表示同意，美国人常用这种礼。

四、注意东西礼仪文化差异，促进“一带一路”民心相通

东西方礼仪文化存在着很大的差异。主要表现在：西方人强调个人、个性、

个人空间、个人隐私。而东方人则强调共性，强调一致。其差异存在的主要原因是由于：民族、历史、教育、传统、习俗、价值观、思维方式的不同。不同国家、民族的人的差异，映入眼帘的是肤色、发色和面容的不同，听觉上，则是语言的不同。世界上有5000多个民族，单是《圣经》就有2500种语言版本。其实，民族的差异从根本上讲是文化差异，它时时处处存在着。在“一带一路”建设中，这一点是客观存在的，更是不容忽视的。

虽然，文化差异会造成交流的障碍，但是，正是文化差异的存在，世界才丰富多彩，才有交流的需求。在“一带一路”建设中，需要我们互相尊重对方的文化，增进相互理解，促进文化交流、文化共鉴、文化互补。对于文化差异，如果不正视，就会造成误解。如果彼此存在文化歧视，甚至会造成冲突。

国与国和人与人之间的交往是双向的、平等的，并以互相尊重为基础。整个人类而言，文化是多元的，五彩缤纷的，各民族和国家之间，不仅要相互尊重，更要善于相互学习，同时也要无私奉献自己的文化宝藏。孔子曾说“和而不同”，就是要尊重文明与文化的差异、多样性，并通过交往与沟通达到求同存异、兼容并蓄、和谐共处、共生共荣。促进“一带一路”民心相通，需要我们重视国际交往礼仪的作用；同时，切实践行国际交往礼仪，注意东西方礼仪文化差异，寻求双方共同点，有利于增进人文沟通、中外互信和人民友谊，促进“一带一路”民心相通，从而更好地为实现“一带一路”战略目标、促进世界共同发展服务。

综上所述，笔者认为，在“一带一路”建设中，注重国际交往礼仪，充分认识礼仪文化的差异性，是十分重要的，不可或缺的。在一定意义上，它关系到在建设“一带一路”中能顺利进行，因而应引起各阶层人士的高度重视。

浅谈官方多边礼仪与双边礼仪的不同之处

樊 剑*

随着国际形势的变化，从20世纪末开始，各国官方往来中，国际大型多边会议（含世界级的博览会、运动会）呈不断增多的趋势。这同解决新显现的气候变化、恐怖主义等国际难题的方式有关，也同全球治理模式的演进和变革有关。由于官方多边交往的规模大、涉及范围广、组织实施难度大，其在外交外事礼仪上与官方的双边往来的礼仪有以下比较突出的不同之处。

一、礼仪安排相对从简

政府间的国际大型多边会议在礼仪安排上与国家间的双边访问相比是从简的。这在国际上已成为一种趋势。

在与会国高层官员抵离的迎送安排上，东道主派出迎送官员级别上通常是会低于双边访问时的官员。在欧洲地区，欧盟各成员国的领导人经常在一起开会，一般东道主都不安排部级官员到机场迎送。2007年芬兰在主办第六届亚欧峰会时，根据欧亚两地的不同情况，在与会领导人抵达机场时，芬方简化了迎接欧洲地区领导人的形式，只派出礼宾官员去机场安排欧洲与会领导人入出境的礼遇。对亚洲地区领导人的迎接仍是较高的规格，由芬政府的部长前去迎接；但在与会领导人离开时是则都是由礼宾官员送行。

2008年中方在北京举办第七届亚欧峰会时，也简化了机场的迎送规格，由中国外交部几位曾经担任过中国驻亚欧国家的老大使作为礼仪大使迎送与会领导人和部长。这同双边访问时，外国的国家元首或政府首脑访华抵京时，由外交部一位部领导前去机场迎接是不同的。不过在亚欧峰会时中方在与会领导人或部长

* 外交部礼宾司前参赞，中国驻爱尔兰大使馆前参赞。

机场抵离时，仍参照双边访问时外国领导人和部长应享有礼遇，免费提供贵宾休息室，领导人和正部长享有免检、免验待遇，其随行的代表团人员乘班机抵离时，使用专门的礼遇通关通道。

国际大型多边会议的主办方举行的礼仪活动一般有迎宾仪式（即电视实况转播里的领导人唱名式的见面握手）、欢迎宴会和文艺演出、会见。而国家领导人双边访问中的包括演奏国歌、鸣放礼炮、检阅仪仗队的欢迎仪式则并无安排。

礼仪从简还体现在赠礼方面。通常主办方向与会人员赠送国际大型多边会议的纪念品，而不赠送昂贵的礼品，如印有会标的瓷杯、锡盘等。有的国际大型多边会议为方便与会者和宣传本国，发给每个与会者印有会标的文件包、笔、笔记本、介绍主办国情况的图册以及会议主办城市的地图等。也有的主办方以企业赞助的形式将某企业提供物品作为纪念品发给与会者。不过国际大型多边会议为淡化商业气氛，一般不用带有企业标识的物品；在介绍材料中，也力求平衡，不刻意突出几个企业。

二、礼遇总体平衡

平衡原则是筹办国际大型多边会议礼仪工作中的一个重要原则。国际大型多边会议参加的人员多，如果在礼仪安排上没有统一的规格，将会给主办方平添许多不必要的麻烦。

1996年泰国举办首届亚欧会议时，对专机停放采取了平衡的原则。曼谷国际机场由于商业航班多，只有两个机位可供参加亚欧会议领导人的专机使用。为了避免只给张三停放，不给李四停放，而引起多方的交涉，泰方决定曼谷机场的两个机位只用于专机抵离时上下人员和装卸行李。专机均调飞到乌特堡机场停放，该机场原在越战时是美军B—52轰炸机的基地，现可停放多架大型客机。丹麦在举办联合国发展会议时，对与会方租用会场内的办公室采取统一的价格。这种在主办国际大型多边会议时应用平衡原则的例子比比皆是。

2008年北京奥运会期间，对前来观看奥运会的外国国家元首、政府首脑和王室代表这一级别的注册国际贵宾订房用车都有统一的做法：每位贵宾及其一位随行的客人参加开、闭幕式是免票的，中方组委会为其免费提供1辆小车和1辆面包车，每位贵宾可以在贵宾接待饭店（组委会指定北京中国大饭店和励骏酒店）最多订5间房间，由本国奥委会付费。

亚欧峰会、APEC领导人非正式会议的主办方只招待领导人和配偶、1到2位部长、1位APEC高官的会议期间的住宿餐食、市内交通；其他随行人员的费用均需自理。

国际大型多边会议礼仪上的平衡安排只有基本上照顾到与会各方的需求，才能得到较好的落实和实施。

三、礼宾次序上凸显东道主

礼宾次序不论在双边，或多边的外交外事往来中，都是安排会见、会议、宴会等活动的重要依据和方法。在双边交往中，礼宾次序的排法以身份或职务的高低为主。在多边交往中，一些国际大型多边会议的举办方或东道主根据会议（组织）的宗旨，在协调制定会议的议题、会议最终文件上起着积极主导的作用；因此在礼宾次序的排法上往往以会议东道主为中心；有的国际会议，其上一届东道主和下一届东道主在排序中为“次中心”；其他的与会代表团团长多按国名（或成员名等）的首字母排序。

亚太经合组织（APEC）领导人非正式会议中礼宾次序的基本排法是，本届会议东道主的右侧为上一届会议的东道主，左侧为下一届东道主，其他经济体代表团团长按经济体名称首字母排序。2001年APEC领导人第九次非正式会议在上海举行，领导人在上海科技馆外的合影的站位是江泽民主席居中，他的右手边是上届会议主办方的文莱苏丹，左手边是下一届会议主办方墨西哥总统。这3位领导人站在按经济体名称首字母排序的中间部分。

2016年9月初在杭州举行的二十国集团（G20）领导人峰会，与会领导人的合影站位，与会国国旗的升挂也将上和下届东道主排在次中心位置。

亚欧会议在排序上突出亚、欧两个地区的协调员，主办方自然是某一地区的协调员；不过欧洲地区为双协调员，除负责协调的那个欧洲国家外，还有欧洲联盟的负责人。其他成员国代表团团长按国名首字母排序；亦有先按职务高低排序，相同职务者再按国名首字母排序；还有是按任职先后排列的。

2011年中国在主办“金砖国家”领导人第三次正式会晤时，在领导人的集体合影、会晤、欢迎宴会、签字仪式和联合记者招待会的站位或座位的安排上是将分别举办过前两届会晤的东道主俄罗斯、巴西领导人的礼宾排序置于中国之后。如在签字仪式和联合记者招待会的站位是胡锦涛主席的右侧为俄总统，左为巴西总统，俄总统的右手为印度总理，巴西总统左侧为南非总统（系首次参加“金砖国家”领导人会晤）。

综上所述，不同的国际会议都有其自身的礼宾排序的习惯做法，主办方会加以沿用。当然主办方并非将其机械地用于本届国际会议里每场具体活动上。主办方会根据对外工作的需要，或为更好地体现平衡原则，巧妙地加以应用。2013年9月二十国集团峰会在俄罗斯圣彼得堡举行时，由于叙利亚危机和斯诺登事件，俄美关系相当紧张。俄方作为东道主在与会领导人座位安排上根据其外交工作的需要进行了恰当的调整。据俄媒体报道，各国领导人的座位原以俄语字母排列，俄总统普京与美国总统奥巴马在峰会会场的座位之间仅隔沙特阿拉伯领导人一人。为避免俄美元首因相邻太近可能出现的尴尬局面，后改为按英文字母排位，普、奥之间相隔韩国、南非、沙特、土耳其及英国5个国家的领导人。

四、接待工作由主导变为协助

官方高层的双边访问，主人方面是由一个接待班子根据客方的意愿安排来宾的主要日程、住房与交通等事宜。接待工作由东道主方面来主导较为明显。

国际大型多边会议参与的代表团少则数个，多则上百个，主办方无法照搬双边互访的接待模式。国际上举办国际大型多边会议时，接待与会代表团的成功经验是向出席国际大型多边会议的各个代表团分别派出联络员，或者派出志愿者。与会代表团的参会及活动日程、住房与交通安排等事宜由代表团驻主办方的外交代表机构（如大使馆、代表处），或代表团的先遣人员进行安排。因此联络员的工作主要是协助与会领导人或部长及有关的随行人员顺利参加会议上安排的活动和东道主举办的重要活动。

联络员的工作范围包括：要利用自己熟知会议举办地的情况和对会议（展会、赛事）各项安排的深入了解，为代表团的礼宾、礼仪人员提供相关的信息和建议。协助与会领导人或部长的代表团解决在国际大型多边会议期间的住房、交通、证件、饮食遇到的问题，和专机入出境及停放、代表团警卫人员携带无线电器材与武器的申请以及他们自行安排活动方面遇到的问题。联络员还需要把主办方的相关活动的请柬，纪念品，以及人员、车辆证件准确地送达其联系的代表团，并按时将与会领导人及随行人员引领到重大活动现场或领导人双边会见的现场。

由于东道主的接待工作由主导变为协助，与会方在会议筹备过程的参与就显得极为重要。与会方对国际大型多边会议的各项安排的了解，是其进行事前准备的基础条件之一。国际大型多边会议的主办方会分阶段向参会各方发布有关的信息。

APEC会议、亚欧会议等都向与会各方提前发出《会议行政指南》类的文件，具体介绍会议的注册、日程、住房、租车、入出境手续、专机停放等安排。

如果是领导人出席这样的会议，一些与会方会派出先遣组来为其领导人与会作准备。因此集中接待先遣组已成为一些国际大型多边会议主办方发布信息的常规做法，这样可以避免主办单位多次单独接待各个先遣组，也满足与会方要求派先遣组打前站的要求。在集中先遣活动中，会议主办方安排的活动包括：筹备机构礼宾、新闻、安全等部门的情况介绍会；会议场地的实地考察与介绍；先遣组与主办方联络员的碰头会等。情况介绍会多使用电脑演示手段，图文并茂进行介绍；同时会上要留出先遣组的提问时间。主办方通常在情况介绍会后举行工作午餐款待各先遣组。

集中先遣活动可进行一到两次，如进行两次可选择在会前半年和会前1个月举行。与会方先遣组参加集中先遣活动的费用自理，但参观会议场地的集体交通由主办方负责。

2008年北京奥运会前，北京奥组委曾就接待注册国际贵宾向各国和各地方奥委会发出有关注册国际贵宾来华观看奥运会相关情况的通知。并先后两次召开驻华使节奥运会情况介绍会，着重介绍注册国际贵宾的注册、住房、交通、进入运动场馆等安排情况。

官方多边礼仪与双边礼仪有不同之处，是因为涉及到国家或国际组织多，礼仪上需要有新的方法来平衡安排。但毕竟在近、现代外交中，国家间双边交往是大量的，双边交往的礼仪对后来的多边礼仪的影响是不言而喻的，多边礼仪中沿用双边礼仪中的做法不在少数。不论是官方双边交往的礼仪还是多边礼仪，其核心的东西仍然是要体现出平等的交往和对客方的尊重，体现出主人的好客之情。

第三章

国别研究篇

创建中国特色大国外交的礼宾风格

鲁培新*

礼仪是人类在其漫长社会实践中所形成的行为规范，外交礼宾工作则是礼仪实践的一个重要方面。具体到外交工作中，礼宾工作则是外交工作的先行军，是一项综合的外交艺术，是对外交人员最好的锻炼和考察。同时，礼宾作为一项外交职能，业已成为外交活动中不可分割的一部分，必然是为外交工作的开展、外交战略目标服务的。当前中国在国际外交舞台上的定位正在走近世界舞台的中央。外交外事礼仪也应更紧密地融入到中国的外交大局和外交战略中，创建具有中国特色大国外交的礼宾风格。

一、中国特色大国外交全面推进及其对外交礼宾工作内涵特征的体现

党的十八大以来，以习近平总书记为核心的党中央统筹国际、国内两个大局，准确把握世情、国情发展变化，主动谋划，开拓进取，推动中国外交理论与实践创新发展。在2014年召开的中央外事工作会议上，习近平总书记更是特别强调指出，中国必须有自己特色的大国外交，要在总结实践经验的基础上，丰富和发展对外工作理念，使我国对外工作有鲜明的中国特色、中国风格、中国气派。在这一新思想的指导下，我国全方位推进对外工作，重大对外战略举措取得新进展，同世界各国的友好关系得到了新拓展，中国特色大国外交日益彰显。综观过去四年，中国特色大国外交在三大方面得到全面推进，每一方面均体现了外交礼宾工作的内涵及特征：

第一，积极承担大国责任，推动建设人类命运共同体。自2013年以来，习近

* 外交部礼宾司前代司长、中国驻斯洛文尼亚共和国首任大使。

平总书记多次倡导“人类命运共同体”意识，提出推动建设人类命运共同体的新愿景。中国特色大国外交的追求目标，由此具有国家和全球两个维度，即以“中国梦”携手“世界梦”，为实现中华民族伟大复兴创造有利条件，推动建设人类命运共同体。以具体可行的国家行为服务外交大局是外交礼宾工作的表面内容，维系和推动国际社会共同体的发展则是外交礼宾工作的更高层次意涵。在既“变”又“乱”的世界中，中国特色大国外交着力突出了国家行为在国际关系和全球治理中的重要性，明确了构建和推动人类命运共同体这一塑造各国国家行为、实践国际行为规范的最终目标，体现了外交礼宾工作规范行为、凝聚共识、服务集体的重要意涵，并为中国特色大国外交礼宾活动发挥更为具体的作用定下基调。

第二，践行正确的“义利观”，促进世界“共商、共建、共享”。中国积极践行对周边和发展中国家的“正确义利观”，在政治上秉持公道正义、坚持平等相待；在经济上做到互利共赢、共同发展，做到义利兼顾，讲信义、重情义、扬正义、树道义。外交礼宾工作具有重要的价值观展现功能，是一定价值观在行为规范层面的体现，承载着一个国家一定时期内具有特色的外交理念和外交思想。事物的内容往往对其体现形式产生重要影响，就中国特色大国外交而言，价值观是其重要内容，礼宾活动则是其最为具体的展现形式。中国特色大国外交秉持和践行正确的义利观，并通过一系列实践，逐渐将其外化为中国特色大国外交礼宾活动的重要特征，由此使得中国特色大国外交的礼宾活动蕴含了更为丰富的价值观内容。

第三，强调“底线思维”，积极维护国家主权、安全与发展利益。党的十八大以来，中国在继续坚持走和平发展道路的同时，更加强调“底线思维”和“底线原则”，更加积极维护国家核心利益和重大权益。外交礼宾活动不仅是行为规范和价值观的体现，亦是国家在外交活动中执行总体外交方针政策、维护自身利益的重要手段。中国特色大国外交积极将礼宾的手段性付诸实践，在外交工作中贯彻“有理有利有节”的方针，从而推动维护国家利益和重大权益这一重要目标的实现。

习近平总书记着眼新的国际形势和中国自身发展需要，明确提出中国特色大国外交的时代命题。我国在保持外交大政方针延续性和稳定性的同时，不断推出外交新理念、新思路和新举措，有效维护和拓展了国家利益，彰显了中国不断提升的大国责任和大国形象。我国外交更有自信、更富进取、更有章法，对外关系由此不断呈现新局面、新气象、新特色。在一系列外交实践中，中国特色大国外交在目标性、价值性、手段性方面突出体现了礼宾工作的内涵特征，也对我国的外交礼宾工作提出了新的时代要求。

二、外交礼宾工作与中国特色大国外交实践

在中国特色大国外交理念的指导下，从2013年到2016年的四年时间里，习近平主席24次走出国门，总计出访154天，累计走访了62个国家，行程遍布亚洲、欧洲、非洲、美洲和大洋洲，巩固和提升了遍布全球的伙伴关系网络。同时，四年来，中国主办了2014年APEC峰会、G20杭州峰会、澜湄合作领导人会议、亚信峰会、博鳌亚洲论坛以及2017年“一带一路”国际合作高峰论坛等多场“主场外交”活动，共接待来华访问外国领导人超过200人次。这充分展现了中国外交的大国担当。

中国素称“礼仪之邦”，国与国之间从来注意“以礼相待”。在当今的外交外事实践中，“礼仪”、“礼节”和“礼宾”为常用概念。广义的礼仪内涵延伸至外交工作中的具体方面，便是礼宾工作。礼宾更具官方性质，尤指外交交往和国家典礼中合乎礼仪的程序，不同地位和职衔官员的位次，以及对这些礼仪的指导和安排。正所谓“外交无小事，礼仪须先行”，礼宾是一项重要的外交职能。

而今，在中国特色大国外交的新形势下，中国外交活动频繁、活动形式更加多样、外交工作目标更加鲜明，这为我们的外交礼宾工作提出了新的、更高的要求，特别是对由我国“主场外交”活动中的礼宾安排以及参加多种类型、多项主题、各种形式的国际会议中的“外交礼宾活动”提出了新的、更高的要求。也就是说，外交礼宾工作如何适应中国特色大国外交实践的新变化，如何做好礼宾工作从而更好地为实现习近平总书记外交思想的战略目标服务，是我国外交礼宾工作人员一个必须认真研究和总结的新课题。

三、创建中国特色大国外交的礼宾风格

外交实践中的礼宾可以有多种形式，如迎送、会见、不同形式的宴请、不同形式的招待会和晚会、为不同目的举行的仪式、庆贺、慰问、吊唁以至日常交往、见面和谈话时的称呼、礼节和服饰，等等。在中国特色大国外交的新形势下，为了适应日益频繁的国际交往和日趋集中的“主场外交”活动的新要求，我们的礼宾工作可以结合新中国成立以来外交礼宾工作的改革、创新和经验，借鉴国际社

会成熟做法，根据中国特色大国外交实际情况，以以下六个方面为立足点和导向，创建中国特色大国外交的礼宾风格。

（一）更加强调礼宾工作的政治性。更加强调礼宾为外交服务，为实施中国特色大国外交战略服务，更认真贯彻执行礼宾工作具有高度政治性的这一基本原则，这是创建中国特色大国外交的礼宾风格的基本原则。外交礼宾工作是直接体现外交政策的一个重要方面，正常的礼仪是维系国与国之间的正常关系所必不可少的，而在必要时又可以有意识地通过掌握礼的“冷”或“热”来反映一国对另一国的政策和态度。从杜勒斯的“不握手政策”到尼克松的主动伸手再到1979年邓小平与卡特的“两个民族的握手”，这些环绕握手礼所发生的外交故事非常生动地展示了礼宾在外交实践中的重要性和敏感性。周总理曾形象地指出，礼宾的“冷”或“热”是反映国与国之间关系的寒暑表。因此，在国际形势更加复杂的今天，更需要强调礼宾工作的政治性。

（二）更加强调礼宾工作的效率性和科学性。在“主场外交”活动频繁的今天，礼宾活动节奏加快、效率更加提高，做到见缝插针，这就对礼宾工作人员的业务水平、工作技能、工作方法、组织协调能力和应急应变能力等提出了新的、更高的要求。比如，在2016年的G20杭州峰会期间，习近平总书记2天内安排了53起会见或宴请活动。如此频繁的主场外交活动对于我们的外交礼宾人员来说，既是挑战，更是改进工作方法、提高工作效率的重要机遇。在高强度的礼宾工作中，如何做到有条不紊、有的放矢、有礼有节，这就要求礼宾工作人员树立强烈的效率意识和科学意识，需要更加强调礼宾工作的效率性和科学性。

（三）更加强调礼宾工作的主动性。当前，集中呈现的“主场外交”活动的另一大显著特点就是，更加注重发挥有条件举办国际会议城市的积极性，从而大大促进这些城市的发展。如广州、深圳、南京、山东海阳、杭州、张家口以及未来的西安、厦门等，城市面貌焕然一新，外事工作上一个台阶。也就是说，这些外交活动不拘泥于在一些传统的地点举办，这就要求外交礼宾工作提前到位，提前对相关地点和环境做好调研和预案，同时，也要求礼宾工作人员主动与地方城市等主办地对接，以保障活动圆满完成。此外，中国通过领导人出访及区域会晤的形式，充当发展中国家和区域国家交流沟通的桥梁和纽带，比如2013年习近平主席访问特立尼达和多巴哥时，同部分加勒比地区国家领导人会见；2014年习近平主席访问斐济时，同中国建交的8个南太平洋岛国领导人举行集体会晤，进一步深化中国与部分加勒比地区国家和南太平洋岛国的关系，也增进了这些国家间的交流。这种区域会晤的新形式是礼宾工作的一种主动创新，也是主动增强与世界各国交流、促进共同发展的重要体现。

（四）礼宾活动更加多样。新的历史形势下，礼宾安排的形式更趋多样化。一是礼宾主体更加多样，以“第一夫人”为主体的“夫人外交”越来越为各国提升国家软实力服务，中国的国家主席夫人彭丽媛女士在文化交流、妇幼保健、妇女活动和防艾宣传等方面做了大量工作，尤其是邀请美国总统奥巴马夫人米歇尔·奥巴马访华为进一步推动中美人文交流产生了非常好的效果。二是会见形式更加多样，从“庄园会晤”到“瀛台夜话”，中美两国元首“不打领带”和“讲故事”的会见形式拉近了两国领导人的距离，促进对双方历史、国情和发展道路的了解；从“白宫秋叙”到“西湖长谈”，中美两国元首以散步等亲切接触的形式增进了个人友谊，也为发展新型大国关系凝聚了更大共识。三是活动形式更加多样，传统的宴请、会晤等形式成为礼宾惯例的同时，“文体外交”的因素更加突出，在继承中国以“乒乓外交”实现“小球推动大球”的历史突破的礼宾经验同时，提升文体外交的规格和层次，从习近平总书记访问英国时的“足球外交”到李克强总理访问加拿大时的“冰球外交”，都体现了文体外交在外交礼宾中越来越得到领导人的青睐。

（五）礼宾内容更加丰富。近代外交体制奠定以来，礼宾工作往往以人为出发点和落脚点，礼宾工作的内容以注重位次等礼仪细节最为显著。新中国成立以来，以动物为载体的礼宾方式时有发生，“动物外交”在我国发展对外关系、促进双边合作过程中发挥了重要贡献。“动物外交”作为礼宾内容的创新，始于尼克松总统访华时的“熊猫外交”，从香烟盒上的熊猫图案到赠送大熊猫“玲玲”和“兴兴”赴美，点滴之中增进了美国对华情感。在斯里兰卡，赠送大象代表着崇高的敬意，1972年，时任斯里兰卡总理的西丽玛沃·班达拉奈克夫人就将一只亚洲象幼仔“米杜拉”赠送给中国儿童，“小象外交”代表中斯友谊的至高水平。而今，来自土库曼斯坦的三匹“国礼马”则是中土两国之间友情的“外交使者”。

（六）礼宾工作更富“人情味”。党的十八大以来的外交礼宾工作，最突出的一点就是在礼宾工作中注入了更多的情感因素。2013年APEC会议期间，我国礼宾官经细心观察，精心组织一些对俄友好国家的领导人一起为俄罗斯总统普京庆祝生日，巧妙地将生日蛋糕这一礼宾祝贺的形式服务于外交活动，一改礼宾工作在传统媒体上恢宏气派的形象。作为回赠，2016年G20杭州峰会开始前，普京从莫斯科为习近平带来了可口的冰激凌。2015年5月14日上午，印度总理莫迪抵达西安，开始对中国进行为期3天的访问，习近平主席破格在西安亲自接待。首站选择西安，可谓意味深长，这不仅是因为西安是外国领导人访华的热门城市，更是因为陕西是国家主席习近平的家乡。时间回溯到前一年9月，习近平主席访问印度时，首站同样选择了莫迪的故乡——古吉拉特邦。而这样的“家乡外交”，无疑也成为此次莫迪访华的一大亮点，体现了两国领导人的深厚情谊。2016年6月习近平访问塞尔维亚时，晚宴访“瓦尔特”遗孀，表达中国人民对巴塔的怀念。而在今年中国驻美国大使馆举办2017欢乐春节——中国文化之夜活动时，美国总统特朗普之女伊万卡·特朗普携5岁女儿阿拉贝拉出席，恭贺中国农历新年；元宵节时，特朗普致信习近平主席祝贺元宵节，美国新总统通过富有“人情味”的“拜年外交”的形式推动中美互动，增进相互了解。

综观中国特色大国外交四年来的实践，不断创新的礼宾工作为开辟中国外交新局面作出了突出贡献。同时，实现中国特色大国外交的战略目标和提升发展，需要我们把礼宾工作放在一个更加前瞻性和全局性的位置，更加强调礼宾的政治性、效率性和主动性，继续保持已有势头、全面创新礼宾工作，以多样化的礼宾安排形式和不断丰富的礼宾内容让我们的礼宾工作更富“人情味”、更具中国气派、更有中国特色，创建中国特色大国外交的礼宾风格。

“礼之用，和为贵”之思

吴德广*

有人说中国礼仪有孔子的“影子”，还有人说中国礼仪深受儒家精神的影响。说法不同，但内容几乎一致。孔子是中国古代儒家学派的创始人，同时也是一位对中华文化传统具有重大影响的人物。孔子的一生与礼仪文化紧紧地联系在一起，其贡献主要体现在对礼的维护、对礼的补充、对礼的重视、对礼的实践等方面，这些对后世有着深远影响。

孔子有十大经典名言，其中一半是讲述中国传统礼仪的。诸如“礼之用，和为贵”“有朋自远方来，不亦乐乎？”“四海之内皆兄弟也”“己所不欲，勿施于人”“德不孤，必有邻”等。其内涵丰富多彩，十分深刻，我读其名言，常有温故知新之感。

我记得年轻时读过《将相和》这个故事。这个故事出自司马迁的《史记廉颇蔺相如列传》，由“完璧归赵”“渑池之会”和“负荆请罪”等故事组成。

战国时期的政治家、外交家蔺相如的故事很有意思。赵国蔺相如奉命出使秦国，不辱使命，完璧归赵。后又陪同赵王赴秦王设下的渑池会，使赵王免受侮辱。为表彰蔺相如的功劳，赵王封蔺相如为上卿。老将廉颇居功自傲，对此不服，而屡次故意挑衅，他对别人说：“我廉颇攻无不克，战无不胜，立下许多大功。他蔺相如有什么能耐，就靠一张嘴，反而爬到我头上去了。我碰见他，得给他个下不了台！”这话传到了蔺相如耳朵里，蔺相如就请病假不上朝，免得跟廉颇见面。有一天，蔺相如坐车出去，远远看见廉颇骑着高头大马过来了，他赶紧叫车夫把车往回赶。蔺相如手下的人可看不顺眼了。他们说，蔺相如怕廉颇像老鼠见了猫似的，为什么要怕他呢！蔺相如对他们说：“诸位请想一想，廉将军和秦王比，谁

---

* 中国驻古晋首任总领事，外交部礼宾司前参赞，现为外交部老干部笔会顾问。

厉害？”他们说：“当然秦王厉害！”蔺相如说：“秦王我都不怕，会怕廉将军吗？大家知道，秦王不敢进攻我们赵国，就因为武有廉颇，文有蔺相如。如果我们俩闹不和，就会削弱赵国的力量，秦国必然乘机来打我们。我所以避着廉将军，为的是我们赵国啊！”

蔺相如的话传到了廉颇的耳朵里。廉颇静下心来想了想，觉得自己为了争一口气，就不顾国家的利益，真不应该。于是，他脱下战袍，背上荆条，到蔺相如门上请罪。蔺相如见廉颇来负荆请罪，连忙热情地出来迎接。从此以后，他们俩成了好朋友，同心协力保卫赵国。

蔺相如以国家大事为重，始终忍让。后廉颇终于醒悟，向蔺相如负荆请罪。将相和好，共同辅国，国家无恙。这些就是“礼之用，和为贵”的故事。负荆请罪，这个成语故事在中国家喻户晓。

“礼之用，和为贵”，就是礼的作用，以恰到好处为贵，通俗说，即礼的作用，以和谐为贵。长久以来，“和为贵”始终是东方民族特别是中华儒家“和”的理念，以和谐为美。和谐为美当然包含着自然的和谐、人与自然的和谐，团结互助，取长补短，形成整体合力。

一切典章制度和行为规范的制定，目的都是为了求得社会的和谐，先代唐尧、虞舜、夏禹、成汤、周文王、周武王等诸王，均以此作为自己安邦治国的宗旨，因此才有了中国远古时代的泱泱盛世。几千年过去了，“和为贵”始终是东方民族特别是中华民族信奉的治国方针和道德标准。

礼在自然界和人类社会中均处于重要位置，施礼是为了和。礼仪是一门综合性较强的行为科学。外交礼仪通常指国家与国家之间进行官方交往时，组织安排的各种活动的规则、规格、程序和形式等。它为国家外交政策服务，是维系国家之间正常关系的必要方式和重要手段。

关于外交礼仪、礼节的“礼之用，和为贵”的故事不少。例如：当年中非皇帝博卡萨访问法国，法国总统为他举行国宴，以国菜之一烤蜗牛招待，这道国菜中非皇帝博卡萨可从来没有吃过，或许他也没有见过这东西。蜗牛一上桌，博卡萨非常好奇，他拿起一只前瞧瞧后瞧瞧，竟将整个蜗牛塞进嘴里，咯咯地嚼起来。没想到，这时法国总统却不慌不忙也从自己的盘子里拿起一只蜗牛送进嘴里，轻轻地嚼起来。席上的人见状，顿时都感到惊奇，也都明白总统的用意。主人的用意是不想让客人难堪。善于补台和营造宴会上的友好和谐气氛。这个故事告诉我们，请客吃饭的礼仪在于使客人宾至如归，高兴舒心，友好和谐是请客的宗旨。

实践外交礼仪，其基本要求：首先是尊重为本，它是礼仪之本，也是待人接物之道的根基之所在。尊重自己的国家和民族。尊重自己，不讲自尊，就不可能得到别人的尊重。还要尊重自己的职业和单位。有责任、有义务维护其尊严和形象。也必须尊重交往的对象。

新中国成立后在周恩来总理亲自指导下，礼宾工作继承并发扬了我国优良的礼仪传统，并适当汲取了国际上的一些好的做法和惯例，不断改革，形成独特风格的新中国礼宾。这种独特风格凸显中华民族“礼之用，和为贵”的核心。例如1972年4月，李耀文将军被任命为中国驻坦桑尼亚大使。他与坦桑尼亚总统尼雷尔及政府官员建立了友好和信任关系。有一次坦桑尼亚要攻打临国乌干达，坦桑尼亚国防部长知道李耀文是位将军，主动向李大使谈攻打乌干达方案，并征求意见。李耀文速将情况报告国内。周恩来指示李耀文做尼雷尔的工作，不要动武。尼雷尔总统得到周恩来的信后，仍在犹豫不决，李耀文进一步给尼雷尔分析利弊，施加影响，最终使尼雷尔总统放弃了军事攻打计划，避免了一场军事流血冲突。这是一个“礼之用，和为贵”生动例子。

2008年北京举行的奥林匹克运动会成为奥林匹克运动的里程碑。开幕式上，巨大的“和”字集中体现中华文明的精华，它超越了“和平”的层面，展现了人们对“和合”“和谐”的追求和现代奥运精神的精髓。“和为贵”，北京奥运会处处“和”风荡漾，你我微笑相待，东方文明给予奥林匹克精神以滋养，奥林匹克精神从此绽放富于东方哲学意蕴的光华。 正如国际奥委会主席罗格所言，奥运会来到中国，来到这个拥有全世界五分之一人口的国家，这一事实本身就已意义非凡。从古代奥林匹亚村的阿尔齐斯神域到中国北京奥林匹克精神不断丰富升华。五千年中华文明的注入，丰富了奥林匹克精神内涵。通过北京奥运会，推动中外文化的交流，加深各国人民之间的了解与友谊，促进人与自然、人与社会、人的精神与体魄之间的和谐发展。

在国外，自从有了国家，不论是古希腊、古罗马，还是古埃及、古印度，也就出现了相应的礼仪，并具有各国的特点。礼的核心也是“和为贵”，东西方礼仪异曲同工，和是核心，和是外交礼仪的深刻内涵。

中国是礼仪之邦，礼与和是礼仪之邦的核心要素。从中国悠久的历史发展过程可以感知，几千年来，中华民族的礼仪传统以民俗、典籍和吏制等形式继承并不断发展。在中国历史上，周朝是国家礼仪齐备的朝代。周礼的种种典章制度，要求诸侯遵行。之后，历代封建王朝，崇尚儒家主张的礼治，沿袭周礼，不断加于修改、补充和完善。道之以德，齐之以礼。这种“以礼治国”的做法，对于稳定当时的社会秩序起到了重要作用。礼仪便成了中国文化传统的一个重要内容。

遵守国际惯例，国际惯例是约定俗成的做法。换而言之，它是讲规范，规范就是标准。国际礼仪与我国传统礼仪有差异，因此与其他国家之间必须保持交往和接触，知己知彼才能沟通，有沟通才会互动。

现代的中国礼仪发扬了中国优良的礼仪传统，坚持“和为贵”的外交理念，在世界上中国高举和平、发展、合作的旗帜，为构建人类命运共同体而努力。我对此多有感想。

孔子说：“四海之内皆兄弟也。”“四海”指天下，表示天下的人都像兄弟一样。我记得20世纪70年代初期，礼宾司经常为来访国宾举行文艺专场，演出“丝路花雨”历史舞剧，这出舞剧很受外宾赞赏。为什么呢？“丝路花雨”描写中国古代的丝绸之路。“丝绸之路”是中国最早实行对外开放的标志，开启了中国与西方文明的交流通道，彰显了中华民族的开放精神，具有深刻的历史文化底蕴，以此作为我国推动与亚欧区域合作的经典，它既向国际社会宣示中国“和谐包容、互利共赢、合作诚信”的开放理念，依照古丝绸之路的方向，“名正言顺”拓展中国与中亚、南亚及中东欧的合作，提升中国在区域经济合作中的影响力。主张天下的人都像兄弟一样，共同建设自己家园。

在联合国成立60周年首脑会议上，中国国家主席胡锦涛发表了题为《努力建设持久和平、共同繁荣的和谐世界》演讲。

2016年11月国家主席习近平访问秘鲁，于21日在秘鲁国会发表题为《同舟共济、扬帆远航，共创中拉关系美好未来》的重要演讲，强调中拉双方要高举和平发展合作旗帜，共同打造好中拉命运共同体这艘大船，在实现中国梦和拉美梦的道路上精诚合作，推动中拉全面合作伙伴关系实现更高水平发展。习近平在秘鲁国会发表演讲的精神与近年来中国提出构建人类命运共同体的理念是一致的。

人类只有一个地球，各国共处一个世界。国际社会日益成为一个你中有我、我中有你的“命运共同体”，面对世界经济的复杂形势和全球性问题，任何国家都不可能独善其身。“命运共同体”是中国反复强调的关于人类社会的新理念。

人类社会是一个相互依存的共同体已经成为共识。在这样的背景下，人们对共同利益也有了新的认识。全球的利益同时也就是各自国家自身的利益，一个国家采取有利于全球利益的举措，也就同时服务了自身利益。中国共产党结合中国特色社会主义新时代的特点，提出了建设社会主义和谐社会的奋斗目标。

2017年1月，习近平曾在日内瓦万国宫发表演讲，深刻阐述了共同构建人类命运共同体的中国方案，得到与会者的高度赞赏。“协和万邦”“天下大同”是习近平一贯的主张，在不同场合，他多次向世界传递“和”的理念，得到国际社会越来越多的认同，人类命运共同体的理念日益深入人心。中国将与世界其他国家更加紧密地团结起来，携手构建合作共赢新伙伴，同心打造人类命运共同体。让铸剑为犁、永不再战的理念深植人心，让发展繁荣、公平正义的理念践行全人类！

中国传统文化中有着丰富的和谐思想，主要有天人合一，以人为本，刚健有为，以和为贵等等，它们构成了中国传统文化的基本精神。同时，各家各派对和谐也都有着极为精辟的论述。在当今的信息时代，人们生活在一个地球村里，人际交往日趋频繁，国际交际礼仪成了人们社会生活中不可缺少部分，遵守一定的礼仪规范，已成为现代文明社会生活的一项重要标志。国际礼仪知多少？“礼之用，和为贵”的礼仪核心，此点越来越显得重要。

毫无疑问，中国“礼之用，和为贵”的礼仪必须为中国特色大国外交服务，为中国提出构建人类命运共同体服务。

新时期中国礼宾礼仪的发展与应用

张国斌*

作为礼仪之邦，中国自古以来就是重视“礼”的国度，中国古代先贤孔夫子曾提出“不学礼，无以立”。历朝历代也将“礼”作为治国选才的基本方法和标准，可以说，礼仪根植于五千年中华文化的基因之中，影响了历朝历代的朝政制度、社会生活和思想哲学等各个方面。

随着历史不断发展，国家间的往来日益频繁，“礼”也从人与人之间交往的礼仪概念，发展出国与国之间交往的礼宾概念，尤其是伴随着国际竞争和大国角逐，礼宾礼仪内涵日益丰富，并逐渐被赋予了某些政治内涵，承担了一定的国际政治使命。可以说，礼宾礼仪既关乎国家的颜面，更是影响国与国友好交往，社会健康发展的稳定剂。

新中国成立后，随着中国综合国力的不断提升和国际形势的不断变化，中国的礼宾礼仪发展进入新阶段，从概念、地位、作用和应用标准上，均有不同体现。

一、更科学规范的概念理论

礼宾在中国古代意为礼待贵宾，宾客既包括国内的诸侯也包括他国使者，由于受历史局限性，礼宾对象主要集中在中国的诸侯或藩属国之间。

随着时代发展，国际交往呈现新格局，传统礼宾礼仪概念无法适用，针对这一情况，诸多礼仪专家就新时期礼宾礼仪的定义进行了深入研究，纷纷提出更专业规范的探讨。

其中，中国首位礼宾礼仪研究方向女博士、外交学院周加李老师认为，外交

* 中国人权研究会常务理事，金砖国家智库合作中方理事会理事，中国前驻斯特拉斯堡总领事。

礼宾礼仪有狭义与广义之分，狭义指国家元首、政府首脑与外交官代表在外交活动中所展示、遵循的一系列仪式与礼仪形式。广义指代表官方从事外交活动的最高领导人、外交代表与外交机构在外交活动中所展示、遵循的一系列仪式与礼仪形式，活动者包括国家元首、副元首、政府首脑以及外交官（主要是外长、大使），机构具体指外交部、国家驻外外交代表机关。我认为这个观点比较专业全面，也比较符合时代，符合国情。

新时期中国礼宾礼仪的发展还体现在礼宾原则的提出和指导运用上。

新时期礼宾三原则包括：

1. 平衡原则：指对大国、小国，对强国、弱国，对富国、贫国要平等相待，一视同仁。这是我国外交工作的一项基本原则，也是国际交往中一个普遍公认的原则。

2. 对等原则：指一方受到另一方给予的优待时，作为对等，也应给与同样的待遇。

3. 惯例原则：指经过国际上的长期实践为大家所接受的行为规范。

当然，在实际工作中，礼宾原则也不是绝对的，有时也需要根据实际情况进行变通或给予“破格接待”。

二、更重要的地位和作用

周恩来总理经常强调礼宾工作无小事，其本人也在凡是涉外的礼宾工作中坚持事必躬亲，从审核礼宾安排，到决定宴请外宾的桌次和席位、确定菜单等事宜，以避免由于礼宾工作的差错造成不良的政治影响，由此可见礼宾礼仪在涉外工作的重要地位。

新时期礼宾礼仪的作用不仅体现在维护国家尊严，一定程度上也是国际政治博弈的手段之一，不同的礼宾礼仪标准也传达了不同的国际政治信号。

根据中国著名翻译家和苏联问题专家，中国社会科学院东欧中亚研究所原顾问、副部级离休干部师哲同志回忆，毛泽东主席1949年12月16日访问苏联抵达莫斯科时，苏方的礼仪规格很高。有意安排专车在正午12时车站大钟敲响时进站。并在车站举行了隆重的欢迎仪式。当天下午，斯大林在克里姆林宫会见了毛主席，斯大林和全体苏共政治局委员在办公室门口站成一排，欢迎毛主席和其他中国客人。据说，斯大林一般是不到门口迎接外宾的。破格的接待反映了当时中苏两国的友好关系。而在1993年初，美国总统布什访问莫斯科时，俄罗斯总统叶利钦到机场迎接，当时天气寒冷、雪花纷飞，在机场未举行任何欢迎仪式，外电反映“布什受到的礼遇是低调的”。

此外，新时期的礼宾礼仪在一定程度上也是国家实力和国际地位、国际影响力的晴雨表。改革开放以来，随着中国综合国力和国际影响力的提升，中国领导人在出访时始终受到高规格接待。

2009年6月19日国家主席胡锦涛抵达萨格勒布开始对克罗地亚进行国事访问，这是中克两国建交17年以来，中国国家主席首次访问克罗地亚。克罗地亚总统梅西奇亲自到机场迎接，并全程陪同访问。克罗地亚空军飞行员提前做好起飞准备，当胡锦涛乘坐的专机进入克罗地亚领空时，他们驾机飞上蓝天，为远道而来的中国贵宾护航。访问只有26个小时，梅西奇在机场亲自为胡锦涛举行隆重欢迎和欢送仪式。

2014年以来，习近平主席在出访荷兰、比利时、委内瑞拉、巴基斯坦、沙特阿拉伯、埃及、捷克、波兰、芬兰、德国等国家进行国事访问时，当地国家也分别安排战机为习近平主席专家护航，2018年7月19日，国家主席习近平乘专机抵达阿布扎比总统机场，开始对阿拉伯联合酋长国进行国事访问，当习近平乘坐的专机进入阿联酋领空时，阿联酋空军12架战机升空护航。

战机护航体现了高规格外交礼遇，也体现了对中国的认可和尊重。

三、新时期新要求

礼宾礼仪的重要地位和作用，决定了其高标准严要求，并在不断的实践与总结中更加系统全面。

1. 务实合作：礼宾是手段，合作是目的。涉外礼宾既要重礼仪，更要重实效，不讲排场，不铺张浪费，勤俭科学办外事。

新中国成立后，周恩来总理亲自敲定公务接待，特别是国宴标准为“四菜一汤”。到了新世纪初，国宴的标准已经开始尝试“三菜一汤”或“两菜一汤”。

2008年8月24日中午，时任国家主席胡锦涛在钓鱼台国宾馆再设“奥运国宴”，宴请参加奥运闭幕式的各国贵宾，标准为“三菜一汤”。目前，领导人宴请国宾，有的只用“三菜一汤”，或“两菜一汤”，而在国宴的时间上也由过去的两三个小时减少到目前一般情况下的1小时15分钟，这种做法既节省经费、物资，又节约时间和人力，符合新时期礼宾工作的要求。

2. 尊重他人：尊重外宾的个人信仰和个人隐私，注意了解外宾的禁酒事项，尊重各国不同风俗习惯。

1964年10月阿富汗国王穆罕默德·查希尔·沙阿陛下和王后访华，当天下午4时抵达北京，晚7时中国领导人在人民大会堂为其举行盛大国宴。晚上7时刘少奇、周恩来、朱德、董必武等国家领导人都到齐，在等候国王和王后一行。但王后在宾馆化装打扮，找不到她喜欢的衣装，而迟迟未离开宾馆去人民大会堂。周恩来总理得悉原委后指示：不要去催促阿方。等到王后换完她满意的服装后随国王抵达宴会厅之时，已是晚上7时45分。对此，国王再三表示歉意。

1970年初期，一位外国国家元首对华进行国事访问。在他访问北京第二天下午，周总理秘书通知接待办公室，毛泽东主席在半小时后接见这位总统，让礼宾官马上通知他。这位总统是一位虔诚的伊斯兰教徒，当时他刚刚在房间做祷告。总统警卫秘书告诉中国礼宾官，总统祷告一般需要二十至三十分钟。中方礼宾官将此事立即报告周总理办公室。周总理立刻电话交代礼宾官，不要去打扰惊动总统，等候总统祷告结束才请他。事后，总统获悉此事很受感动，见了周总理多次为此事表示歉意和不安。

3. 诚信守时：涉外交往应努力做到信守承诺。不可轻易做出承诺，已承诺的事情应尽力做到。因某种原因无法履行的承诺应及早向对方说明原因并表示歉意。涉外交往应有强烈的时间观念，做到如约而至，按时到达。

1955年6月胡志明主席访华，毛泽东主席将在中南海怀仁堂与胡志明主席会晤。此次接待胡志明主席访华，周恩来总理专门召集负责接待工作的同志开会，明确要求做好接待工作，在全世界面前显示胡志明主席受到的尊重，显示他的崇高地位。同时周总理与大家商讨做好接待的各项措施和细致的安排。

关于两位领导人在怀仁堂会晤事，周总理指示礼宾司：既不能让毛主席事先站在怀仁堂久等客人，更不能让胡主席事先到达那里等候，要安排两位领导人同时到达怀仁堂。周总理如此重视此事，其政治意义重大。那时通信工具不发达，连对讲机、“大哥大”、BP机之类都没有，更不要说现代的手机、电脑了。当时联系十分困难。

为了把握准确时间，将工作做好，外交部礼宾司工作人员进行诸多精确计算，比如各自的路程，车速，仔细反复地进行了测算，并制定出一套精密计划。就在实施之前，周总理又亲自检查，并指示大家要直接掌握，精心组织，保证不要失误。经过认真细心工作，终于一分不误地完成了毛主席在中南海怀仁堂与胡主席会晤的任务。

四、不断变革的规格标准

周总理曾经提过“礼宾革命”。原则性与灵活性相结合，不断创新。新时期中国根据国际惯例和国内实际，对礼宾工作进行了一系列重要改革，

改革开放后，随着中外交往日益频繁，中国的礼宾礼仪根据各国的礼宾礼仪内容进行了适当的调整。1978年秋开始，为外宾访华举行欢迎仪式的地点由机场改至人民大会堂东门外广场，不再组织群众夹道欢迎；20世纪80年代开始，中国领导人出访一般不再举行答谢宴会或答谢招待会；1991年开始，中国领导人出访的离、返京送迎仪式从机场改在人民大会堂举行；2003年5月23日党中央、国务院作出决定，进一步改革出访礼宾仪式，今后党和国家领导人出访将不举行送迎仪式；从2004年1月1日起取消国宾车队安排的礼仪性摩托车护卫队等。

随着时代的变化，为不断适应外交全局的发展，我国礼宾工作也始终坚持与时俱进，不断改革创新，进一步出台了一系列改革措施：自2013年起，外国国家元首访华欢迎仪式上恢复安排少年儿童欢迎队伍；自2014年起，解放军三军仪仗队增加女兵队员和解放军军乐团行进列队表演，并着新款礼服执行任务，恢复实施国宾车队摩托车护卫，在国宾抵京机场高速沿线悬挂中外国旗等做法；自2015年起，恢复室内欢迎仪式在天安门广场鸣放礼炮的做法，为体现外方对中国历史和人民英雄的尊重，安排到访国宾向人民英雄纪念碑敬献花圈，此外国事访问欢迎仪式改革还包含增加吹奏小号次数、改进仪仗队、改进军乐团队列行进吹奏表演等主要措施。

这些礼宾改革提升了仪式感和威严感，增强了首脑外交的庄重感，也提高了媒体和公众对首脑外交的关注度，展现了中国大国外交的风格和气派。

2018年6月6日下午，习近平主席在人民大会堂东门外广场为吉尔吉斯斯坦总统热恩别科夫对中国进行国事访问举行的欢迎仪式，是对近期礼宾礼仪改革的一次比较集中的体现。

这一系列的礼宾礼仪改革，从侧面也反映了新时期中国的大国智慧和大国自信，对社会各个领域的礼仪工作开展也将发挥深远的影响。

在国际舞台的多边活动中，为更好地实现公平公正，维护国际和平与发展，很多礼宾安排也根据实际工作需要进行适度地调整和变革。

比如联合国大会的席次是按英文字母排列，但为了避免一些国家总是位居前排席位，因此每年抽签一次，决定本年度大会席位以哪一个字母打头，以便让各

国有机会坐在前排。而2008年在中国举办的北京奥运会，则是依照204个国家或地区代表团名称的简化汉字笔画顺序进行排列。

五、更细致丰富的礼宾内容

为满足时代发展需要，新时期礼宾礼仪内容涵盖了外国国宾来华接待、会谈会见、会议和宴请位次顺序、馈赠国礼、礼宾用品等各项内容。

2017年5月中旬在北京召开的“一带一路”国际合作高峰论坛，是建国以来中国首倡主办的层级最高、规模最大的主场外交。应中国政府的邀请，共有来自亚洲、欧洲、非洲、拉美、南太等地区的29位外国国家元首和政府首脑以及英、法、德、美、欧盟政府代表、联合国、世界银行、国际货币基金组织等60多个国际组织负责人以及300多位部长级官员共1680位嘉宾参加于2017年举办的高峰合作论坛，有98架次外方领导人专（包）机和航班迎送任务。

为了表示中国对参会贵宾的重视和热情欢迎，机场迎送均按照国事访问标准提供最高礼遇：外国国家元首和政府首脑乘专机抵达北京时，机场铺红地毯，安排礼兵，挂中国和来访国国旗。外交部礼宾司负责人和来访国驻华大使登机迎请，中国驻来访国大使和北京市负责人在舷梯下迎接，中方少年儿童献花。

在礼宾礼仪工作中宴请国宾方面，近年来中国在国宴的菜品和礼宾用品等设计和现场安排上也进行了一些创新：请柬、菜单、座位卡等礼宾用品突出个性化设计，以来访国国旗颜色为基调，将两国元首夫妇照片、经典语录及国花、标志性建筑等文化元素融入其中，菜品兼顾中国传统饮食文化特色和来访国领导人饮食禁忌，宴会席间演奏中国和来访国经典乐曲，重要访问在宴会结束前安排文艺演出。

2017年5月14日晚，峰会的正式欢迎宴会在人民大会堂二层大宴会厅举行，中外领导人夫妇等700位中外嘉宾出席。国宴菜品兼具中西方特色，包括冷盘、点心、三菜一汤：花好月圆、菌香牛肉、富贵龙虾、香草鳕鱼。国宴用酒选用国产长城干红和干白葡萄酒。宴会主桌装饰造型以“一带一路”沿线地区国家优美独特的自然环境和灿烂辉煌的历史文化为主题，宴会餐具以张骞出使西域、郑和下西洋、敦煌飞天、玄奘取经等历史元素为题材，用高光浮雕珠光珐琅彩工艺陶瓷特制，座位卡、菜单、曲目单采用海上丝绸之路元素帆船为造型，印有国徽图案。席间由国家交响乐团演奏中国和29个国家耳熟能详的代表性乐曲。整场晚宴可谓是一场融汇历史、文化、美食、艺术和音乐的视听盛宴。

这些安排增加了国宾来华访问的亲切感，让贵宾有宾至如归的感觉，拉近领导人之间的情感距离，也为推动中外友好关系奠定了基础。

总而言之，随着中国综合国力和国际影响力的不断提升，时代赋予我们新时期大国礼宾礼仪以新的内涵和使命，我们要不断完善、学习和推广新时期礼宾礼仪文化，展现中国特色，唱响大国之音。

观礼宾
——一位美国礼宾官的角度与经验

【美】莱斯利·劳顿斯兰格*（Leslie Lautenslager）
周幻**（译）

礼宾既是一门艺术，也是一门科学，所以我认为大多数礼宾专家都会同意，我们中任何人都不可能对礼宾领域的一切了如指掌。每一次举办活动，举办地的文化都独一无二，且活动都会受到举办时间、场合以及活动重心的影响。

的确，有时候我们应当遵守某些礼宾规则，来避免礼宾出现失误。遵循位次顺序，正确地摆放各国国旗，明白要通过官职来称呼官员，在组织外交活动时尊重文化差异……这些情况下，遵循礼宾规则是一门科学。已有的礼宾规则和程序能够保证活动的顺利开展，并有助于增进各个国家、文化、组织和领导人之间的关系。

但礼宾规则并不一定能在所有场合使用，也无法为所有的礼宾问题提供“对”或“错”的答案。在这些情况下，我们要明白，何时能不遵守规则，为何不遵守规则反而更有利或更人性化，这将让所有来宾受益。比如，位次顺序中总是“以右为尊”，但如果在某场活动上，按照此规则排位，那么有两位客人坐在一起，但双方靠近对方的那侧耳朵都有听力障碍，打破此规则来安排是否更人性化呢？要让打破规则的安排显得合理，这则是一门艺术。

这次，出版方让我写一篇礼宾方面的文章，但礼宾这个话题实在是太广了，所以我一直在思考，究竟要从何写起。礼宾涵盖了礼仪程序和规则的各种细节，还包含不同文化或国际组织内的行为规范。这本书的撰稿人有很多都比我见多识

---

* 外交礼宾礼仪国际协会主席，美国前国务卿鲍威尔特别助理，曾任美国礼宾司助理司长。

** 北京外国语大学英语学院MTI英语笔译研究生在读。

广，他们来自世界各地，他们的文章涵盖了多边和双边活动安排之间的差异、中国文化的重要影响、皇室礼仪以及其他一些重要的话题。那么在这本书里，我要如何讲述我的礼宾生涯，才能给人们提供一个有趣而又独特的视角，让他们了解礼宾这个很有意义的行业呢？

我曾在各个机构中任职，负责礼宾工作，实在是幸运之至。我曾两次在美国国务院礼宾司长办公室任职；我还曾任诺曼底战役基金会的特别活动和礼宾主管，该基金会是法国诺曼底的一家博物馆在华盛顿特区的分支机构。从20年前起，我就直接为美国前国务卿科林·鲍威尔工作，负责他在世界各国的演讲活动。同时我还担任外交礼宾礼仪国际协会的主席，国际协会的成员都是来自世界各地的礼宾专业人士，成员均自愿加入。我的每一段经历都帮助我从不同角度认识礼宾的科学性和艺术性，这给我带来了不少乐趣，并且让我收获颇丰。

我询问了家人和朋友，想了解他们对选题的看法。结果，两个礼宾门外汉的建议竟然最有发散空间，这两位便是我的母亲和我一位大学老友。

我的母亲一直喜欢听我礼宾界的朋友和同事讲故事，讲我们在各种国际活动中意义非凡的时刻里的角色。有时，我们负责救场，把活动从失控的边缘拉回来，就像创造了奇迹一般，让人忍俊不禁。还有一些故事让人印象深刻，因为我们在准备过程中要反复确认无数细节，这些工作耗时很长，甚至让人压力极大。我母亲问我，要是从视觉、听觉、触觉、味觉和嗅觉的角度来分享我的礼宾心得，这样不是很有意思吗？

同时，我的朋友提醒我，除了礼宾从业人员或学习者，人们都觉得礼宾简直高不可攀，这会是一个不错的关注点。如果不参与复杂的正式礼宾工作，不每天负责安排高层官员和国家领导人要参加的活动，与各种详尽的步骤和要求打交道，提起礼宾，大家都会觉得不可捉摸。尽管如此，我们可以说，一切礼宾工作都建立在一条黄金准则上，即想让他人如何对待自己，就应如何对待他人。明白这一点非常重要。

我的朋友说得很对。尽管看上去有些幼稚，但我坚信，最基本层面的礼宾就是理解和践行许多文化和宗教中的“互惠原则”，或者说黄金法则。尽管在不同文化或信仰传统中，该原则在表述和实践上有一些细微差别，但其核心都是想要别人如何对待自己，就要如何对待别人。无论自己地位有多高，处在一个有一定影响力的位置上与他人合作，说话做事都应遵循这一原则。我的一举一动是否会给别人带来困扰？在决策过程中，我是否可以从两个选项中选择更人性化的那一个？我的决定是否能反映我代表的所有人的想法？在正式的礼宾活动中，是否会跟参与国的领导人事先确认礼宾程序？是否按照位次原则来排序？我们是否会有意识地避免让客人感到尴尬或丢脸？

回首过往，我希望在有可能时都能按照该黄金法则工作。希望我在礼宾生涯中的经历能给大家一些鼓励。很荣幸能让读者们和我一起回顾我参加或者组织的活动，并反思我在礼宾这一行学到的经验教训，其中一些与感知相关。

虽然在一些国家，要成为礼宾官须经过严格的学术训练或专业培训，但我涉足礼宾首先得益于一个偶然的机会。另外，我接触到了最好的礼宾官，并从他们身上学习，我的工作让我对世界各地的礼宾都有所了解。我第一次接触礼宾是在里根总统任内，那时我在礼宾司司长办公室担任礼宾官。这种机会的确可遇不可求，因为没有人比里根总统的礼宾司司长塞尔瓦·罗斯福（Selwa Roosevelt）大使更了解礼宾的科学性和艺术性了。罗斯福大使时时刻刻都通过言传身教告诉我们，礼宾官要把自己当成“大使”，在任何场合，我们的言行举止都代表着美国国务院、里根总统以及美国人。

在罗斯福大使手下工作了几年，我很清楚，每当我负责国家元首、政府首脑、外交部长或其他外国政要访美的接待工作，我要把他们当成世界上最重要的人来对待，且我的一举一动都代表着礼宾司。我们努力工作，是在为国家领导人们提供见面、交流、商议国际大事的平台。

在华盛顿特区郊外的安德鲁斯空军基地的跑道上举办过不少欢迎和送别仪式，遇到极端天气则是常事。无论是酷暑、寒冬还是雨雪天气，我和我的同事们都忽略自己的不适，尽可能让贵宾们感到舒适。这并不容易！之前，有一位来访外交官过世了，我们计划在其家人登上总统专机回家之前举办一个告别仪式，向这悲痛的一家表示慰问。那是在一个寒冷的冬日，但我大衣的颜色在当地文化中并不代表哀悼之意，为了不冒犯对方，我去跑道时便没有穿大衣。

罗斯福大使对我们倾囊相授，她告诉我们，想要成功举办一场鼓舞人心而令人愉快的活动，我们不能忽略任何细节。比如，要为国家元首国事访问期间的午宴安排座位，应让250名宾客都宾至如归，这相当重要。

选菜单也是一项重要的能力，既要展示我们文化的特色，有要让宾客感受到我们的用心，这就是烹饪外交的价值。菜单上有领导人特别喜欢或者讨厌的菜品吗？我们也总是特别注意，午宴上的菜品不能在访问期间的其他场合出现，这些特别的菜品只能出现一次。所以，我们午餐国宴的菜单应与之后在白宫举行的晚餐国宴不同。

懂得如何着装和举办活动也至关重要。瓷制餐具、亚麻桌布和宴会桌花是否适合这次宴会？所选鲜花和其颜色是否在访问国文化中有特殊意义？对于午宴这种场合来说，所选花的香味是否过于浓烈？宴会桌中央的花束是否会遮挡参宴者的视线？选用何种配乐有益于宴会的推进？若让美国军乐团伴奏，是否会让参宴者们印象深刻？来访贵宾是否喜爱美国音乐？何种音乐能够给宴会营造良好的氛围？

只要活动涉及座次，制作座位表就会花费我们数小时。有很多问题都需要考虑，比如：这一国大使能否与那一国大使夫人相处融洽？如果让这两位企业高层坐在一起，是否能让他们之间某项重要协议有所进展？倘若有一位刚成为祖父的领导人，安排一位畅销童书作家坐在其旁边是否合适？如果有一位新上任官员的妻子很内向，安排一位著名（且迷人的）男高音坐在她旁边，跟她聊天，让她放松下来，这样是否能让这次应酬不那么单调？

所有细节都非常重要。就拿每位来宾桌上的名牌来说，若礼宾部门有擅长书法的员工，那简直太幸运了（我们就是这样）。若非如此，机构一般也会安排一位书写漂亮的员工负责此事。当然，现在如果无法手写名牌，很多计算机程序也可以实现这一点。不管用何种方法，我们每次都会把来宾的名字漂亮地书写在名牌上，由此体现活动的意义和我们对来宾的重视。

十八世纪的德国作家、政治家约翰·沃尔夫冈·冯·歌德(Johann Wolfgang von Goethe)曾说过："美丽是到处都受欢迎的客人。"罗斯福大使告诉我们，只要符合礼宾程序，我们应该尽全力让来宾们感到舒适和愉快。

在我的职业生涯中，我也曾享受过访问别国的乐趣。我第一次出访是跟随里根总统代表团前往塞内加尔庆祝达喀尔市建立400周年。由于后勤方面的困难，组织这次出访并不轻松，但到访国非常热情地迎接了代表团的所有成员（包括我们这样的工作人员），这次体验完美说明了世界各国之间的共同点远比差异多得多。出访过程中当然需要用餐，而对方提供的食物我们都未曾见过。尽管如此，塞内加尔总统非常热情地迎接和款待了我们，我们也表示了感谢。

还有一次，美国总统代表团前往法国参加诺曼底登陆44周年纪念活动，我很荣幸参加组织了这次行程。我们的代表团成员主要是二战退伍军人，而在法国的一周里，我们与盟国代表一起参加了许多活动。我主要负责帮忙，确保各国国旗排列顺序得当，确保所有代表的位置安排妥当，确保后勤正常运转，确保所有车队每天严格遵照长长的时间表行车。更为重要的是，在活动期间我们要确保所有代表都舒适愉快。组织和参加这个在法国北部海岸举行的纪念活动，纪念那些为国捐躯的英雄，着实令人难忘。总的来说，我们得明白，与代表团参加活动相关的决定都至关重要。我们得不断自省，我们是否为参加者提供了所需的一切帮助？是否所有礼宾官都就位，他们是否同时向各国领导人和退伍军人们表达了欢迎？

还有一些活动则与这些庆典完全不同。萨尔瓦多共和国在多年战乱后举行了总统选举，我则负责美国总统观察员代表团的出行。在这次旅行中，我们无需组织或参加节日活动，但需时刻保证代表们的安全。虽然我以前从未觉得安保和礼宾有何关联，但我很快就发现，在某些紧急而非危险的情况下，礼宾确实能够发挥作用。行程中，我们基本上都待在萨尔瓦多首都，但其政府在乡村地区发起了一些项目，所以我们也前去以提供支持和帮助。我们一方面要高效执行当天行程计划，另一方面也须时刻保持冷静，这关系到所有代表的安全。

不论其是来访国的国家元首、政府首脑、外交部长、州长、市长，还是某些企业的首席执行官，和我一起工作的礼宾官们都对他们出行的安保细节了如指掌。出于安保考虑，我们要明白如何、何时需对行程进行调整。而虽然调整无伤大雅，有时因为其他考虑，我们却会避免进行调整。我非常尊重这些负责领导人安全的安保人员，他们的专业能力让我望尘莫及，同时他们让我明白，在涉及贵宾外出的活动中，我们需要时刻保持警觉。我非常感激自己能有这样的学习机会。

1996年，我开始为科林·鲍威尔将军工作，负责安排他的国际演讲，这份工作一直持续到现在。当乔治·沃克·布什（George W.Bush）当选美国第43任总统时，他任命鲍威尔将军为美国第65任国务卿，我则回到国务院担任首席礼宾助理和国务卿特别助理。在此期间，我和同事们共同代表国务卿和其他政府官员来组织所有的官方活动，接待国家元首、政府首脑、外交部长和外交使团等等。

在做计划时，我们总需要为突发事件做好准备。在礼宾这一行，遇到突发事件导致无法按原计划行事，只能想一个新计划，这样的情况比比皆是。尽管不可能考虑到每一个可能出现的问题，但我们始终准备好最佳备选方案，以应对不时之需。

有一句英文谚语说：“有需求才有创造（Necessity is the mother of invention）”。

尽管我有很多同事遇到的情况更糟糕，但我们的应急计划一般是在情况超出我们的掌控之时，我们不得不做出改变的结果。

若情况突变，超出我们的掌控，我们便不得不对原计划进行改动，采用应急计划。我的一些同事比我遇到的情况更糟糕，而这里分享一些我遇到的状况……

一次，我们的车队在某发展中国家的乡村地区行进，载着一位第一夫人的车爆胎了，一辆事先准备好的“备用”车派上了用场。

一次，一位外国领导人的专机于午夜时分从安德鲁斯空军基地起飞，由于机械故障，不得不返回华盛顿特区。在其返回前我们接到通知，在短短几个小时内必须紧急联系附近的四星级酒店，让其入住。

一次，当地机场都因暴风雪关闭，我好不容易从租车公司租到了最后一辆车，并冒着暴风雪前去接到了我负责的贵宾，开车跨越好几个州，顺利让他参加了那次重要的活动。

若我的同事（他们的级别都比我高）因事没能按时到达活动现场，我便得代替他上台主持；有时我还会被派到宴会上去“填空座”，或者临时负责引领来访的外交官前去白宫椭圆形办公室参加会议。

在安排差旅行程时，我从来不会安排出行者乘坐最后一班可行的航班，而会安排其乘坐倒数第二班。若遇天气状况或机械故障，最后一班“备用”航班便能派上用场。

有时我们使用应急计划是因为不得不解决眼前的问题，但有时这种应急方法却成了之后遵循的惯例。从前，我们常常负责安排国务卿和其他国家外交部长的双边会议，这些会议一般都在国务院八层某个装潢精美的外交会客室里进行。和大多数的双边会议一样，双方出席会议的人数相同，若国务卿的参会名单上共有八名官员，那么对方外长也会带领八名官员来参会。陪同人员不在批准和确认过的与会人员名单上，他们不能参加会议，也不能进入会客室。

一次，我们提前接到通知，对方使馆派来的代表人数比参会人数要多，但我们仍得遵守人数对等的规则。参会者一般坐在会议桌旁，但我们很担心无法阻止陪同人员进入会议室。他们可能会自顾自地坐在会议室墙边装饰性的椅子上，所以，我们最好能设法避免陪同人员入内就座，否则一旦他们坐下，再让他们走出会议室就要麻烦得多。为了避免尴尬和不愉快，我们认为最好的方法就是把房间里装饰性的椅子都移走。结果，陪同代表队一同前来的工作人员也跟着进入了会议室，但到了就座之时，他们很快发现会议室里只有供国务卿和到访外长就座的位置。很显然，谁都不会在会议室里站着或坐在地板上参会，于是会议开始时，他们便主动离开了会议室。

作为礼宾官，我们得提前做好备选计划。危机管理确实不容易，但若事先准备好应急计划则会让事情简单许多。

我在工作旅途中的经验大多很有价值，有些经历甚至让人忍俊不禁，能有这些经历着实是我的幸运。比如，在举办活动时，最简单的安排往往是最好的安排。我曾有一次陪同前国务卿前往斯洛文尼亚布莱德参加一个经济论坛。在那里，我们有幸参加了该国外交部长为贵宾们举办的正式晚宴。在晚宴前两天，我们抵达了其首都卢布尔雅那，那时候我们就听别人介绍了（我们也事先读了相关资料）著名的布莱德湖奶油蛋糕（也就是kremna rezina）。我们遇到的每一个人（包括总统、外长和市长）都对这种标志性的斯洛文尼亚甜点称赞有加。结果在餐厅用餐时，主厨给我们呈上的是一种非常常见的（虽然很美味）法式甜点，我们不得不装出很开心的样子，好不容易才挤出一丝笑容来掩饰我们的失望。不过，该国礼宾官认为这种甜点太过日常，并不适合用在这样的场合招待贵宾。

后来，为了给我们一个惊喜，尽管担心奶油蛋糕不够特别和隆重，斯洛文尼亚礼宾官还是专门让晚宴大厨为我们呈上了两份布莱德湖奶油蛋糕来招待我们，我们掩饰不住内心的开心和激动，让我们同桌的其他贵宾们也很愉快。

那次晚宴实在美妙，这让我时刻铭记，无论我们接待的贵宾来自另一个国家、地区还是另一种文化，和他们分享简单的快乐意义非凡。特别和惊喜并不等于要给他们呈现品质更好或最好的东西，当地传统和日常的食物反而可能是更好的选择，与贵宾一同分食面包也能成为最完美的礼物。

作为礼宾官，我们都对时间表非常敏感。我们会在活动前花费数天甚至数周的时间来制定精确的计划。我们会尽可能地缩短等待的时间，并增加缓冲的时间，为我们无法控制的情况（比如交通状况、航行时间、天气造成的延误等）留出富余，还要知道在计划改动时如何确保一切顺利进行。无论是接待国家元首还是其他的贵宾，严格遵守预设的时间表都是我们组织活动和安排访问时最重要的职责之一，这项工作也给了我们相当大的压力。

9 · 11事件发生后，美国政府若要为外交使团组织官方活动，都会要求前来参加的大使和特派团代表先到达国务院，进行安检后再乘巴士前往位于特区其他地方的活动场地。只要确保大使们都在国务院接受过安检，他们便无需在活动场地再次接受安检（大多数活动中是这样）。为让安检顺利进行，礼宾人员从始至终都会尽责地迎接大家，给他们提供指引还有一些点心，由此让大家保持愉快。

政府官员、某组织的首席执行官、大学校长、军事部门的指导官出现人员变动时，他们的行事风格、目标和首要任务可能也会出现变动。所以，礼宾官有义务、同时也被期望着能在工作方面做出调整以适应此变动。有时，变动太多也会给我们增加许多负担，但这是我们的职责。

我们的工作要求我们应着眼于全国乃至于国际格局，同时我们要通过我们的专业素质来让参加活动的贵宾们宾至如归，让他们领导的机构或组织运转顺利，礼宾工作兼具艺术与科学之美，这便是一个例子。我们总是试着用积极的方式来看待当前的情况、评价我们负责的领导人和活动，这也让我们获益匪浅。无论何时，我们都让接待的贵宾感受到友好和温暖，并且一直坚持所有文化都认同的"互惠原则"，这样，我们的努力让同事、社区、文化和国家间建起了尊重的桥梁。

对于每个有幸从事礼宾工作的人来说，除了使用我们的礼宾知识来接待贵宾，我们都可能在贵宾们遇到一些问题时，给他们提供情绪方面的支持。

有一名言曾说，一个人"虽无一精，但无所不能"，这或许就是我们礼宾从业者的真实写照。在这个领域，我们永远都既是学生，又是老师。我们总能从活动或会面中学到新的东西，也总有机会与同事分享这些经验，再让他们传授给礼宾新人们。

不管在何种文化中，礼宾的目的是促进文明的发展，而礼宾也是建立在文明之上的一套国际行为规范和礼仪规则。历史悠久、广受推崇的礼宾规则为各国建立联系、推进合作提供了便利。

我的礼宾经历在不断丰富，而我也很珍惜这样的机会，让我能为这个行业做出贡献。我非常荣幸能够成为礼宾一员，衷心希望我的经历能够激励他人。

英国王室婚礼：国事活动还是家庭宴会？

【英】亚历山德拉·梅瑟薇* （Alexandra Messervy）
周幻**（译）

如今，婚姻对社会越来越不重要，但人们却在婚礼上花费越来越多的金钱和精力，这或许是专属我们这个时代的一件怪事。对于大多数家庭来说，婚礼非常重要，因为这或许是人一生中所能经历的最大庆典了。同其他国家相比，英国的婚礼一般不太隆重，但皇室婚礼不同，它不仅为公众展现皇室生活的尊荣，还是重要的国事活动，也是举国欢庆的好时机。

皇室婚礼是皇室成员的结婚典礼。如果成婚者位高权重，其婚礼会有诸多外宾到场，是一场国事活动；若非如此，其婚礼则在很大程度上是一次家庭活动。

2017年11月，英国王储威尔士亲王的次子——威尔士的亨利王子殿下（HRH The Prince Henry of Wales）宣布同梅根·马克尔（Meghan Markle）订婚。马克尔不是皇室成员，她是加拿大的一名“平民”。王子同时宣布，两人的婚礼将于2018年5月19日星期六在温莎城堡的圣乔治教堂举行。

民众都把亨利王子殿下昵称为哈里王子。严格说来，虽然哈里王子是英国王位第五顺位继承人（剑桥公爵威廉王子第三子出生后，哈里王子将降为第六顺位继承人），但由于他的级别还不够高，他的婚礼并非一场国事活动。但在我个人看来，媒体和公众都非常关注这场婚礼，而王子夫妇欢欣鼓舞，不拘泥传统，他们愿意同全世界分享他们的喜悦，因此，这场婚礼将会介于国事活动和家庭盛会之间。

* 礼仪和外交礼仪资深专家，曾为英国女王效力，负责皇室礼宾事宜，曾担任世界著名礼仪学校（Lucie Clayton）顾问，现任英然（The English Manner）负责人。

** 北京外国语大学英语学院MTI英语笔译研究生在读。

宣布订婚

一般来说，白金汉宫负责根据女王的要求，发布英国皇室成员结婚的官方信息。和现有外交礼仪不同，哈里王子订婚的消息由威尔士亲王殿下和康沃尔公爵夫人殿下办公室中负责哈里王子事务的办公室拟定，最终由肯辛顿宫代表哈里王子发布。哈里王子是女王的孙子，所以还需要英国枢密院正式批准这一桩婚事。枢密院由女王主持，计划将于二月初女王回到伦敦之时召开会议批准此事。婚礼的日期一般本该在枢密院会议之后宣布，但今年圣诞和一月的假期将近，女王不久就将前往她喜爱的桑德林汉姆宫，笔者认为，正因为如此，皇室决定先宣布日期，后举行会议。平民需要通过特许才能与皇室成员结婚，而枢密院的会议基本也是为此事举行。马克尔女士并非英国公民，也无意加入英国国籍，所以需要有签证才能在英国结婚和居住。

婚礼定在5月19日星期六举行。订婚的消息宣布后，皇室就开始按部就班地准备婚礼，相关负责部门将会尽可能遵循王子夫妇的喜好，但也要尽可能遵循英国皇室婚礼的规范。与所有的大型婚礼一样，这场婚礼需要遵循一定的形式，皇室需要列不少清单。因为这是皇室婚礼，届时英国将举国欢庆，所以英国民众都想出一份力。皇室会收到不计其数的信件，寄信人有愿意做婚礼蛋糕、婚纱的，还有的愿意为正式婚礼早餐提供当地应季食品、饮品，甚至还有人想提供婚礼彩色纸屑、鲜花或是制作邀请函……一切你能想到的，都有人愿意负责。皇室的工作人员便得担起重任，一封一封地阅读、回复和筛选这些信件，并同皇室沟通，看是否可以答应一些。跟回复普通信件一样，回复的关键是要显得亲切、体现感激，最为重要的是要及时作出令人愉快的回复。

英国皇室婚礼由内廷中两个部门专门负责。庆典和礼宾事宜将由内廷宫务大臣负责，他主要负责协助王子夫妇、女王和王室内务主事，王室内务主事则将带领内廷工作人员安排好接待、交通、服务、礼物和庆典一系列事宜。笔者曾是女王王室内廷的一员，曾参与筹备组织1986年约克公爵殿下的婚礼和其他皇室家庭活动及国事活动。在笔者看来，在王子婚礼的筹办过程中，内廷将会不断参考各方意见——王子夫妇的意见非常重要，但也需要遵循皇室婚礼的各方面礼仪规则，而女王的私人秘书还将第一时间把所有信息汇报给她。皇室婚礼格调自然不能低，婚礼费用主要由女王殿下负担，安保和服务人员则很可能由政府出资。

在英国，一般是新娘的父母来承担婚礼的费用，这项传统由来已久，现在也有很多夫妇双方共同承担费用。此外，在婚礼后的庆祝活动上，按传统应由新娘的母亲来招待客人。但是，为了展现亲民和慷慨，也为体现对皇室新成员的认可，皇室婚礼上都是女王来招待来宾。这些活动关注度极高，所以女王很清楚，若让一位非皇室出身的新娘来主持这些活动，她会遇到多少困难。

婚礼场地

接下来要确定的就是婚礼场地了，2018年举行婚礼的地点已定——温莎城堡的圣乔治教堂。女王殿下举行婚礼的地点是威斯敏斯特修道院，这是一所重要的天主教教堂，也是英国君王加冕登基的地点。安妮公主殿下1973年也曾在威斯敏斯特修道院举行婚礼，1986年约克公爵和2011年威廉王子的婚礼同样在此举办，而1981年威尔士亲王和王妃则选择了圣保罗大教堂这所标志性建筑举行婚礼。但作为女王最小的孩子，爱德华王子在继承权上的排位上不如他的兄长们靠前，故婚礼也不是国事活动，他当年选择在温莎城堡举办婚礼。

温莎城堡是世界上最古老且占地面积最大的城堡，它的历史可以追溯到11世纪，是在威廉一世入侵并统治英格兰之后修建的。这座历史建筑辉煌壮丽，而从安保角度来看，温莎城堡的圣乔治教堂守卫森严，且届时在城堡之外的民众都能看到乘车前来的宾客，或许还能观看新人乘坐马车前往教堂的情景。这样一来，婚礼安保可以不影响民众正常生活秩序，减少了很多麻烦。

一般情况下，皇室婚礼当天，英国全国会庆祝休假一天，但哈里王子选择在周六举行婚礼，这样其他国家的民众也可以在不影响工作的前提下观看婚礼直播，同时，英国的国民生产也不会因此受到影响。不拘于传统，考虑周全，行事得体，紧跟时代脚步，这么评价哈里王子丝毫不为过。

礼仪规范

皇室婚礼的方方面面都需要合乎礼仪规范。

皇室成员、外交官、政治家和其他贵宾都将出席此活动，为了让一切顺利，人们规定了一系列惯例和程序，也就是礼仪规范。婚礼上须遵守的礼仪规范穿插本文之中，是本文的线索。

邀请宾客

2011年4月，剑桥公爵威廉王子和剑桥公爵夫人在威斯敏斯特修道院举行婚礼，当时有2000多名宾客前往观礼。作为王储威尔士亲王的长子，这场婚礼更正式，可以看作国事活动。尽管如此，威廉王子表示，在他与女王讨论宾客名单时，女王认为王子夫妇的意见最为重要，无需循规蹈矩，应当先由王子夫妇决定他们想要邀请的宾客，这在一时间被传为佳话。举办婚礼时大家都会遇到这样的难题：有一些人是应该被邀请的，还有一些人是大家都想邀请的，而拟定宾客名单时只能折中。

制定哈里王子婚礼的宾客名单还需征询女王和政府的意见。英国皇室的亲朋好友们都将收到请柬，军方和王子夫妇加入的机构都将派来代表，各国元首和别国皇族中有很多与英国皇室有密切联系，他们则将被奉为座上宾。例如，美国前总统奥巴马在任期间同哈里王子建立了深厚的友谊，几乎可以肯定，他将接到邀请。但因为哈里王子的婚礼是一场家庭聚会，而非国事活动，邀请现任总统特朗普则并非必要。

皇室的亲朋好友和别国皇室成员都将事先住在温莎城堡和白金汉宫，像其他家庭聚会一样，女王和王储会到这里来和老朋友们会面。

一般来说，皇家婚礼早餐上将会有120位左右的宾客，还会有几千名宾客前去参加典礼。不过，大部分的宾客都需要自行解决午餐！

数年前，女王的孙子彼得·菲利普斯（Peter Philips）曾迎娶了一位加拿大妻子，他们在温莎城堡的婚礼只邀请了300位宾客，这与哈里王子的婚礼没有可比性。

根据英国皇室传统，女王将主持婚礼后的庆典活动，故请柬也将以女王的名义寄出，请柬内容大致如下：

内廷宫务大臣

代女王殿下

邀请您前来观礼

威尔士的亨利王子殿下和（英文请柬中此处要用介词“with”而不是“to”）梅根·马克尔女士的婚礼

将于2018年5月19日星期六

在温莎城堡圣乔治教堂举行

也邀请您参加之后早餐上的庆典活动（其实根据当天婚礼进程，这一般是午餐或晚餐，但按传统，这就被称为“早餐”）

敬请将回复寄至：
伦敦 SW1 1AA，白金汉宫　　　　　　　　请着晨礼服
内廷宫务大臣

并不是所有宾客都会受邀参加之后皇家内部的庆典活动，故不同身份的宾客会收到不同种类的请柬。

着装要求

在英国，参加婚礼一般都需要穿着正式的晨礼服。男宾客须着燕尾服、西装背心，戴丝绸礼帽，配领结或色彩协调的丝质领带；女宾客则须着正式连衣裙或套装，佩戴帽子和手套。女宾客不应佩戴太阳镜，手袋和首饰也应与衣着颜色协调统一。无需多言，任何人的着装都不应压过新娘的风头，而在皇室婚礼上，普通宾客的着装隆重程度也不应超过皇室邀请的贵宾们。

根据礼仪规则，王室内廷可为宾客提供着装的建议，请柬上也写明了着装要求和参加婚礼的注意事项；举办大型活动时，主办方都应将这些事项一一说明。细节决定成败，正是因为考虑到了所有的细节，皇室活动才能顺利进行，或者，至少让民众觉得没出纰漏。

婚礼流程

婚礼流程尚未公布，但在英国，皇室婚礼通常在接近中午的时间开始。婚礼举行当天下午正好是英格兰足总杯的决赛，威廉王子将会出席该比赛，这使婚礼流程变得更复杂。很可能婚礼上会有一场午宴，而在这场重要的足球赛后，傍晚时将有一场为皇室的年轻人们准备的派对。

仪式结束后，受邀再次回到温莎城堡的宾客们将会上山，而女王殿下、爱丁堡公爵、威尔士亲王和康沃尔公爵夫人还有新人夫妇将会在滑铁卢厅和圣乔治礼堂迎接他们。客人们将在此参加酒会，届时会有专门安排的摄影师负责拍照。酒会上可能会有品质最优的皇家御用勃林格（Bollinger）香槟，还会有皇家主厨们

准备的可口小食。

之后则是一场正式午宴，宴会桌上将会摆放美丽的鲜花，铺上亚麻桌布，并摆放银质镀金、纯金和纯银的餐具，这些精美的餐具都是皇室藏品。皇室的花匠会提前好几天就开始准备。王子夫妇可能还会选一名宫外的花艺设计师，让他和皇室内的花艺团队一起布置温莎城堡和圣乔治教堂。

王子夫妇的官方照是在浮若阁摩尔宫拍摄的，该建筑位于温莎大庭院里，最受皇室成员欢迎，很显然也是哈里王子很钟爱的一处皇室居所。婚礼早餐可能将不在温莎城堡内，而在这里进行。不管怎样，浮若阁摩尔宫都属于皇室居所，地处辉煌的庭院之中，周围美景将让宾客心旷神怡，将是婚礼早餐的理想举办地。1215年《大宪章》的签订地点也离这里不远！

婚礼流程和神职人员

女王是英国教会的最高首领，婚礼则将由坎特伯雷大主教（the Archbishop of Canterbury）和几位高级神职人员共同主持，如皇家礼拜堂的主教，伦敦主教和约克主教。这场皇室婚礼将于2018年在教堂举行，婚礼流程将和一般教堂婚礼别无二致，但私人相机、手机和其他电子设备不得带入婚礼现场。在婚礼开始前，现场会敲钟示意，接下来唱诗班在管风琴的伴奏下进行合唱，现场可能还会有皇家近卫骑兵队小号手和军方乐团（哈里王子曾在皇家蓝色骑兵团中服役，所以可能这个兵团会被选中；但他如今也是英国皇家海军陆战队总司令，该兵团乐团享誉国际）负责伴奏。

婚礼开始之前，宾客四处走动和就座就要花数小时，这期间乐团将会一直奏乐。请柬上都会写明着装要求、交通安排和到达时间，时间安排会非常精准。宾客地位不同，要求的到达时间也不同。到达后，所有宾客都会在指定时间内被安排就座。这一切都要在女王到达之前就绪，女王则比新娘到达的时间稍早几分钟。

女王进入教堂时，全体都需起立，女王坐下时方可就座，之后新娘来时还需再次起立。女王坐下后，神职人员将会沿通道向内走，之后则是新娘进场。按照传统，新娘将由其父亲陪伴着入场，但若不方便，她也可以从家中另请一位男性或请一位男性好友来“将她送出”。这一传统起源于过去，那时家中之女被当作财产赠给合适的追求者，同时还要附上土地和财物作为嫁妆。

新娘走上红毯时，伴娘都会跟在其后。在红毯尽头等着她的则是新郎，在皇室婚礼中，陪伴新郎的不是“伴郎”，而是“兄弟”（supporter），很有可能威廉王子会担任“兄弟”一职。新娘还未确定其伴娘和伴童，但很有可能乔治王子、夏洛特公主和哈里王子的教子女会参加。

婚礼将会包括以下环节：致欢迎辞、婚礼仪式、颂赞美诗、经文选读、唱圣歌、和王子夫妇关系密切的神职人员致辞、祈祷和祝福、唱国歌《天佑女王》。接下来，王子夫妇和宾客将前去进行结婚登记，然后便可出教堂，女王和爱丁堡公爵紧随其后。

婚礼现场将会进行转播，教堂外的民众可以通过扩音器听到婚礼的整个过程，全世界也将通过电视观看婚礼全程。2011年，负责指导我的同事和我都参与了婚礼前和婚礼上的媒体转播事务，根据当时的经验，现在各大电视台都在疯狂地做计划，以确保自己的转播质量最高。

电视台转播让全球的观众都可以观看此盛事。但皇室婚礼现场总会有一名御用摄影师，他拍摄的照片之后会被制作成皇室影集，还有一些会对外发布。

座次安排

婚礼仪式和之后庆典活动上的座次都将根据宾客的地位和品级来安排。皇室中大家的位次时有变化，女王有时会发布新的皇室成员和官员的位次顺序。只有在英国，根据君主的旨意，贵族也在位次顺序表上被排列出来，排位也很靠前。

只要女王出席婚礼，就需要对来宾的座位（还有到来和离场的顺序）进行排序，宫务大臣办公室则将负责提前安排。婚礼后的派对由王室内务主事负责，他的手下需熟悉礼仪规则，确保一切顺利进行。工作人员将会准备各种表格和清单，在婚礼当天，还会将计划打印出来，上面会列出所有宾客的座位和可带走的纪念品。婚礼出的任何纰漏都可能酿成一场外交事故，所以任何差错都不能出现。英国王室内廷向来以妥帖细致著称，这一次也不能例外。

皇室若要举行正式的宴会，一般会使用长餐桌并用绿植进行装点，但在婚礼这样非正式的家庭宴会上，客人们将被安排在多个十人座的圆桌上，每个圆桌都会有一个皇室成员。皇室婚礼上会有许多重要宾客坐在一起，这样，每个人都能融入到庆典的氛围中。一般情况下，男女宾客交叉坐在餐桌旁，但会避免把夫妇安排在一起。女王殿下、爱丁堡公爵、王子夫妇及其父母都会被安排在主桌，他们的侍从也会随侍一旁。但如果像这次一样，新人父母离异，皇室则会将其父母安排在不同桌上。其实早在1957年，内廷大臣就曾颁布过女王的一条命令，即离异的过错方不得参加皇室活动，但如今很多客人都会因此被拒之门外，女王便私下废除了那条禁令。

安保和安全

无须多言，凡有重要公众人物出席，活动举办方都需要将安保和安全放在第一位。在婚礼准备阶段，皇室与外交警卫部部长（Royalty and Diplomatic Police Protection Department）、警察局长和王室内廷工作人员需就婚礼安排和礼宾处密切联系、不断沟通。婚礼之前会进行多次彩排，所有宾客都须参加，婚礼前一天还会有两位新人的彩排。婚礼的所有细节都会被梳理一遍，任何差错都不能发生。

礼物

皇室成员深知，自己身为皇室一员是何等得幸运，故皇室并不提倡皇室成员互送昂贵奢侈的礼物，婚礼也不例外。各国元首和其他皇室成员当然会赠送新人各种礼物，皇室则会满怀感激地收下他们的赠予。哈里王子订婚的消息一经宣布，礼物和各种给婚礼增色添彩的提议简直像潮水一般涌来。婚礼服装设计师、蛋糕店、花店、酿酒厂和农产品生产商都愿意提供他们的产品，皇室也会从中选定一些，让婚礼兼具季节特色和地域特色。

愿提供婚礼蛋糕的人是最多的，根据传统，婚礼蛋糕一般由与新人有联系的军队人员提供。1981年查尔斯王子和戴安娜王妃结婚时的蛋糕，由皇家西点军校制作。2011年威廉王子的婚礼已不再遵循这个传统，结婚蛋糕由名为菲奥娜・凯恩斯（Fiona Cairns）的蛋糕品牌提供，皇室大厨们还一起烤制了威廉王子从小就最喜欢的皇家巧克力饼干蛋糕。这个做法将在2018年哈里王子的婚礼上被延续下去。

1986年约克公爵和公爵夫人结婚时，想为皇室做婚礼蛋糕的人太多，皇室最终决定通过一场比赛来决出最佳设计。而婚礼当天，皇室在比赛中选出了一系列蛋糕，并将这些蛋糕制成品放在白金汉宫宴会厅展出。蛋糕展充分显示出英国人民对皇室的爱戴，所有宾客都可以驻足观赏。展出作品都精美绝伦，婚礼之后，这些蛋糕都被切开，分给了宾客和英国残疾体弱的孩童们。

为了感谢他们对婚礼的付出，工作人员在婚礼当天都会分到一块蛋糕和王子夫妇的感谢信。据传，皇室夫妇在度蜜月时，大量的时间都被用来写各种感谢信！

皇室新娘和我们普通人一样，也会有一个婚礼礼物清单。官方公布的清单里都是皇家御用品牌托马斯·古德（Thomas Goode）或哈罗德（Harrods）的商品，宾客们可以前去选购礼物。一般在婚礼早餐时，所有礼物都会被陈列出来。新人需要感谢所有赠送礼物的宾客，礼物都会被分类并存放起来以备使用。

纪念品

王子订婚的消息一经发布，各大品牌就开始发布王子婚礼纪念品的种种设计！所有公司都想在设计上和别的品牌一争高下。从茶巾到雕花玻璃品，再到上佳的骨瓷制品，纪念品多到让人眼花缭乱。

但是，产品需在设计时就得到皇室批准，且要经过层层筛选，才能被选入皇家礼品系列，在女王行宫进行售卖。这里也体现了礼仪规则，即入选的礼品要质优且价格合理，同时不能冒犯到任何人。

礼炮鸣放

婚礼结束后，皇家炮兵团的国王仪仗队可能会在温莎大公园中鸣21响礼炮。每响礼炮之间会间隔10秒钟，礼炮旨在表达对重要来宾的尊敬，同时也为庆祝举办的活动。因为这次鸣礼炮在皇家公园进行，一般会加20响礼炮，可能将鸣放41响礼炮。

交通

不管是马车还是汽车，协调交通是皇室管家部门（Master of the Household）的职责之一。皇家马厩由王室掌马官（the Comptroller and the Crown Equerry）打理，掌马官一般是一位对马很有兴趣的退伍军官，同时要极有条理，工作高效，注重细节。马车列队的重要性非同一般，从遵循传统、遵照礼仪规则的角度来说是这样，从另一个角度来说更是这样，即在婚礼或其他活动上，民众能近距离看到马车上的皇室成员。马车行进路线精确到寸，行进时间精确到毫秒，行驶计划会在数月之前拟定，婚礼开始几周前，每天早上都会准时进行马车行进彩排，由此保证时间和路线的准确。这次婚礼上应该会有某种形式的马车列队，如果温莎城堡附近天气不错，列队中或许会有敞篷马车或四轮敞篷马车（State Landau），这样新娘和女王能欣赏到绝佳的风景。

新郎婚礼“兄弟”（supporter）和伴娘的职责

婚礼上，如前文中提到的那样，新郎应该会配备一或两个“兄弟”，而新娘则会配备四至八名伴童和伴娘。伴童担任的是“花童”的角色，而伴娘负责的和传统英国婚礼上伴娘的任务别无二致，她们将陪在新娘左右，随时帮忙，在新娘上下马车时帮忙提婚纱的裙摆，帮新娘整理头发、调整头饰和头纱。大多数重大皇室婚礼的伴娘在婚礼结束后都会将伴娘服捐给皇家宫殿来展出，这样普通民众都能一饱眼福，欣赏皇室婚礼服装精妙的设计。

迎宾线

如果接待处设立了迎宾线，那么一般都由新人和其父母来迎接宾客，皇室婚礼则不必如此。皇室婚礼上，一般宾客们和显贵、皇室成员随意交谈，气氛融洽温馨。

菜单

在维多利亚时代，皇室婚礼早餐一般会上15道菜，耗时长达五小时，可谓奢侈非常，如今的婚礼早餐相比之下则很简单。安妮长公主的婚礼午宴上有四道菜，主菜是龙虾和山鹑；威尔士亲王查尔斯1981年7月结婚时，选择的菜单稍复杂一些，包含三道菜：一道菜是鱼，第二道为致敬威尔士王妃戴安娜而烹饪，是设计得非常漂亮的鸡肉，还有沙拉之后的夏草莓，实在鲜艳欲滴。爱丁堡公爵一直以其对红酒的好品味而著称，所以婚礼选酒一般都由他把关。

婚礼上常由军团乐队来奏乐助兴，比如威尔士卫队的乐团。

婚礼致辞和祝酒

根据婚礼礼仪，婚礼致辞必不可少，宾客们也需向新郎新娘、伴郎伴娘祝酒，向婚礼主持和乐队表达谢意。皇室婚礼上情况则略有不同；根据礼仪规则，一般来说会有三次致辞，致辞顺序是确定的，先是新娘的父亲致辞，接下来是新郎，最后则是伴郎或者“兄弟”。另外，大家还要以皇室礼仪向女王祝酒。

后续事宜

和其他收到婚礼礼物的新婚夫妇一样，王子夫妇也将在蜜月或紧接着的时间里写很多卡片向赠礼人致谢。皇室礼仪并未这样规定，这么做仅是出于礼貌。这些卡片都由王子夫妇亲自执笔。若是熟识送来特别的礼物，他们还会私下进行感谢；别的人则由还未任命的私人秘书或女侍官代其感谢。目前，为威廉王子、哈里王子工作的行政人员和助理可能同时为马克尔女士工作，但可能不久她会任命自己的服装师和女侍官，让她们来协助她履行自己作为皇室成员的职责，同时负责对外联络和服装等事宜。

婚礼早餐结束后可能会有一场晚宴或舞会，这之后，新人一般就前往蜜月目的地了。普通人乘坐汽车或飞机离开，而皇室成员乘坐马车或在警卫队护送下离开，但他们家人和朋友的心情都会是一样的。女王总能体察到别人的感受，她在组织家庭宴会或正式活动时，更能让她的这一特质发挥到极致。这场婚礼后，不仅能主宾尽欢，还能让宾客们进一步了解女王和皇室家庭，同时也对他们在国民生活中扮演的角色有所了解。

法国礼宾司与在礼宾司工作的难忘回忆

【法】丹尼尔·茹阿诺（Daniel Jouanneau）*
郑书尧（译）

一、追溯到十六世纪的制度

直到十六世纪之前，法国国王一直设有一位司仪来组织宫廷日常活动。随着常设使馆和驻外大使的出现，国王需要另一个助手负责迎接大使并保证他们顺利完成使命。1585年，亨利三世将相关职能一分为二。

大司仪负责组织重大的官方仪典和条约签署仪式，而引领官负责处理国王与外国君主或其代理人的关系，他要组织迎接驻法大使们，呈递他们的国书——这需要遵循严格的礼节，组织大使出席每周的招待会并参加宫廷的节庆。这个职位一经任命终身有效：热罗姆·德·贡迪是第一位引领官，他担任这一职务长达20年，在他之后的一些继任者的任职时间甚至更长。

直到1789年法国大革命之前，法国都延续着这样的职位安排。之后在1804年，拿破仑一世在宫廷内保留了礼仪处，又在外交部内创设了礼宾局专门处理与外交使节的关系。这种双重礼宾的设置直到法兰西第二帝国结束（1870）才告终结。

第三共和国撤销了大司仪职位，统一了礼宾职能。其后，外交部的礼宾司长同时负责总统的礼仪安排。

二、礼宾司长、引领官：享有国家优先地位

在行政体系内，法国只设有一个礼宾司长，他同时要负责总统、总理和外交部长的礼仪事宜。国民议会、参议院还有巴黎市政府分别有自己的礼宾处。

在有的国家，负责国家元首事务的礼宾司长和外交部内的礼宾处长是共存的，

---

* 法兰西共和国礼宾司原司长。

与他们相比，法国的礼宾司长，或称引领官，享有国家优先地位。因为负责外交礼宾，他由外交部长管辖，办公室位于奥塞码头[①]，但他主要的时间都花在准备总统的国际活动上（准备总统的出行、外国首脑的正式到访、接见活动）。礼宾团队中有的成员在爱丽舍宫内有自己的办公室。礼宾司副司长主要负责总理的礼宾事宜。

法国的礼宾司长之前总是做过外交官的。按通常的原则，有过领导大使馆的工作经历之后，他才会被任命为礼宾司的首席。即使这条原则出现例外，礼宾司长也拥有大使的衔级。礼宾司是为对外政策服务的，可以说礼宾就是对外政策的一部分，其起源于国际关系的发展，又为国际关系的和谐运转做出了贡献。

礼宾司长要和参与国家元首外交活动的所有行政机构协调配合工作。国家元首正式出访前，由司长带领先遣代表团赴外国进行准备，而副司长则为总理做准备。

三、礼宾一司，职责众多

礼宾司有各种各样的职责，但都与对外政策有直接联系。

礼宾司要负责外国高层人士（国家元首、政府首脑、外交部长）来法正式访问的组织活动。其他的外国部长来访由接待他们的部门负责。

访问类型按传统划分为国事访问（较少）、正式访问、工作访问。有时礼宾司还负责处理一些私人访问事宜，比如在机场开启一间贵宾厅。

礼宾司长会为每一次访问指派一名礼宾官，后者全权负责访问的组织活动，与相关国家的大使馆紧密联系，与国内的各个部门协调配合——部门包括内政部的安保处、巴黎警察局、共和国卫队、巴黎市政府、国民议会及参议院。礼宾官根据所有获知的细节制定访问计划。

礼宾司要负责迎接新到法国上任的大使，组织呈递国书仪式以及总统和部长欢迎外交使节的招待会，还要负责准备法国大使携带的国书。礼宾司下属的总统礼宾分部组织爱丽舍宫内的召见活动。

尽管在重大国家典礼上，礼宾司不是主要负责部门，但还是要参与其中：比如在7月14日法国国庆阅兵时，礼宾司要为高层人员在官方看台上安排位次。

领事特权及豁免局负责维持与外国大使馆及总领馆的联系。大部分联合国成

① 即法国外交部所在地。——译者注。

员国在巴黎都设有大使馆。有二十多个国家的大使并不常驻法国，而是从伦敦或布鲁塞尔的使馆派驻法国的。法国是三大国际组织总部的所在地：联合国教科文组织、经济合作与发展组织以及欧洲委员会。礼宾司负责维持与这些组织的常驻代表团及国际工作人员的联系，算上他们的家人，人数总共有近五万人。相关事务包括发放身份证件、处理税费减免方面的问题及诉讼纠纷。

荣誉勋章办公室的职责非常重要，因为依据法国的对外政策，有给外国人授勋的制度。每年都有一定数量的外籍人士获得荣誉军团勋章，这是法国的最高荣誉，由拿破仑一世创立。还有一些人会获得法国国家功勋奖章，这是1963年由戴高乐将军设立的荣誉。还有一些部级荣誉：棕榈教育勋章，艺术及文学勋章、农业功绩勋章、海洋功绩勋章。

这些勋章被授予在本国为法国文化传播作出了贡献或是深化了两国双边关系的外国人。受勋者可以是知名人士（科学家、艺术家、企业领导、教育界人士），也可以是不那么出名但为法国重大事业提供支持的人（如环境保护、男女平等、人权、发展法语国家组织等事业）。

法国驻各国使馆向外交部长提名获勋人选，由礼宾司及外交部长初审，然后提交给各项荣誉的主管部门听取意见。荣誉军团勋章和国家功勋奖章的颁发由法国总统最终做出决定。

后勤及翻译处负责组织在法国举办的国际性会议：在巴黎或是在外省举办的双边峰会、多边峰会（如在斯特拉斯堡举行的北约峰会、在多维尔举行的七国集团峰会、在戛纳举行的二十国集团峰会、在巴黎布尔歇会展中心举行的第21届联合国气候变化大会）。该部门负责管理拨给礼宾司的会议经费，礼宾司长在审计法院的监督之下合理运用经费并进行公开采购。

四、与时俱进的礼宾司

如其他国家的礼宾司一样，法国礼宾司也要不断做出调整以应对各项挑战。

第一项挑战是国际会见的节奏加快，这和二十年前已经完全不同。两国间的访问计划通常是在很短的时间内成型的，礼宾司长并不总有时间带领先遣团赴当地准备。在组织正式访问时，法国驻外使馆承担的责任更重。因此，每名外交官在赴任前接受礼宾基本原则的培训就显得非常重要了。在外交部组织的赴任前准备会议中，礼宾培训如今占据半天时间。

访问本身也变得更短了，访问安排更抓重点，主要进行政治会面和有高度象征意义的活动。

多边外交在国家元首和政府首脑的国际活动中的比例上升。比如，欧盟国家元首和政府首脑的峰会——欧洲理事会[①]——过去每年召开两次，而现在平均每两个月就举行一次。礼宾过程删繁就简，必须实用而有效率：比如，代表团领导人不必再遵循先后次序到达峰会场地；工作餐的就餐过程可以就在开会的房间进行，菜单和服务也简化了。

第二项挑战是形象。当某位国家元首或政府首脑正式出访外国时，他会希望自己的访问已经做好细致的准备，能够深化双边关系，形成新的伙伴关系，就某些重大国际问题达成相似意见。对外展现的形象很重要：在经历了关系紧张的时期后，两国领导人热情地紧握双手的照片就很能说明问题。但高层领导人同样期待国内的良好反响。对外国进行的访问总是包含了内政的因素。礼宾司在安排出行时，要从大局考虑，与媒体搞好关系，保证他们良好的工作条件，考虑到电视台受到的制约和困难。在一些庄严的讲话上可以搭配特别的装饰，就如马克龙总统在雅典发表讲话时，背景是宏伟的帕特农神庙。

礼宾司面临的第三项挑战是人力资源。法国外交官不会想到对“礼宾”这一项专门做准备。大部分在礼宾司工作的外交官都是边做边学的，然而他们很快就会有重任在肩。礼宾司司长和副司长的职位令人艳羡，但是大部分的年轻外交官都更愿意参与对外政策相关的重要事务而不是作为礼宾官组织活动。因此礼宾司需要更加用心进行招募。一名外交官在礼宾司的工作令人满意的话，他在调离时也值得获得很好的委任。

五、法国的礼宾司和其他国家有区别吗？

在为密特朗总统和希拉克总统服务的四年礼宾司生涯中，我发现各国礼宾司长心系的事情都是一样的：时刻保持良好的团队合作，尽早获知访问计划信息，得到明确指令，提问得到准确快速的回答。和大多数礼宾司长一样，我有幸有机会直接向最高领导层询问事宜。

① 又称欧盟首脑会议或欧盟峰会，由欧洲理事会主席、欧盟各成员国国家和政府领导人及欧盟委员会主席组成，每年定期举行峰会商讨欧盟的大政方针尤其是对外政策。——译者注。

不论在法国还是其他国家，这份工作都是一样的。礼宾司长就好比乐队指挥，把有能力的专业人员聚在一起工作。他在需要时就要亮相，因为他的出现能让人安心，但大部分时候他都要保持低调，因为他不需要打响自己的名号。他的团队有时会被粗暴对待，他要保护好他们。他必须管理好自我。在危急关头下力挽狂澜是家常便饭，于突发状况中随机应变也时有发生。他不能犯错，因为一犯错即天下知。

近年来，礼宾司开发出了十分专业的工作方式，最大程度运用了新技术手段。努力把遵循传统和灵活变通结合起来，尽可能考虑来访人士的愿望需求。例如，完全可以把私人访问的一些模式运用到正式访问安排中。

法国礼宾司非常幸运，因为这里是巴黎。国事访问的行程从头到尾都很完美：在荣军院内以军礼欢迎访客，共和国卫队骑兵护送，香榭丽舍大道上高挂来访国国旗，在爱丽舍宫宴会厅内举行国宴，在马提翁宫或者两院举办招待会。如此，法国国家级的文化宝藏也参与到了对外政治之中。

六、个人回忆点滴

曾在两位总统的领导下身为礼宾司长四年之久，这于我是一份大礼。这是观察的职位，在总统确定对外政策的国度，对外交官来说，在这个位置进行观察十分有趣；这是行动的职位，可以让人在许多事务上提出建议；这是谈判的职位，当我要为总统准备国事访问或正式访问时，他的外交顾问会告诉我对这次访问的预期，在政治上法国和总统个人希望赢得怎样的形象，在经济上文化上想取得怎样的成果，而出访国那边也会有自己的期待。例如，密特朗总统1993年对韩国进行国事访问时，我方想出售法国的高铁，而韩方希望法国归还1866年法国海军于江华岛带走的朝鲜王朝时期王室手稿。先遣代表团已经判断出这项要求对韩方在政治上极其重要，于是密特朗总统就以归还手稿为筹码进行谈判。

日本天皇和皇后1994年对法国的国事访问对两国都是大事。对这次访问进行了精心准备。日本礼宾司长提前几个月就带了人数众多的代表团自东京而来。日本驻法大使馆为这次访问从别处增派了人手。应日本天皇的要求，我们在国事访问的传统程序外特别增加了两处参观：一处是在阿尔比参观图卢兹·洛特雷克博物馆，那是天皇很喜欢的一位画家；另一处是只带最低限度随行人员的私人参观，参观的是自然历史博物馆的鱼类馆，在那里法国专家向天皇展示了馆藏的鰕虎鱼，天皇本人曾在科学杂志上刊登过关于鰕虎鱼的文章。我不能忘怀的是，皇后美智子要求访问了一所照顾身体严重残疾儿童的接待中心，她在那里逗留了很久。

密特朗总统曾于1983年访问尼泊尔，尼泊尔国王比兰德拉于1994年以国事访问形式对法国进行回访。王室没有从加德满都派先遣团前来，因为他们完全信任尼泊尔驻法使馆的工作。两国的准备工作进行得非常顺利，我向尼国王提出的问题第二天就能得到回复，我也很及时地回复了尼方的问题。当时我提醒尼泊尔大使，国事访问过程中可以到法国其他地区进行参观，他询问王室后向我转达了国王的愿望——国王想参观一个省，要满足三个标准：有葡萄园且盛产葡萄酒、有壮丽的历史遗产、可以乘火车前往。由于访问外省是由当地大区区长或省长负责，而时任勃艮第大区区长又是我的一个值得托付的朋友，于是我们就为尼泊尔国王、王后和他们的女儿组织了对第戎[①]的参访，在当地最好的酒窖举行小范围欢迎活动并品尝美酒。正式访问行程中的这种私密时刻对于媒体跟拍之下公务繁重的国家领导人来说是良好的调剂。

我对一些双边峰会的准备活动依然历历在目：在博讷和斯特拉斯堡举行的法德峰会、在艾克斯举行的法意峰会、在马赛举行的法西峰会。这些峰会的召开比领导人到访巴黎还要吸引公众目光。地方长官受邀参加法国总统设的晚宴，媒体也全程跟踪报道。在一些多边峰会上，如在里昂举行的七国集团峰会，在戛纳举行的欧洲理事会会议，在比亚里茨举行的非洲——法国峰会，我会和峰会的秘书长协同工作。秘书长是在峰会数月前从外交部官员中任命的，他负责会议的后勤组织和场地布置，以便尽可能为各国国家领导人及代表团提供最好的工作环境。秘书长还要负责交付重要的胸牌，不同颜色的胸牌可以出入不同的会议场地，红色给领导人的随行人员，蓝色给代表团成员，黄色给媒体人员。

相反，当总统到布鲁塞尔参加欧洲理事会会议，到斯特拉斯堡参加欧洲委员会峰会，到维也纳参加欧洲安全与合作组织峰会，或是参加北约峰会的时候，这些会议的秘书处包揽了全部的组织工作，也不需要协商流程。此时我的主要职责就是和其他国家的礼宾司长一同安排在会议间隙开展的领导人双边会谈。我与这些外国同事很相熟，所以这项工作很容易。

我经常被问到哪一个外国的礼宾司最让我印象深刻。我记得有一些典礼举办

---

① 第戎，法国东部城市，勃艮第大区首府。——译者注。

得十分引人注目，比如，在北京举办的欢迎外国元首的招待会；白金汉宫里精致的国宴；摩洛哥国王安排的奢华国宴；还有在梵蒂冈，受邀的国家领导人和代表团排成隆重行列，去教廷图书馆接受教皇的接见。

我还经常要回答另一个问题："您碰到过什么问题呢，有没有遭遇过什么特别的困难？"

困难有可能来源于信息沟通不畅。任何计划的变更，任何时间的调整，任何代表团成员的增加，只要礼宾司长知道了，就应该立刻通知到所有相关人员。在有些国家，后勤保障可能出现问题。一个例子，两辆小型卡车从机场将代表团的行李运送到驻地，第一辆很快到达了，行李都已经在代表们的房间里放好了，而第二辆车则因为交通堵塞迟迟不到，而且也没有对这辆车做任何的护送，因为大家以为没必要。东西倒是没丢，但不走运的是，代表团里一名地位非常重要的代表为这件事又疲惫又恼怒，他对礼宾司长宣布这次出访组织得很糟糕……有些高层人士忘记了，虽然礼宾司长对本国的访问全权负责，但他控制不了领导人出访外国时的局面。我有一次在中亚某国时就遭遇了不愉快，我和对方礼宾司商讨好了计划，但先遣代表团的人员构成却被总统安全卫队单方面调整了。

位次排序在我这里从来没有出过问题。法国国家典礼的时候，高级官员都很清楚并遵守自己的位次级别。在正式午宴或晚宴时，礼宾司长必须足够了解民间的头衔，以便把那些未列入1989年9月13日法令（位次排序参考文件）的宾客安排到合适的位置。比如，大企业负责人、诺贝尔奖得主、宗教领袖等人士在法令里就没有被提及。餐桌席次的安排并不像科学一样精确无差。雷诺公司和标致雪铁龙集团这两家企业的总裁曾同时受邀在爱丽舍宫出席国宴，我将他们的席位安排在了完全对称的位置。

有一些决定不是礼宾司长能做主的。先遣代表团返程时，我会确定作为法方代表出席两国元首会谈的成员人数，但是是由外交顾问确定法方出席会谈的具体人员名单。对那些到我面前抱怨没能参加的人，我回答他们可以去爱丽舍宫诉苦。通常他们也就不会说什么了。

四年职业生涯里我组织的最复杂的活动是盟军诺曼底登陆纪念仪式（1994年6月6日），当时密特朗总统邀请了十位国家元首（包括伊丽莎白女王和克林顿总统）和九位总理。其实接待19位国家和政府领导人也不算什么了不起的事，只说欧洲范围内，欧盟、欧洲委员会或是欧安组织举行的峰会能聚集的领导人数量就远超这个数字。2015年12月举行的第21届联合国气候变化大会刷新了国家元首参会人数记录，那是一次全世界的相聚。

1944年6月6日（诺曼底登陆）50周年纪念仪式上，每位领导人上午都有单独的安排。中午，国家元首们受邀在卡昂参加密特朗总统安排的午宴，政府首脑则在巴约受到总理爱德华·巴拉迪尔的招待。之后，所有人都聚集到曾经是登陆地点的一片海滩上举行纪念仪式。在仪式之后，每个人又有单独的安排，主要是在公墓悼念英国、加拿大、波兰等国的军人。为了确保诺曼底地区并不宽敞的道路能满足领导人行列的顺畅通行，当时采取了特别措施，限制了当地居民的出行。

另一段难忘的回忆是雅克·希拉克总统1995年5月17日的正式就职典礼，他接替了在任14年的弗朗索瓦·密特朗总统。当时我与密特朗总统的主要助手、爱丽舍宫秘书长于贝尔·韦德里纳及外交部办公厅主任多米尼克·德·维尔潘准备好了一切，时任外交部长阿兰·朱佩之前就与希拉克关系密切，之后便成为希拉克最亲近的帮手。数百万电视观众通过直播观看了就职仪式，我们那时压力很大，不能出一点错。

我对和记者的交往也记得很清楚。我为他们提供尽可能好的工作条件。在密特朗总统赴首尔进行国事访问的准备过程中，我们得知法方记者的大巴车不会得到开道护送，因为韩国没有这种习惯。我们提请韩方注意，记者们可能在途中多个环节掉队迟到，他们不会遮掩这些情况，这对韩国在法国媒体上的形象不利。在与韩国礼宾司的最后一次工作会议上，这件事成了一个难点，但好在韩国礼宾司长非常通情达理，愿意合作，最终安排了护送。而这次出访，作为法国国家元首多年来第一次对韩国的访问，在法国媒体上获得了良好的反馈。

礼宾司长的工作激动人心。这不是能在书里学到的。有些问题能找到确切的文本参考（规定优先次序的法令、1961和1963年的维也纳公约），有些则不能，但在几乎所有场合中良好的临场判断力是必备的。在任何情况下都能保持冷静，这是礼宾司长必不可少的能力。要提早做准备，有备用计划，保护好自己的团队，总是向团队及时传达信息，总是保持警觉并随机应变。

每个国家的礼宾司都有本国的特色，但也遵循普遍的原则。各国礼宾司的负责人因为世界通用的语言（礼仪）而聚集，他们团结一心。他们中的每一个都有很多要向其他人学习的东西。这也是这本礼宾论文集的编写倡议特别受欢迎的原因。

法国礼宾与礼仪特征

【法】法布里斯·若巴尔*（Fabrice Jobard）
郑书尧（译）

在法国，个人、政府、法定社团、团体之间的关系是有规则的，这些规则有自由确定的，也有上级机构规定的，或者是历史上约定俗成的。礼仪、优先次序还有良好的修养是相互贯通的概念，能让人明白在特定场合该做出怎样的举止。然而，并不只有一种类型的规范，有的规范白纸黑字写得清楚明白，而有的规范则较为模糊且随着时间和习俗的演变而更替。

一、法式习俗、礼宾礼仪和社交礼节

（一）法国的习俗

习俗是在特定地点和时间范围内有效力的社会实践，随时代而不同。习俗作为社会环境的反映，在社会的参考标准发生变化时，也会在不同的时间和空间范围内波动变化。和所有的规范一样，习俗是为所有人所默认接受的惯例，目的是维护良好的社会关系。根据习俗会确定出一定的具体规范，明确在生活中的一些场合必须如何做、如何说、如何写。不遵守的话，就有可能和同时代的人发生冲突，而遵守规范，就代表愿意与其他人维持和谐关系。用词上我们也会说懂得为人处世、有礼貌、行为规范、举止得体。

（二）礼宾礼仪

1. 法国礼仪起源

1649年出现的法国礼法书只有不到两千页。里面记载了法国国王和女王的加冕礼以及诺曼底、阿基坦、布列塔尼的一些老公爵受爵仪式的实际规范，包括进

---

* 法国勃艮第公共关系总监，国际会议演讲人，《习俗、礼宾礼仪和公共关系指导》及《地方礼宾小指南》作者。

入外省城市的庄严仪式，婚礼，出生典礼，显贵会议，御前会议，信德行为，效忠宣誓，接待教皇、皇帝、大使、政府成员的仪式。

路易十四就任君主期间让礼节变得十分细致讲究。他甚至在回忆录中强调了礼仪的效用。

拿破仑也是礼仪的推动者。共和历十二年获月二十四日（1804年7月13日）法令第一次排出了优先次序并确定了适合不同权力人士的军事、民事和丧事礼仪。虽然政权更替，但这一法令持续生效了一个多世纪。

1874年及1877年，几个特别委员会成立了，准备修订拿破仑法令，但是都没能成功。1890年，又一次尝试无果而终。

直到1902年，国务委员会主席认为有必要修订法令，倡议是由国防部长提出的，他掌握了国务委员会，提出了一项法令提案，其中修改了位次规则，对民间权威的礼遇进行了创新。这项提案获得了通过，而且，委员会主席发布决议，成立了跨部门委员会，由参议院、众议院、国务委员会、荣誉勋位管理会以及各部的代表组成。新成立的委员会于1903年制定了新的规章，草案经过了数次修改后提交给了国务委员会，一直呈到总理克列孟梭手里，并交给了共和国总统法利埃签字。这就是1907年法令，其中有重大修改，替换了拿破仑第一次法令的内容。

还有的法令文本配合了殖民地阿尔及利亚1907年6月16日法令的主要条文。之后就少有文本再去补充上述法令了，时光流逝，法令与实际的政治生活越来越不适应。法兰西第五共和国成立后，法规和机构产生了巨大变化，上述问题更加严重了。

到了更接近我们的时代，1907年法令变得完全不合时宜了。在其颁布之后的这段时间，一些团体和部门已经消失，比如法兰西共同体参议院、法兰西联邦议院、掌玺大臣以及许多民间或军方的权威。有些组织更名了，职能也有所变更。同时，又有新的名词出现：工艺商会、法国解放勋章、国家功勋奖章、大区议会、大区行政长官、欧洲议会、高级视听委员会、行政法庭、大区审计署等等。另外，还出现了邀请礼仪条文里没有收录的人员出席公共典礼的情况。

1984年，时任法国总统弗朗索瓦·密特朗委派雅克·甘杜安再起草一份文本。在征询了许多政府部门和国务委员会的意见后，一项新的文本被制定了出来。这就是作为参考文本的1989年9月13日第89—655号法令。之后的1995年6月22日95—811号法令和1995年9月20日95-1037号法令对其进行了修订。

2. 法国现行礼宾礼仪

礼宾礼仪是官方正式关系中的行为准则集合。上述法令主要确定了活动参与者的地位以及接待他们的方式。官方礼仪并不涉及没有官方头衔和职位的人员。这些文本对于各类进行接待并组织活动的政府机构来说必不可少。

3. 法国官方礼仪和外交礼仪

同一国家的政府机构间涉及官方礼仪。

不同国家的政府间涉及外交礼仪，这会影响到国家及代表国家的人之间的关系。

外交人员和领事人员的法律地位、豁免及特权由1961年4月18日的《维也纳外交关系公约》及1963年4月24日的《维也纳领事关系公约》确定，这两份公约写明了那些国际习惯法里没有提到的事项。本文不分析外交惯例，仅简要说明在组织法国公共典礼中运用过的一些原则：

根据《联合国宪章》，所有主权国家都是平等的；

外交使团的负责人（大使及教廷大使）的次序按照呈递国书及通告就任的日期和时刻确定。然而，在法国等天主教国家中，教廷大使总是获得优先次序的。领事馆负责人的次序按照颁发领事认可证书的日期确定。

在有多名国家元首出席的公共典礼中，他们的次序按照回复确认出席的时间先后决定，或者是根据就职日期确定。

（三）社交礼节

官方礼仪通常是不包括社交礼节的习惯的。如前所说，官方礼仪是确定有头衔、有职位、有官方地位的人的高低等级的规范，而社交礼节属于私人的范畴。官方礼仪只覆盖某些社会结构，而社交礼节则触及社会的各个圈层以及日常生活中的不同情景。家人朋友之间不存在官方礼仪，但是能够运用到社交礼节。最后一点，社交礼节的规则是较为自由的，而官方礼仪是有规定的，必须执行的，尽量不要违反的。私下的习俗会经历变革，甚至会背离原本的精神，而官方礼仪规范的调整总是通过体制的变迁实现。官方礼仪可以反映出一个国家的体制，民主国家和极权国家、共和国或是君主制国家的礼仪是不一样的。不过，还是需要绝对遵守社交礼节的主要原则，在很多情况下，其具有和官方礼仪一样的强制性。

二、位次排序

位次排序是法国礼宾礼仪和习俗的核心。

即便是在法国这种民主国家，还是存在有些人比其他人“更重要”的情形。

位次就是在活动和招待的时候根据人员高低级别确定的顺序。位次排序的规则非常重要，因为这会决定如何将宾客“按重要性排序”，相应也就会确定在开幕典礼上谁最先讲话，或是在晚宴上谁坐在谁的身边。

要写好排序名单，就要理解两种位次排序类型。

（一）法国官方位次排序

1. 法定位次排序

这是按礼宾礼仪确定的，有着强制性的名称。法定位次排序的意义是，如果没能遵守，则必须做出道歉。因此运用官方位次排序可以避免发生事故。在邀请高级官员、政府成员、外交官、当选领导人等人士时必须遵守这一规则。

官方位次排序表是1989年法令确定的，而庞大的准备工作则是甘杜安从1984年就开始着手的。此后这份表单不时进行更新补全（以便加入法属新喀里多尼亚的地位、新成立的“权利捍卫者机构”、省级行政区划的新名称等等）。

位次排序表在政府性质的仪式（在战争纪念场馆举行的纪念仪式、部长级访问等）上是强制运用的，在非政府性的仪式上也仍应遵循这种排序的精神。

补充：

1. 有五种位次排序表：分别适用于巴黎（条款二），巴黎以外的外省（条款三），法属新喀里多尼亚（条款四），法属波利尼西亚（条款五）以及瓦利斯和富图纳群岛（条款六）

2. 在巴黎以外的省份，如果一项仪典是由法国总统或者总理主持的，条款二第2到19项涉及的团体和权威需要按巴黎的位次排序就座。

条款三第1到7项、条款四第1到10项、条款五第1到9项、条款六第1到9项涉及的团体和权威在前述团体和权威之后按这些条款规定的位次就座，陪伴主持典礼的权威人士的省内国家代表除外。

3. 在不遵循政府官方顺序的公共典礼上，受邀权威人士在位次排序中排第二，次于国家代表。

4. 巴黎的条款二有一项特许安排：在法国总统及政府成员缺席的情况下，大巴黎地区的区长仅次于国民议会主席排序。

5. 条款三的特许安排规定，在海上及船舶上，海军军区司令位于位次排序第一，区长排在其后。

6. 位次通常不能由他人顶替。只有一个例外，在官方典礼上，专区区长可以顶替缺席的大区区长作为政府代表。根据惯例，市长可以由其第一副手顶替，省级议会会长可以由其第一副会长顶替，以此类推。

7. 议员位次绝不能由候补议员顶替。

8. 法国的官方位次不能由配偶顶替。但在外交礼仪中不是如此：大使的配偶会受到国家级别的接待。

9. 在巴黎，受邀出席典礼的外国大使的位次紧随政府人员之后，在外省地方或者海外领地，外国大使位次紧随法国国家代表之后。

2. 在法国，“第一夫人”不存在

“第一夫人”（première dame）这个词是从美国的first lady翻译过来的，用以称呼当选总统的伴侣。

法国没有在法律上对第一夫人做出定义，她没有任何特权，也没有官方礼仪上的级别。对于立法者来说，第一夫人似乎并不存在。

然而，从戴高乐夫人伊冯娜开始算起，法兰西第五共和国的总统夫人经常参与国家生活。

即使伊冯娜·戴高乐、克洛德·蓬皮杜还有安娜—艾莫娜·吉斯卡尔·德斯坦这几位总统夫人性情谦逊，也没有特殊的地位，但在法国人心目中，她们每个人就是当时的第一夫人。

为了在总统任期满之后仍然留名，每一位第一夫人都创立了长期的基金会，以期在爱丽舍宫留下痕迹：

伊冯娜·戴高乐：安娜·戴高乐基金会（救助残障儿童）

克洛德·蓬皮杜：克洛德·蓬皮杜基金会（经营管理残疾人和老年人救助机构）

安娜—艾莫娜·吉斯卡尔·德斯坦：儿童基金会

达妮埃勒·密特朗：法国自由基金会

贝尔纳黛特·希拉克：巴黎—法国医院基金会（开展小额硬币捐赠活动）

卡拉·布吕尼·萨科齐：卡拉·布吕尼·萨科齐基金会（目标是减少文盲，促进教育）

模糊的法律制度让她们在成文礼仪体系中没有地位，处境尴尬，创办这些慈善基金会就是她们对此最好的回应。

第一夫人实际上是一个建立在法国习俗及传统之上的半官方角色。

这个传统第一次出问题是因为达妮埃勒·密特朗破天荒发表了公开的政治立场，尤其是在人权方面的立场。

这一声明使法国外交陷入尴尬境地，总统夫妇意见不谐，外交部门不得不从中协调对外立场（尤其是在密特朗夫人公开支持古巴菲德尔·卡斯特罗政权的时候）。

第二次出问题是因为首次出现了总统任期内离婚的情况。

没有人会忘记尼古拉·萨科齐2008年访问印度时的礼宾困境，当时卡拉·布吕尼只不过是他的“女朋友”。印度外长告知印度驻法大使，这位前任名模和歌手还不能获得“第一夫人”的礼宾待遇。最终，她没有和萨科齐一起出行，萨科齐独自一人前往了泰姬陵。

两年之后，萨科齐兑现诺言，带着卡拉·布吕尼重访印度，此时他们已经结婚了。

第三次打破共和国平静的是瓦莱丽·特里耶韦莱，她没有与奥朗德总统结婚，但还是决定在《巴黎竞赛画报》专栏政治记者本职工作之外兼任第一夫人的角色。

后来的一些事情结束了这段维持不住的关系，弗朗索瓦·奥朗德如今是真正意义上的单身。

与总统竞选时宣称的不同，马克龙总统最终没有为法国“第一夫人”确认官方的职位，否则这将会动摇1989年法令中的国家位次排序规范。

不过在2017年8月21日，爱丽舍宫发表了一份文件，其中明确了布丽吉特·马克龙的定位。这份章程并没有法律上的效力，而只是一份约定，只在埃马纽埃尔·马克龙的任期之内对布丽吉特·马克龙生效。对于马克龙的继任者及其配偶不具有强制性。

这份章程公布在法国总统府的网站上，证实法国总统夫人没有酬劳，没有专属预算，出席活动的经费也不会被报销。

除了秘书处和安保服务，爱丽舍宫还为布丽吉特·马克龙配备两名专属顾问：一名特别顾问作为内阁办公室主任，另一名顾问则行使内阁首长的职权。

章程还明确了布丽吉特的任务。与那些前任总统夫人做的事相比，这可非常新鲜。任务有四项：

1. 她要确保在峰会和国际性会议上陪在总统身边代表法国形象，还要经常出席国家元首配偶们参与的活动。

2. 她要回应法国人民的请求，回复那些想要见她的法国和外国重要人士。

3. 她要以第一夫人的女主人姿态，监督爱丽舍宫内的举办的活动和招待会。

4. 她要对慈善、文化或社会性质的活动或者在国际场合宣传法国的活动予以声援或者亲自到场支持。

每个月，爱丽舍宫都要发布她的日程摘要，每一年，法国审计法院都要单独为布丽吉特发布《相关运行支出报告》（章程第二点）。类似的报告在2014年已经出现过，当时专家估计瓦莱丽·特里耶韦莱相关的运作费用高达48.2万欧元。

（二）法国礼节性位次排序

这属于习俗和礼节的范畴，更加灵活，可根据不同场合进行调整。虽然规则不再一丝不苟，但是仍然遵循不伤人这一原则。因此会选用诸如年龄、性别、社会地位、名望、头衔一类的参考标准。

这些规则用于区分官方排序中级别相同的人（如两位参议员），亦或是（也主要是）用于为官方法令中没有提及的人物进行“分级”。

1. 年龄

当没有其他优先因素——名望、社会地位、国籍——参与的时候，年龄总会被用来解决位次排序问题。

2. 性别

在私人关系中，头衔和社会地位的因素在女性面前淡化了。这和礼宾的规范不同，因为礼宾礼仪处理的是权威要人的关系而不是一般人的关系。此时，男性与女性重归平等，不因为谁的官方职位更高就获得优先地位。

3. 头衔

头衔通常是通过职务或者出身（贵族头衔）获得的，有头衔的人包括：

政治人物：国家元首，部长，议员，省长，市长……

各类宗教人士：红衣主教，主教，大主教，神甫，牧师，拉比[①]……从1905年政教分离的法律通过以来，宗教人士就不再保有官方地位了。但在阿尔萨斯和摩泽尔地区仍然遵守与罗马教皇的宗教协定，宗教人士位于官方位次排序表的第18位。为了不冒犯相关人员，适用范围有一些延伸，在法国所有的省级地区，宗教人士都可以占据排序的第18位。

贵族头衔持有者：法国礼宾礼仪中不承认贵族，但人们还是会将其纳入考虑，

① 犹太教的贤者。——译者注。

尤其是在餐桌位次排序上。一般而言，会把首席准备给各同级人物中资历最高者，但是也有例外。法国公爵的位次优先于并非国君或者王室后裔的外国亲王。

补充：法国贵族的优先次序

1. 公爵
2. 亲王
3. 侯爵
4. 伯爵
5. 子爵
6. 男爵

旧君主专制时期的爵位通常优先于法兰西帝国时期的爵位。

骑士阶层：如今有国际地位并且为罗马教廷和法国荣誉勋位管理会承认的骑士团仅剩两个，一个是起源可以追溯到九世纪的马耳他骑士团，另一个是1099年在耶路撒冷建立的圣墓骑士团。马耳他骑士团还有一些特别，有45个国家承认其为主权国家，其在法国驻有一名代表；骑士团的大教长拥有亲王头衔，被称为“殿下”；骑士团总部位于罗马。

佩勋者：如果在某个招待会或者公共典礼的邀请中提到了“勋章”，受邀者就要将勋章从胸部中间向左一个一个挨着佩戴好，佩戴顺序是固定的。荣誉勋位管理会允许人佩戴外国勋章，顺序在法国勋章之后。不过，一国的大使可以只佩戴本国的勋章。

外交使节：大使、全权公使、领事。他们是一国政府派出的外交使团的负责人。外交礼仪确定了外交官在国内和国际上需要遵守的一些规则。外交官享有某些特权和豁免权以确保自身独立自由。他们与驻在国政府之间的关系由1815年的维也纳公约确定。典礼、接待会、社会关系在外交官的生活中十分重要。外交官的级别顺序如下：

* 教廷大使或外交使团中资历最高者

* 在职大使

* 无实职大使（不再任职，但保留大使头衔作为个人荣誉）——在外交部可以找到荣誉大使名单

* 全权公使

* 代办

* 参赞
* 随员

外交人员配偶级别与其丈夫相同。如果使团负责人是女性，她丈夫的次序通常位于大使不在时代行大使职责的同僚之后。驻法国的大使们因为是各国元首的代表，所以次序在法国议会议长之前。领事官和外交官一样，享有确保独立自由的特权和豁免权。领事官根据职位分为总领事、领事、副领事及领事代表。教廷大使和大使同级，一般由大主教担任。在一些保持传统的国家，维也纳条约承认他们的传统，教廷大使优先于其他所有大使，他还是外交使团中资历最高者。

军队中：礼宾首先会考虑军队中的高级军官（司令、中校、上校、舰长）以及将官（上将、中将、少将、准将、海军上将、海军少将、海军准将）。各军官的特权根据军衔而定，军衔相同就看年资，年资也相同就看年龄。根据1973年3月25日法令，女性也可以获得高级军官或将级军官军衔。妻子不能享受丈夫的头衔级别，除非是元帅的妻子（元帅是荣誉称号，不是军衔）。最后一点，在法国传统中，陆军排在海军和空军前，元帅排在所有军官前，不管他们军衔如何。

司法官员

大学中：校长、主任、教授……

医生、公证人……

三、礼宾司

（一）起源

因为有接待大使的需要，所以礼宾司诞生了。法国直到1585年才将引导大使这件事纳入工作范畴。在此之前，国王每次接待大使，就指派一个宫廷内的人员负责引见。1585年，亨利三世创立了大司仪及大使和外国亲王接引官这一职位，热罗姆·德·贡迪是第一个引领官。在他之后，职能不再集于一人：到1792年之前，两位引领官轮流负责，还有一位有着秘书头衔的常任引领官帮助他们引导大使。法国大革命期间，这一职位被取消，后来又被拿破仑重新设立起来。自那之后，这一职位一直延续至今。

（二）现状

引领官是外交部下属人员，同时兼任礼宾司司长。可以说他是法国外交部的高级官员，同时在外交部和爱丽舍宫挥洒才能，为他配有协助人员。

（三）任务

礼宾司的任务是处理仪典及礼节方面出现的所有问题，并负责组织法国总统或外交部长参加的仪式，迎接短暂停留的外国高层人员，接待大使和外交使团成员。礼宾司要更新外交名册，处理驻法外交人员及国际组织成员在豁免及免税方面出现的问题；对外国人申请法国勋章的材料进行预审，同时判断是否同意接受授予法国人的外国荣誉；拟写并发送通告信件和国书；负责条约、公约、批准文书的发布以及领事认可证书的送达。在爱丽舍宫内，礼宾司的工作人员要组织对外国元首的招待以及接见活动。在举办招待会、私人或是正式午宴的时候，礼宾司要负责出具名单，发送邀请，汇总回复，安排桌次等。

国家元首、政府首脑的到访安排是与来访代表团负责人协商一致确定的。正式访问的规则或者典礼和传统仪式的细节安排并没有成文的参考标准。这都需要礼宾司每次根据情况进行记录安排。

当一位政府首脑或者高层人员受到法国总统的接见时，他/她通常会由一位礼宾司工作人员从爱丽舍宫的台阶处接引至总统办公室的候见厅。

四、法国权力的象征

1995年在巴黎公共行政学院开展了一场研讨会，其中强调“礼宾礼仪是政治秩序的体现”。

权力的象征更是如此。那些象征标志能让人一眼判断出官方机构的地点和其中的人物，比如旗帜、总统像、市长绶带……

（一）在法国公共建筑上悬挂旗帜

与盎格鲁撒克逊国家不同，法国人较少在自己家里挂国旗作为装饰。因此更应遵守在法国公共建筑上挂国旗的规则。

1. 法国国旗永远优先

在各种国家纪念节日上，公共建筑上必须一整天悬挂国旗。因此推荐在前一天晚上就挂上旗帜，在庆典结束第二天再取下。

根据法国地方公共团体法典L.2122—16条的规定，如果市长拒绝在本市建筑悬挂国旗，内政部长有权暂停其职务（参议院部长级回复，2005年11月10日，第18643号）。

法兰西三色国旗是庆祝国家节日时唯一适合升起于公共建筑之上的象征标志。

不过，在建筑物上悬挂欧盟旗帜也是可以的，只要满足和法国国旗同时悬挂（1963年5月4日法令）且欧盟旗帜须位于法国国旗右边（也就是面对建筑时看到欧盟旗帜在左）的条件。

所用欧盟旗帜须为欧洲委员会部长委员会于1955年确定的图案样式：蓝底上十二颗星。

注意：数年以来，法国部长级通函都指出5月8日应在公共建筑上单独悬挂法国国旗，在5月9日（欧洲日①）伴挂欧盟旗帜。

公共庆典的场合，在主办方同意的情况下，可以将其他国家的国旗高挂在旗杆上或者由指定人员举着。此时法国国旗必须同时出现。

外国国旗之间不存在优先次序。

国防部建议按国名字母顺序（依据本国语言中的国名）为外国国旗排序。

不过，最简单的办法还是遵从外交礼仪的规则，以活动举办国使用语言的字母顺序为国旗排序，这样可以避免不同语言字母间排序的困难（例如希腊语）。

补充：法国举办活动时，推荐使用的按法语字母顺序排列的欧盟成员国国旗次序为：	
1. 法国 2. 德国 3. 奥地利 4. 比利时 5. 保加利亚 6. 塞浦路斯 7. 克罗地亚 8. 丹麦 9. 西班牙 10. 爱沙尼亚 11. 芬兰 12. 希腊 13. 匈牙利 14. 爱尔兰 15. 意大利	16. 拉脱维亚 17. 立陶宛 18. 卢森堡 19. 马耳他 20. 荷兰 21. 波兰 22. 葡萄牙 23. 捷克共和国 24. 罗马尼亚 25. 英国 26. 斯洛伐克 27. 斯洛文尼亚 28. 瑞典 29. 欧盟

① 1950年5月9日法国外长发表《舒曼宣言》，推动了如今欧盟的建立，因此欧盟成员国每年在这一天举行庆祝活动作为纪念。——译者注。

在有其他主权国家的国旗出现时，法国国旗总是拥有最优先地位。

当法国国旗、其他主权国国旗和欧盟旗帜同时出现时，法国国旗最先，欧盟旗帜最后，就算中间有些国家不是欧洲国家也一样。

如果还有法国地区级的旗帜，则位于法国国旗、外国国旗和欧盟旗帜之后。

旗帜的优先位根据布局方式可能不同：两面旗帜，右边为尊；三面旗帜，中间为尊；多于三面的旗帜，分别挂于高度相同的旗杆上，按字母顺序排列，顶头的位置为尊位，也就是观众看到的最左边的位置；通道两侧都有旗帜，此时法国国旗在两侧的尽头都要悬挂。

在官方纪念节日之外的其他时间，对公共建筑上是否悬挂旗帜不做要求。

然而，市政厅按惯例至少会摆放或悬挂法国国旗。如果没有放置法国国旗，却单独放置了其他标志（地方的标志、欧盟旗帜等），这是不可以的。

2. 升国旗

没有任何法律或法令规定了升国旗人员的站位，法国外交部建议升旗者在升旗时都面向旗杆，以确保仪式进行顺利无虞。

3. 降半旗

在法国或者外国国丧时，法国政府会通过总秘书处下达必要指示。

在地方性哀悼，比如在任市长离世的情形下，所有旗帜都降半旗。

海上的国籍旗升于旗绳一半处，不要加其他动作。

普通旗帜（配有木质旗杆）底部用一块黑纱固定在旗杆上。

（二）总统像和玛丽安娜胸像

1. 习俗根深，并非强制

在市政厅张贴总统标准像以及放置玛丽安娜胸像并不是法律或规章规定的，也不属于习惯法原则。

这只是一种与法国传统相符的习俗。

这种做法深深根植于法国的民主之中，超越了党派之争，表现了对国家元首行使最高职权的尊重。

1792年9月22日国民公会的法令采纳了格雷瓜尔神甫的提议，后者是国玺的相关负责人，他提议将自由的形象塑造为“一个穿着古朴的女性，站立着，右手持矛，头戴弗里吉亚帽或称自由之帽”。

1848年，临时政府推荐使用雕塑家迪布雷制作的胸像，出于尊重地方自由的考虑，公权机关从没有强制要求用某个特定模板的人像来代表共和国。

胸像的制作和发售带动了私有企业的积极性，各市自由选择人像的模板。尽管法国市长协会提出“玛丽安娜2000”计划以创造共和国的新象征时曾引发一些争议，但这项自由的制度似乎从没有造成过出格的后果。

从那以后，市长自由选择模型在市政厅内摆放玛丽安娜像的传统就没有被质疑过，只是对其进行规范。（来源：国民议会）

2. 与玛丽安娜相关的象征

1999年，在东比利牛斯省总理事会组织的一次展览会上，明显可以看出玛丽安娜的胸像和底座上经常存在象征属性。

玛丽安娜身上的主要符号和对应含义：

— 弗里吉亚帽（被解放的罗马奴隶所戴）：自由

— 王冠：权力

— 麦穗：提供粮食的肥沃土地

— 橄榄树：和平

— 橡树叶：力量

— 月桂：艺术与文学

— 星星：指引

— 束棒：行政权

— 武器和盔甲：战斗

— 天平：公正

— 水平仪和三角（共济会标志）：平等

—（刻着十诫的）法板：立法权

— 狮子（头或皮）：勇气

— 雄鸡：警惕

当然，并不是每个玛丽安娜像上都能找到全部这些符号。肉眼可见的细节可能就包含政治含义。

比如说，弗里吉亚帽尖越朝左偏，雕像的出资人就在政治上越往左倾。

何为礼宾?
—— 一位日本礼宾官的经历和看法

【日本】寺西千代子* (Chiyoko Teranishi)
周幻** (译)

前言

2016年年末，我出版了一本新书，名为《什么是礼宾？——浅谈官方标准与国际实践》。

下面是书中一部分的介绍，希望它能让您了解日本人民对礼宾的关注点。

“到底什么是礼宾？”

之前，我向出版社提议采用这个书名时，他们第一反应是问我：“那到底礼宾的含义是什么呢？”。他们并不建议用这个书名，因为他们认为日本民众对礼宾这个词很陌生，这样书不可能畅销。尽管大家都不太了解“礼宾”，但日本国民都对秩序和礼仪非常重视。日本人都对外国人很热情友好，而2020年东京奥运会的宣传语便是“Omotenashi”，这个词在日语里的意思是礼貌而友好地招待来客。对日本人来说，现在便是学习“礼宾”“礼仪”和“礼貌”的最佳时机。我就这样说服了出版社，而新书也非常成功。

我的外交生涯

我的外交生涯始于1968年。那时，一名刚毕业的女大学生能选择的工作很有限，基本上就是教师、行政秘书和公务员。我的很多同学则放弃了工作，选择了

* 原日本外交官，现任日本礼仪与礼宾协会（Japan Manners & Protocol Association）董事会成员。曾任职于日本外务省礼宾与联合国处，曾先后在日本驻英国大使馆、意大利大使馆、芬兰大使馆、美国大使馆、梵蒂冈大使馆以及日本常驻联合国代表团工作，工作过的领事馆包括日本驻纽约总领事馆、加拿大的埃德蒙顿与卡尔加里领事馆。

** 北京外国语大学英语学院MTI英语笔译研究生在读。

结婚。

我为什么要从事礼宾工作?

我第一次驻外是在日本驻纽约总领事馆，我当时负责公共关系。回国后，我主要负责联合国第三委员会相关事务，比如人权、女性地位、毒品和其他社会问题。之后，我便选择了礼宾作为我的职业方向，这是因为（1）外务省是政府机构中唯一处理对外交往中礼宾礼仪问题的部门。（2）不管是在工作中还是在生活中，我们都会出席各种各样的典礼仪式，这意味着与此相关的专业知识总会有用武之地。（3）在东京工作时，礼宾官们需要与他国外交官频繁往来。（4）比起双边、多边政治、经贸关系，“礼宾”对女性有着更大的吸引力。我当时认为礼宾工作充满了挑战，而我的想法是正确的。

日本典仪局部门结构

我在外务省工作了40多年，其中有十余年都是在典仪局度过的。经过数次机构改革之后，典仪局现在包含如下三个处：

一、礼宾处

该部门主要负责处理皇室相关事宜，接待各国来访使团，安排日本外交官驻外，推荐荣誉和勋章的外国候选人以及其他礼宾事务。

二、国宾及公宾处

该部门主要负责接待外国贵宾，如国家元首、首相等。

三、首相出访处

该部门主要负责日本首相出访的安排工作，也负责外国首相访日的安排工作。

我负责的工作主要属于官方访客部的职责范畴。同其他部门相比，该部门吸引了大多数来自公众和媒体的关注，而别的部门还需负责一些与礼宾无关的日常工作，比如别国外交官非法泊车问题、外国使团的租住地和水电气供应等。

外务省与宫内厅之间的工作划界

“划界”（指分工）大概也是一个外交术语，这个词当时让出版社很困惑。外务省典仪局和宫内厅的工作有着严格的界限，这对双方来说都必不可少。宫内厅的重要职务一般都由外务省在职或前任高官担任，如仪典长（Grand Master of Ceremonies）、宫内大臣（Grand Chamberlain）等。

外宾分类

下面这段来自宫内厅官网的文字能很好地说明宫内厅与外务省之间密切合作

的关系。

“天皇或其他皇室成员出访别国，或以贵宾之礼接待别国君主、皇室成员或总统，皇室以这样的方式来推进日本与别国的友好关系。他们还会接待别国贵宾或领导人，同别国元首进行书信或电报往来，派出代表前往别国参加其庆祝典礼或哀悼会，有时还会接见别国派来的外交使团。”

一、国宾

国宾是指受到日本官方邀请并由日本政府以最高规格接待的外国国家元首。内阁会议讨论决定，哪些外国元首将由皇室来邀请和接待。国事访问若由皇室接待，则会包括以下环节：天皇夫妇出席欢迎仪式，届时来访国元首会与天皇夫妇一同观礼，天皇夫妇为国家元首举行国宴，天皇夫妇亲自进行告别拜会。天皇夫妇和其他皇室成员都会亲切热情地接待前来访问的国宾。

二、正式访问

正式访问的宾客是指日本政府邀请并以最高规格接待的宾客，皇室也会正式接待这些宾客。一般这些宾客包括其他国家的皇室成员和首相或其他任国家行政长官的高级官员。经内阁会议同意，方可邀请和接待这些贵宾。而皇室接待的细节则按各个宾客个别决定。

三、正式工作访问

正式工作访问的宾客是指专为商议实事和/或经贸事宜而访问日本的各国首脑、皇室成员、国家首相。当此类贵宾说明其访日目的，经内阁会议批准，日本政府将正式以贵宾之礼邀请并接待他们。他们也会得到皇室的接待，具体细节则按各个宾客个别决定。

第三类是新近出现的。这是因为时代变迁，同时各国也纷纷简化礼仪。接待国一般会规定每年接待的国宾和正式访问数量，这导致等候的名单变得越来越长。而访问者有时也希望在访问中能更多地讨论经贸事务，少一些繁冗的仪式。第三类访问便同时满足了接待国和访问者的需求。

礼宾官最重要的任务——当好协调者

1977年至1986年间，我曾作为礼宾官参加了65次国事访问和正式访问的接待。在这些接待的准备过程中，最难的一点就是要处理好来访者与日本国内各个机构之间的观念差异。

“入乡随俗”并非百试不爽的黄金规则。日本和别国在安全、守时和变通方面的差异尤为明显。

来看看我的几次亲身经历：

1. 安全

安保问题往往是安排国家元首行程的一个重要考量点，一次一国总理想在东京体验一下乘坐地铁并在银座散步。出于安保的考虑，安保机构拒绝了这两个要求。最后在我们的努力调解下，日程中加入了一小段地铁旅程和非常简短地在银座散步的安排，既考虑了安全因素又满足了贵宾的需求。

已故的英国前首相撒切尔夫人曾想乘直升机而非乘车前往东京附近的一个机器人制造厂参观。负责管理军用直升机的防卫省坚持陆路交通，因为天气难以预测，而且当地停机坪并不平坦。英国代表团认为时间和效率最为重要，他们反问道："如果有什么紧急情况，军方会因为天气不好或者降落条件差就不行动吗？"

2. 贵宾与当地人

很多贵宾对平民的生活和习俗非常感兴趣，比如，日本民众都吃什么？他们住在哪里？等等。美国前总统卡特就想见见日本的农夫们。我们的先遣队便去见了京都地方政府推荐农夫中的一位，见面后，他们把这位农夫从名单里划掉了。因为这位农夫当时戴了"国际扶轮"[①]的徽章。他们认为，国际扶轮成员这个形象不符合日本农夫的形象。

有些国事访问的宾客想要尝尝普通的日餐，而非精致的宴席。他们在东京的代表团常常给出一些推荐，这让日本典仪局和安保部门头疼不已。他们推荐的餐厅要么人员混杂，要么过于平民化，不适合贵宾前去用餐。

3. 观念

日本人强调遵守规则，并十分严谨，这有时让外国访问团很是尴尬。在一次酒会的彩排过程中，宫内厅的一位仪典官拿着尺子标好了天皇与皇后应站的位置，这样他们之间的距离正好能合乎皇室规范的要求。一位外国外交官见了这一幕，大吃一惊。这种细致入微可以用一位宫内的工作人员的话来解释，他说，"在皇宫内，我们从来不会陷于尴尬的局面，无法应对。我们通过一遍遍的预演来保证胸

① 译者注：国际扶轮是一个全球性的由商人和职业人员组织的慈善团体，在全球范围内推销经营管理理念，并进行一些人道主义援助项目，是全世界历史最悠久且最有名的服务社团组织之一。

有成竹，任何尴尬的局面我们都能应对。”

“最少10种”的方法

我总是向我的听众们推荐这个方法。这是什么意思呢？这是指在每一项中选取十个优先事项。优先事项在这里是指“你想最先知道的东西”。

既然明白了这个方法，我们就来看看如何实践。

下面我们用“着装礼仪”来举例。

请列出有关“着装礼仪”的十项首要问题。

1.什么是“着装礼仪”？

2.着装礼仪有何种类？

3.对此有何建议？

继续提问，直到提到十个问题为止。接下来提出从属于上述问题的小问题。

1.什么是“着装礼仪”？

a)含义

b)该术语应如何使用？

c)这种礼仪的严格程度很高吗？

请继续提出上述问题的从属问题。

2.着装礼仪有何种类？

a)白色领结（White tie）

b)黑色领结（Black tie）

c)普通西装（Lounge suit）

请继续提出上述问题的从属问题。

3.对此有何建议？

a)着装考虑到“TPO”原则

b)女士着装正式程度要同男士一样

c)最近的潮流

请继续提出上述问题的从属问题。

为何我如此推崇此方法？

我收到很多关于日本人有关礼宾的问题。我常常向一位我最信任的礼宾官来咨询回答的建议，他是威尼斯贵族的后裔，退休前还是一位身居高位的意大利外交官，我充分信任他的专业能力。但他从不回答这些问题，当我责问他怎么不回答时，他却反驳道：“这些问题简直是垃圾，而且都不重要，根本不值得认真思考。”

细述日本人的提问

“垃圾与否”很难判断，但是看看他们的问题，你会从中看到日本人的典型特征。以下是我对日本人个性的总结。

1. 细致

提问者常常抓住细枝末节的东西，但忽略了大问题。

过分关注细节导致他们忽略了最关键的内容。

2. 严谨

一般来说，日本人不喜欢答案有很多个，大家非常赞赏那种简单明确的答案。答案要么“黑”要么“白”，不能介于其间。

3. 信任官方机构的权威

从权威机构或官方部门获得的答案在他们看来非常可信。大家都只想要“真正的答案”，别的信息在他们看来不值一提。在日本人的眼中，正式度越高越值得尊重。

4. 社会正义

回答问题还须考虑到日本社会的道德、法律和秩序。

对于日本人来说，履行社会责任，从而实现自我价值是非常重要的。

5. 礼貌

保持礼貌、时刻谦让，这比个人利益更重要。

人们所提的问题

“位次顺序”是礼宾中最重要的一点，所以我收到的大多数问题都与此有关。下面我将回答其中一些提问。

1.迎接

问：贵宾到达后，应该由谁去迎接这位贵宾呢？

答：在礼宾中，官职高低是很重要的。建议由与该贵宾同等职位者前去迎接。

问：活动主办人要在哪里迎接贵宾呢？

答：我们要常常问自己一个问题：要是我是他/她，我会怎么办？这是礼宾的关键：我们所做的一切要让对方感到愉快，不要冒犯对方。所以，要是换作是你，你是更希望对方在活动场所内还是在门厅处迎接？哪种方式会让你觉得更受尊重？

日本天皇总是在皇居入口处迎接国宾，这点供大家参考。

问：在机场迎接访问日本的贵宾时，采用何种礼仪恰当？

答：一般都由官职最高者最先上前表示欢迎。而在机场送别时，顺序则相反，官职最高者最后同贵宾告别，告别完毕后贵宾则可登机。

问：在迎接贵宾时，献花以示欢迎是否恰当？

答：据我所知，过去我们只向女性贵宾献花。而现在，向女性或男性献花皆可。但需注意，一些贵宾不会让助手替自己拿花，而是自己抱着花束，故所选花束不应太沉或太大。

2. 国旗

人们提的关于国旗的问题数量最多。

下面是一些典型的问题以及我的回答。

问：两国以上的国旗摆放方式有何国际通行规则吗？

答：目前没有国际成文规则。《美国国旗法》中的国旗礼宾规则已经是目前最全面的规则了，很多国家和机构也遵照其中礼宾规定。但是，该国旗法中有一些规则是仅适用于美国的。比如，东道国一般将来访国国旗摆放在尊位（也就是挂在右边，从国旗的角度看是右边，而从观众的角度看是左边）。根据这一原则，来访国国旗摆放在东道国右边，但是，美国国旗法规定，美国国旗须永远摆放在尊位。

问：摆放桌旗时，有何摆放规则？

答:《美国国旗法》和其他文献里都没有相关规定，但我认为国旗法的这个部分可以参考：

“§175. 展示的位置和规则（在以下引用的内容中，所有数字都与美国国旗法中的数字一致）

（d）当美利坚合众国的国旗与别国国旗以旗杆交叉的方式立在墙边时，应该被摆放在右边（国旗视角的右边），且其旗杆应放置在另一国旗杆前面。”

按照此规则，我给出的答案是：若要交叉摆放两国国旗，地位更高的国家国旗应摆放在观众视角的左边（尊位），其旗杆应在另一国旗杆前面。

问：在室外悬挂国旗有何时间限制？

答:《美国国旗法》中的以下规定是各国普遍遵循的规则：

“§174. 悬挂国旗的时间和场合

（a）在建筑物外和户外固定旗杆上悬挂；夜间悬挂

一般在建筑物外和户外固定旗杆上悬挂国旗的时间是从日出到日落，但若想体现爱国情怀，在日落后进行适当照明，可24小时悬挂国旗。”

问：恶劣天气能否在户外悬挂国旗?

答：根据《美国国旗法》:

“§175. 国旗悬挂的位置和规则

(c)恶劣天气

若天气恶劣，则不应在户外升旗，除非该国旗材质适合在所有天气情况下悬挂。”

问：旗杆不够，应该怎么办?

答：我一位在罗马开了三家四星级酒店的朋友也和这几位日本提问者有同样的问题。在他酒店楼顶有六根旗杆，这些旗杆上挂着意大利、法国、英国、德国、美国和欧盟的旗帜。后来来自其他地区的客人越来越多，但酒店楼顶没办法悬挂这些国家的国旗。我参考了其他酒店的做法。比如，伦敦的柯勒律治（Coleridge）酒店只在酒店入口处悬挂英国国旗，而伦敦另一家豪华酒店只悬挂他们酒店的旗帜。于是我建议我的朋友在酒店大厅或前台处展示那些旗杆无法容纳的国旗，由此让来自其他地区的客人感到满意。

问：在日本，旗杆顶部通常会用金色小球作为装饰，其他国家使用的装饰物形状则不同，比如箭头状装饰物。那么在陈列两国国旗时，我们是将两国国旗旗杆均用金色小球装饰，还是保持各国自己的习惯呢?

答：这方面没有既定规则，我的建议是将日本与别国国旗平等对待，如果对方习惯使用箭头类的装饰物，则在用金色小球装饰日本本国国旗旗杆的同时，尊重其习惯。这种做法中还包含了旗帜礼仪中最重要的原则之一，即展示国旗时，两国国旗悬挂高度要保持一致。

大家还有很多关于国旗的问题，篇幅所限无法一一列举。

因此，我总结了关于国旗大家需要记住的十件事。

1.国旗是国家统一的象征，故任何国旗都应该受到尊重。

2.确保使用的是正确的国旗，比如其颜色、图案等等都不能有误，许多礼宾失误都是因此导致的。

3.日出升旗日落降旗是各国普遍的做法，但有的地方常常在夜间仍然悬挂旗帜，如果照明得当，可二十四小时悬挂旗帜。

4.天气恶劣时不应在户外悬挂旗帜，这也是普遍的做法。但这主要是为了避免旗帜在户外被淋湿，若旗帜的材料可应对所有天气，则可悬挂。

5.当同时悬挂两国及以上的国旗时，应确保这些国旗大小（大致）相同。

6.当同时悬挂两国及以上的国旗时，这些国旗的高度应相同，任何一面国旗都不得被挂在其他国旗的上方或下方。

7.当悬挂两国及以上的国旗时，每个旗杆只能悬挂一面国旗。

8.按规则看，国旗摆放的尊位是旗帜的右边（观众的左边）。世界各国普遍将来访国国旗摆放在右边（观众的左边），而东道国的国旗摆放在左边（观众的右边）。

9.若摆放三个及以上国家国旗时，东道国国旗一般被摆放在中间或最右边（观众的最左边）。

10.当交叉摆放两国国旗时，访问国国旗放在右边（观众左边），同时其旗杆也摆在上方（更靠近观众），摆放桌旗时也遵照此原则。

若对两国国旗的摆放位置有疑问，我认为首先需要确认，是否有必要将两国国旗交叉摆放。

餐桌上的尊位

在安排餐桌座位时，尊位的问题总是很让人头疼。

问：在长桌上，中间的位置就是尊位。但是，如果参加者数量为偶数，比如，4人，6人，8人等等，我们应如何确认中间的位置呢？

我曾问过一位英国前礼宾官这个问题，她回答："避免这种情况发生就行了！"这个答案很实用，也颇具英国的风格。

国家顺序排列问题

问：应该把哪个国家安排在最前面？

念国名时，应该先念哪个国家的名字呢？礼宾上有什么规定吗？

一般来说，大家都会先念自己的国家国名，之后再念别的国家。比如，在日本，"日—美"、"日—中"、"日—韩"等等都很常见，在口语中和在书面表达中都是如此。在别的国家也是如此，比如美国会称"美—日"，中国则是"中—日"，韩国是"韩—日"。

给三个及以上国家排序则复杂得多。

给日本、中国和韩国排序时，日本的做法是"日—中—韩"，而不是"日—

韩—中”。这其中有何规定吗？

没有任何相关规定。这主要是根据各国多年的习惯而定。对日本人来说，他们更为熟悉伊朗—伊拉克战争、美苏冷战、英—法海底隧道、印巴冲突、中越边境、中韩边境这样的表达，这种顺序符合人们表达的习惯。

着装要求

大家提的有关着装的问题和旗帜一样，都很广泛也细致。一些提问者对我的答案并不满意。随着生活方式的变化，着装标准也有相应的改变。如今的着装要求都较为简单，对应的选择也很丰富。

我总结了关于着装大家需要记住的十件事：

1.“TPO”原则是着装的首要原则。

2.女性着装

僵化的着装要求已经过时，现在女性的选择非常丰富，好像“什么都可以”。如今，女性的着装要求被简化了，普通礼服（robe montante）、下午宴礼服（afternoon dress）、鸡尾酒礼服（cocktail dress）、晚宴礼服（dinner dress）、晚礼服（evening dress）、长袍（robe decorate）都即将消失。如今其实只有两种着装要求被广泛使用：“日礼服”（Day dress）和“晚礼服”（Dinner dress）。下午宴礼服（Afternoon Dress）如今已经被归在“日礼服”中，而“晚礼服”则涵盖了所有类型的晚装。因此，如今许多女士也穿着普通长度的裙子或者裤子出席要求“黑色领结”的场合。

在过去，一般只对男性有着装要求，但女性着装的正式程度应与男性一致。现在一些邀请函中也会写上对女性的着装要求。

3.男性着装

如今男性着装要求也往往是非正式的。

过去正式程度最高的“白色领结”正在消失，而“黑色领结”正在取而代之。在日本，过去天皇举办国宴，用来款待外国国家元首，这样的场合着装要求是“白色领结”。但如今，我们会充分尊重来宾的偏好，许多来宾更倾向于“黑色领结”，而非“白色领结”。有一点需要记住，完整的全套正式着装永远都是“白色领结”，许多西方的君主还会保持这一着装要求。

我曾驻外的国家中有两个国家还保留着“白色领结”这种着装要求。

一个是芬兰，外国大使就任时就须以“白色领结”规范着装。另一个是梵蒂冈，当教皇在场时，外交使团的成员都须以此规范着装。

在日本，外国大使就任时的着装要求为“晨礼服”，但现在这一规范也逐渐不再被各国使用。

深色西装是男士们日间和晚上着装的主要选择。而白色领结、黑色领结、晨礼服等正式着装规范正在让位于普通西装（Lounge suit），后者中“lounge”这个单词指的是起居室，在这里意指休闲服装。深色西装属于普通西装的范畴，日本人都很熟悉“半正式着装”——黑色西装，常用黑白条纹或银灰色领带来配黑西装。深色西装在原则上一般是深蓝色或深灰色西装。所以日本的黑色西装与深色西装并不相同。当然，时尚在不断变化之中，若有一天人们都认为黑色西装是深色西装，这也并不奇怪。

4.避免不清楚的着装要求

着装要求要清楚明确，让所有人能够明白。

“商务休闲（casual smart）”就是典型的不清楚的要求。应当稍加解释，加上“不用穿外套”或“无需系领带”。

如果不明白，就问问活动举办方，问是否需要穿外套或打领带这样的问题并不会让人丢脸。

5.打扮得隆重还是休闲?

一般来说，如果不确定，最好打扮隆重一些，以示对邀请方的感谢。而活动主办者则不应比着装要求打扮得更隆重。否则，若着装要求是“休闲”，来宾看到打扮隆重的主办者会觉得很尴尬。

6.民族服饰是万能的

民族服装（比如日本的和服）总是可以满足任何着装要求，穿着自己国家的民族服饰也将得到所有人的赞赏。

7.不要使用本国人才知道的着装要求

在日本炎热潮湿的夏季，商务人士一般都会穿“凉爽的商务装”（cool business attire），缩写为“凉爽商务”（Cool Biz），很多活动的邀请函上会把它作为着装要求。但几乎没有外国人知道这是什么意思。所以在规定着装要求时，最好使用公认的术语，不要使用本国人才知道的规范。

8.颜色

要注意着装的颜色和设计，避免触犯当地禁忌。

许多国家领导人和高级官员的妻子都曾询问我，在皇居同天皇夫妇会面时，穿着什么颜色的服装才合适。黑色在日本隐含哀悼之意，而紫色是日本传统中皇室的专属颜色，这两个颜色让他们拿不准。而皇室对此的回答是，“任何颜色的服装都可以。当然，若能穿明显不是悼服的黑色服装会更好”。

在梵蒂冈，女性不应在教皇面前露出脖子和手臂，见教皇时最好能佩戴面纱。

9. 手套

握手时要脱下手套，过去这一点非常重要，如今人们也仍需遵守。我在有关手套的问题中，看到了下面这个问题：

问：我在网上看到了一张英国女王伊丽莎白二世与日本天皇握手的照片，照片中她没戴手套，但她与中国主席握手时，却没有取下手套。这是为什么？

答：在看了好几张女王与外国国家元首握手的照片后，我得出了一个结论：在室内握手时，女王会脱下手套，而若是在户外或门厅处握手，她会戴着手套。我找到了一张女王在室内同中国总理握手的照片，那时她脱下了手套，而另一张照片中，她在室外同教皇和爱尔兰总统握手，则戴着手套。

10. 帽子

在如今的着装要求中，戴帽子已经过时了，就算要戴也并非必须。常常有外国政要的夫人问我，他们是否需要在天皇夫妇出席的户外活动中戴帽子。宫内厅的回复是“这主要看他们个人的意愿”。不过，皇室中的女性成员仍保持着戴帽子和手套的习惯。

男式礼帽也过时了。但另一方面，许多男士如今在日常生活中戴帽子来赶潮流。比如我课上就总是有一位男学生戴着帽子来上课，我跟他说，男士在室内不应该戴帽子，这是礼仪规定。最早作此规定的是一位老先生，他会在街上或电梯里向女士打招呼时脱帽以示尊重。

食品

食品在外交中扮演着重要的角色。

19世纪中期，西方美食首次在日本官方舞台上亮相。

德川家族的末代将军德川庆喜（Tokugawa Yoshinobu）便很强调食物在外交谈判中的重要性。他曾经宴请英国代表时，正宗的日本美食并不受欢迎，感到很尴尬。于是，为了不被西方人低看，他首次正式提供了法国菜，不再提供日本菜。许多外交官都对食物在外交中的作用非常重视。在这方面，我从北村宏司

（Hiroshi Kitamura）先生（曾为日本驻英大使）的著作中受到的启发最大。他的著作名为《外交的关键在于餐桌上的招待》，书中给外交官们提供了大量的建议，特别是日本人应如何招待外宾这方面。对于日本招待方来说，翻译菜单总是令人头疼。我们要如何让外国人放心地享用日本美食，同时不产生任何疑虑呢？比如，北村先生说，如果把裙带菜（wakame）翻译成seaweeds（海藻），美国人看到这个菜名就会联想到在海底飘荡着的杂草。同样，日本的鳗鱼（unagi）不能被翻译成eels（鳗鲡），后者在西方是让人厌恶的，看到这个单词就会让客人失去食欲。

选菜也非常重要。“鲷鱼清汤”是日本的传统美食。但是，若外宾看到碗里鲷鱼大睁着眼睛，泡在汤里，这顿饭他都吃不下去了。我的一位意大利朋友曾向我抱怨，只要在日本，无论去哪里，别人都会用传统日式料理来款待他，而其中总是有生鱼片。

北村先生还有一个建议，就是让餐食丰富均衡。我曾参加过巴基斯坦总统举办的一次宴会，他曾作为国宾访问日本。在地方政府的一次晚宴上，他的一位助理悄悄跟我抱怨“又是鸡肉！”还有一次，一位陪同外国首脑前来访问的代表问我：“日本除了龙虾就没有别的鱼类吗？除了麝香哈密瓜就没有别的水果了吗？”那次，每天的菜单上都有龙虾和麝香哈密瓜，这是因为它们是日本最昂贵的食物。

除了菜单，交谈技巧也对外交的成功至关重要。

若总是谈论自己，谈论自己辉煌的成就和见过的名流等，这样的款待是很失败的。若别人都很期待得到自己的邀请，这才是真正成功的主人。而若一位客人能够同时得到主人和其他客人的欢迎，这才是真正受欢迎的客人。

其他方面的问题

1.打招呼

问：鞠躬时日本传统打招呼的方式。鞠躬的角度，从15度到30度，再到45度，分别对应着从浅到深的礼貌程度。握手和拥抱是西方的问候礼仪，如今在日本也很常见。我们想知道，向外国人鞠躬问好是否会让他们感到尴尬？可以同时鞠躬并握手吗？

答：现在很多外国人在见日本皇室时，会同时向他们鞠躬并与他们握手。而且他们常常不会太注意上面提到的鞠躬角度与礼貌程度的关系。

2.称呼

（1）如果不确定如何称呼别人，可以直接询问他本人或其秘书/助理。“应该如何称呼您呢？”或“您希望别人如何称呼您？”，这样的问题能够有效避免出现失误。

（2）许多国家都废除了贵族制度，但在称呼从前的贵族时，仍然沿用以前的头衔，称其为“王子”、“公主”等。

（3）一般都用职务来称呼高级别官员，比如“总理”、“部长”、“大使”等。称呼有好几种选择，比如“阁下”、“大使先生或大使女士”等。要避免不断重复同一个称呼，比如，若不断地叫一位大使“阁下”，这听上去有些浮夸，让人厌烦。所以在交谈中，不断改变称呼是比较明智的做法，也就是说，在和一位大使交谈时，一开始可以叫他“阁下”，之后可不时称他“先生”，最后再称他为“大使”。

（4）生活方式的改变也会影响称呼。由于如今的婚姻状况与过去不同，我们不能再想当然地在邀请一对夫妇时，在邀请函上称其为“XX先生和夫人”。如今还存在法律上没有婚姻关系、同性恋婚姻的情况，这都要求我们用新的方式来称呼他们。

一种解决方案是在邀请函上写上双方的名字。

过去在安排座位时，夫妇两人的位次顺序一致（从属高的一方），但如今在安排位次顺序时，我们不再考虑来宾的伴侣地位，而只看其个人的地位，由此作出决定。

（5）名①

在日本，很少有人会对别人直呼其名。但如今年轻人或与外国人接触较多的人越来越多地用名字来称呼对方。为正式发言做准备时，演讲撰稿人应该选择适当的称呼来向在场的贵宾致意，既要避免称呼太亲密随意，也要避免太夸张。

（6）座位卡

放置座位卡的主要目的是让对方知道此人的名字和头衔等，同时在没有引导人时，也可以帮助来宾找到其座位。因此，座位卡需要简单明了。

名字前是否需要加上称谓，比如阁下、先生或女士？姓和名都须写上吗？何种字体合适？哥特体还是花体？

无论如何，最重要的是所有参与者都应该能清楚且容易地看到座位卡，内容越短越好，字体越容易辨认越好。

在一张中文网站上的照片中，我发现了一个双边会议座位卡的好例子：座位

① 译者注：这里指的是 first name，即名字中不包括姓氏的部分。

卡上有两种语言，一面是中文，另一面是对方的语言。通过阅读座位卡的正面，双方都可以知道应如何称呼对方，而通过阅读背面，大家都可以很容易地找到自己的座位。

名牌则主要是让周围的人能够知道佩戴者的名字和职位，同座位卡一样，内容越简练越好。如果一位大使佩戴的名牌上写着“日本大使”，别人就都知道应该称呼他为“大使”或“阁下”。很少有人会用“姓+大使”的方式来称呼大使，所以名牌上写上他的职位和国家就已足够。

俄罗斯外交实践中外交礼仪若干变化的原因、目的及结论[①]

【俄】纳塔利娅·叶列米娜*（Natalia Eremina）
李竺璟（译）

俄罗斯外交：主要特点

现代俄罗斯外交实践的基础是俄罗斯帝国和苏联时期留下的丰富经验和遗产。在俄罗斯外交史上有许多优秀的外交官，例如，A.格里鲍耶托夫、Ф.秋切夫，他们才智出众，不仅在外交上，在文学领域也名声显赫[③]。19世纪后半叶，俄罗斯在严重考验中遭受挫败后，外交部长A.戈尔恰科夫提出了新的方针，集中精力，奋发图强。不久之后，俄罗斯重新确立了在世界舞台上的地位。俄罗斯外交官在1856年“巴黎条约”后改变了局势，这得益于1878年的柏林大会。

在建立苏维埃俄国和苏联期间，外交实践经验得到了继承。例如，Г.В.契切林发挥卓越的外交才能，签署了苏维埃政府同外国的第一批条约，主要是与土耳其和伊朗签约，条约肯定了苏俄在中亚地区的地位和作用。这对遭到西方世界敌视的苏俄非常重要。伟大的苏联外交官——A.A.葛罗米柯为加强国家威望也作出了特殊的贡献。

---

*　俄罗斯圣彼得堡国立大学政治学博士、历史博士、国际关系学院副教授，国际政治科学学会成员，研究兴趣包括比较政治学、政治激进主义、民族政治冲突、右翼政党和运动以及平行外交学。

①　本文是圣彼得堡国立大学研究项目“金砖国家替代世界秩序模式”的部分研究成果。（项目编号：17.37.226.2016）作者联系方式：圣彼得堡国立大学国际关系学院 7/9， Universitetskaya Embankment, St. Petersburg, St. Petersburg, 199034, Russian Federation 电子邮件：nerem78@mail.ru

②　Чернышева Н.И. Первые русские журналисты – государственные деятели, дипломаты и писатели. Москва: МГИМО-Университет, 2009.

后苏联时期是俄罗斯外交演变中最困难的时期，外交乌龙事件层出不穷。例如，俄罗斯前总统Б.Н.叶利钦签署了乌克兰总统Л.克拉夫丘克提议的文件，据称这一文件已同与俄罗斯专家达成了一致。文件规定，俄罗斯应该归还原苏联各共和国所有他们自称属于自己的文化珍品。在得知自己公然被骗后，叶利钦划掉了自己签名，这样的事在外交史上是闻所未闻的。

后苏联时期，许多原苏联共和国没有得力的外交干部，开始了去专业化的进程。后苏联各国的领导人彼此非常熟悉，私人关系密切，这对去专业化进程起了推波助澜的作用。还有，在20世纪90年代的转型期间，外交领域发生了重大变化：苏联外交部和俄罗斯外交部合并，外交人员减少，但增添了许多新职能。此外，在20世纪90年代，外交活动的物质条件也很差。外交合作大部分通过政府，而不是外交部。例如，俄罗斯和白俄罗斯之间的合作就是这样，当时两国正在商议建立联盟国家①。

总的来说，目前的体制虽然保留了部分旧的传统，但其现代形式是在第二次世界大战后形成的。战后出现了专门培训职业外交官的院校，发挥主导作用的是莫斯科国立国际关系学院和俄罗斯外交学院。圣彼得堡国立大学国际关系也是一个培养外事干部的雄厚基地。

在后苏联时期为发展当代俄罗斯外交做出特殊贡献的外交官当属E.M.普里马科夫。他多次强调，如果你是一位知识渊博、有分析头脑的外交官，那么你能为国家做许多事。毫无疑问，现任外交部长С.В.拉夫罗夫也是一位杰出的外交官，无论在什么情况下，他都坚定地捍卫国家的利益,。

俄罗斯外交继承了外交和实践中的所有优秀传统。然而，当今的俄罗斯外交面临着更加艰巨的任务，这就是捍卫俄罗斯在相互影响的多极世界中的地位。所有参与国际合作的人都是外交官，都应该肩负起这一任务。

俄罗斯外交的任务

对于经历了20世纪90年代和21世纪初政治、经济和社会秩序转变的俄罗斯联邦而言，最重要的任务就是避免国际孤立并最大限度地融入现有的国际机构。但是，在这条道路上，许多决定并不符合国家的利益。此外，在此期间，外交实

① Казанцев В. Нетрадиционная дипломатия // Русский журнал. 1998. 16.02. URL: http://old.russ.ru/journal/kreml/98-02-16/kazant.htm

践中还出现了一些新现象，例如，流行至今的“不打领带的会晤”。这些现象表明，外交会晤实际上脱离了以前存在的形式。

俄罗斯外交最重要的任务是恢复与原苏联各共和国的关系。然而，波罗的海国家一直对俄罗斯表现出强硬对抗的姿态，并以反俄，甚至仇俄的目光审视俄罗斯的每一个行动。因此，后苏联时期外交和外交活动受到密切关注并成为严厉批判的对象。这种情况一直延续到2008年左右，即普京慕尼黑讲话和格鲁吉亚—南奥塞梯、格鲁吉亚—阿布哈兹冲突之前。在这场突中，格鲁吉亚部队袭击了南奥塞梯和阿布哈兹平民以及俄罗斯的维和基地。

研究人员认为，苏联解体后，外交部成为重点机构，外交官的意见甚至胜过其他部门的意见。自2008年以后俄罗斯外交开始从“克制”阶段走出来，在涉及本国利益的国际问题上，俄罗斯外交官更明确地表达俄罗斯的立场，而不讨好所谓的西方伙伴。俄罗斯联邦外交政策的理念已经指出了国家利益和主要任务——确保多极化、强调协商和妥协、拒绝单边的专横①。毫无疑问，俄罗斯的这种立场遭到美国的批评，美国不接受多边世界的想法。

自2008年以后，俄罗斯的外交进入了新的时期，这为俄罗斯提出了新的外交任务。俄罗斯外交官面临着更为复杂和多样的任务，比如，俄罗斯军人也需要成为外交官，像俄罗斯帝国时期那样。俄罗斯于1812年与土耳其缔结和约，这要得益于著名统帅M.И.库图佐夫，和约的签订确保在拿破仑入侵时集中力量保护西部边界。现在俄罗斯军人正在叙利亚对话中保证谈判的进程。

现在有相当多的研究人员非常重视在两极世界终结后多极世界形成的条件下对外交人员提出的要求，十分重视扩大外交层面，提倡更多新人、新机构和组织，包括非政府组织参与外交活动②。B.И.波波夫之前是苏联驻英国特命全权大使（1980 —1986年），现在是俄罗斯外交部的专家，他在专著《现代外交——理论与实践》中指出，外交官有责任执行国家的任务，如果不同意，应该辞职。然而，在出现危机形势时，外交部人员更专注对外工作，但有的机构更重视内部工作，二者之间的立场往往难以协调。B.И.波波夫认为，现在的外交风格正在发生

---

① Концепция внешней политики Российской Федерации. 2016 г. URL: http://www.mid.ru/foreign_policy/news/-/asset_publisher/cKNonkJE02Bw/content/id/2542248.

② Кортунов С.В. Современная внешняя политика России: стратегия избирательной вовлеченности. Москва: Высшая школа экономики， 2009.

变化，一方面民主化，另一方面变得更加严格[①]。

外交官们面临着越来越复杂的任务，解决方法决定采取什么外交手段和方法。许多俄罗斯外交官专业知识广泛，可以在不同的国家、不同的大陆工作，这使他们能够与时俱进。现在，信函交流变得更加活跃，常常签订的不是传统备忘录，而是谅解备忘录。遵守固定的准则显得越来越重要。

俄罗斯外交实践中的礼仪

俄罗斯的外交礼仪与其他国家既定的规定和规则原则上没有区别，这是通过长期的国际实践形成的。外交礼仪在各国都有丰富的历史、自身的特点和传统。任何礼宾活动的主旨都是向外国来宾及其国家表达敬意。外交礼仪确定了国际礼仪的规则和规范。

毫无疑问，根据与来访国家的政治关系及访问的性质，礼宾安排会有所改变，如，官员数量的变化、接待的隆重程度。但是，俄罗斯的外交礼节从来不会因来访国大小而改变。

1992年7月27日，俄罗斯通过了《关于俄罗斯领导人国际交往礼宾保障条例》，还通过了其他规范性文件，统一了接待国家元首、政府首脑和外交部长的礼宾安排。此外还规定，接待礼仪由俄罗斯联邦总统令决定。

负责礼宾的是国家礼宾局，该局是外交部的一个单位，其工作是保障各部门按礼宾规则安排对外活动，监督在俄罗斯接待外国官方代表和俄罗斯代表出访是否遵循统一的礼仪，监督俄罗斯执行《维也纳公约》的情况。这个部门里，有一名特别工作人员——首席礼宾官（他接受国家礼宾局局长的领导），直接参与接待任务。

许多大型活动体现了礼宾在实践中的运用。对高级访问，俄罗斯国家礼宾局按接待性质分以下几类：国事访问，正式访问，工作（公务）访问，顺访，非正式（私人）访问。在俄罗斯最高级别的访问是国事访问，其接待对象仅为外国国家元首。

国事访问需遵循所有的外交礼节，属于最高级别的访问。通常，这是外国贵宾对俄罗斯的首次访问。在外国国家元首来访时，外交礼仪要求俄罗斯总统出面

① Попов В.И. Современная дипломатия. Теория и практика. Часть 1. Москва: Научная книга, 2000.

谈判。这种访问不仅需要交谈，还要缔结和签署协议。谈判的时间和地点需事先协调。这些活动一般是在克里姆林宫俄罗斯总统的官邸办公室、大克里姆林宫里的叶卡捷琳娜厅、弗拉基米尔厅、亚历山大厅或安德耶列夫厅进行。在进行国事访问时，外国国家元首由俄罗斯外交部长和副总理陪同。

正式访问也是最高级的访问，就是外国贵宾或代表团对俄罗斯进行正式访问。其中政府首脑和外长的访问尤为重要。接待外长一事由外交部决定，外交部负责制定访问计划。访问的安排及所需费用由俄罗斯联邦政府根据外交部的建议决定。外交部长到访时，在机场没有检阅仪仗队和献花的迎接仪式。与其他外事活动一样，谈判在外交部的对外接待别墅举行。

工作或公务访问是指接待国家领导人或代表团进行谈判、签署协议、缔结条约、与俄罗斯总统举行工作会议。这种会议的礼仪不很复杂。

非正式访问是指外国国家领导人作为该国大使的客人来俄罗斯出席展览会，或旅游参观。

访问的性质、目的及其形式均事先商定，访问的所有细节和仪式都提前讨论。贵宾的个人意愿会予以重视。另外，如果有必要，访问日程可以进行更改。最高级别的访问需要特别认真准备。根据俄罗斯的外交礼仪，如果是国事访问或正式访问，客人可以在克里姆林宫下榻。如是工作访问，则提供位于莫斯科的国家宾馆居住。

通常，贵宾来访有以下礼仪活动：迎送、安排住宿、谈判、签署文件、献花圈、宴请（午宴或晚宴），也可以安排到外地参观或组织其他游览活动（剧院、博物馆）。这些活动均是在考虑访问性质、规格后，在接待计划中安排的。在2004年9月16日发表的国家礼仪条例的第1183号总统令规定，外交部的副部长及首席礼宾官需赴机场迎送，外交部副部长和大使去迎接更高级别正式来访客人。

外交传统的改变与新传统的形成

随着时间的推移，在外交实践方面形成了一个看法，就是外交语言、外交风格以及涉外部门之间的协调需要简单。这种趋势在外交文书以及双方制定合作规定中可见一斑。在外交活动中使用有情感色彩的语言也反映了这种倾向。外交礼仪正在民主化，简化礼仪是世界性的趋势。

在俄罗斯的外交实践中，也有一些做法在国家礼仪或规范性文件中是看不到的。比如，“不打领带的会晤”，这是两国领导人之间的非正式会晤。可以不按既定的外交礼节安排，而是采取宽松的方式。为了各国领导人之间建立直接友好关系，为了就国际热点问题进行更坦诚的对话，这种会晤方式是可取的。

外交礼仪变得更加灵活，在必要时，根据国家间的关系，为了显示隆重和正式，礼宾安排可以多样化。为纪念重要日子、周年纪念和国庆节而举行活动很有意义。同样重要的还有在涉外部门举行的聚会和招待会，参加的人可以在这里建立联系并保持接触，就各种问题交换看法

举办各种不同级别的非正式招待会，招待会上洋溢亲切友好的气氛。负责组织这类活动的是“迎宾部”，成立于20世纪20年代，是外交部的一个部门，目前共有120个办事处，600家外国公司和15000名员工[①]。

这个部门让外国人在俄罗斯有宾至如归的感觉，因为它协助解决从交通到医疗等所有问题。

由于这个部门的工作，逐渐形成了郊外聚会的传统。亨利·基辛格、菲德尔·卡斯特罗等许多领导人都曾经参加过。郊外会晤环境优美，四周风景如画，还可以洗桑拿浴、钓鱼、狩猎等。有趣的是，那些不会射击的人也不会空手而归。

类似的例子很多。例如，圣彼得堡和列宁格勒州的外交官参加各种体育活动或钓鱼比赛[②]，外国伙伴也参加进来。这样的活动能真正增进俄罗斯外交官和外国同行的感情。

俄罗斯外交官看到，其他国家也有非正式的外交活动和不拘常规的礼宾安排。例如，在芬兰，各国外交官一起蒸桑拿，这是一个传统。俄罗斯记者称之为“芬兰——俄罗斯桑拿外交”[③]。有趣的是，这种外交活动不仅有助于客人了解民族文化，因为具体的生活方式是民族文化的一部分，也有助于更好地让客人理解东道国，从而增加签订协议的信心。

在俄罗斯“不打领带的会晤”已成为常态。外交术语“不打领带的会晤”出现在1996年。如果合作伙伴的代表团团长脱下外衣，不系领带，这就是一个建议

---

① Министерству гостеприимства исполняется 96 лет // Вести. 25 августа 2016. URL: https://www.vesti.ru/doc.html?id=2791475

② Дипломатическая рыбалка // Санкт-Петербургские ведомости. 25 февраля 2018.

③ Дипломатия сауны // Бизнесс ФМ. 11 марта 2012. URL: https://www.bfm.ru/news/173589

进行非正式沟通的信号。在Б.Н.叶利钦与日本首相桥本龙太郎会面之后，这种形式就运用到实际的谈判中了。

最近特朗普和普京被国际媒体称为喜爱非正式会议的领导人。在一次独联体首脑会议上，俄罗斯总统没穿衬衫，而是身着T恤。普京和特朗普在一次会议上展示了一个新的外交形式——“站着交谈”或“站着谈判”。

有时普京的演讲很有感染力，听众反应热烈。他用直白的语言表达对重大事件和人物的看法。在他的正式讲话中时而可以听到俚语，但他用得切中要害、恰到好处，给正式讲话增添了感性色彩。有时小幽默也是允许的。例如，2014年普京在圣彼得堡接待20国集团领导人时，宴请菜单中有克里米亚比目鱼，英文为Crimean flounder，也可以译成“克里米亚困难”[①]。这大概是记者们对菜单的理解和解释，因为菜单中不太可能有政治含义。

普京的迟到有时可以作为不遵守俄罗斯外交礼仪的例子。2003年，普京让英国女王伊丽莎白二世在白金汉宫等了14分钟，有趣的是，在欢送普京总统的仪式上她也迟来了整整14分钟。2006年西班牙国王也效尤采取了同样做法，因为他等了普京40分钟。

对俄罗斯而言，通常只有美国人会违反外交礼节。在2004年梅德韦杰夫访问美国期间，受到了安全部门的搜查，对于如此的高级官员，是不能这样做的，这不仅违反了外交礼节，而且是赤裸裸的侮辱。

如果要说俄罗斯外交实践中接待形式的改变，迎宾值得一提。当然，原则上高级别访问的流程全世界都是相同的——隆重迎接、参观古迹、献花，各种形式的会谈、签署协议及新闻发布会。但是，如果国家元首之间关系友好，可以直接在机场举行会晤。普京和卢卡申科就曾经在机场会晤过。此外，普列奥布拉任斯基仪仗队欢迎外国元首的仪式也是俄罗斯外交礼仪的特点。

会晤时不遵守外交礼仪是完全可能的，例如，参观纪念碑和纪念馆。总统的新闻秘书德米特里·佩斯科夫指出，当俄罗斯官员出国访问时，如果提议参观歪曲历史的纪念碑或博物馆，俄方可以通过外交途径提出其他代替方案。不过，东

① «В протоколе не до шуток». Интервью Директора департамента государственного протокола МИД РФ // Газета Коммерсант. 10 февраля 2017.

道国可以同意，也可以不接受[①]。2005年，早在俄罗斯和格鲁吉亚外交关系破裂之前，拉夫罗夫为签订《俄格友好和睦邻的条约》访问第比利斯，格鲁吉亚方面坚持要求俄罗斯代表团祭奠为格鲁吉亚领土完整而阵亡的士兵，他们的名字刻在纪念碑上，考虑到他们与奥塞梯人和阿布哈兹人作过战，俄罗斯人感情上难以接受，所以俄方建议，向主张和平解决冲突的祖拉布·日瓦尼亚的坟墓献花圈。但是，这个提议引发了一场外交风波，签订友好条约一事也因此告吹了。

考虑到这一经历，当时任俄罗斯国家元首的梅德韦杰夫没有在乌克兰纪念“大饥荒”的活动期间访问乌克兰。“大饥荒”被乌克兰称为是对乌克兰人的种族灭绝。这不符合历史事实，实际上在1932—1933年间，死亡最多的是哈萨克斯坦人，俄罗斯也有许多人丧命。

通常，俄罗斯总统会事先收到有关会晤的报告，包括礼宾安排和注意事项，这要视不同国家而定。俄罗斯总统严格遵守外交礼节。

外交礼仪基于礼貌和体面的行为规则。世界上有普遍礼仪规则，但外交礼仪可以表明各国首脑之间的关系。长期以来，严格遵守礼宾的规定为各国所重视。现在也存在不按礼宾规定行事的现象，比如，在外交活动中出现了一个全新的和意外的现象，就是美国当局发起的反对俄罗斯的“外交战”，35名俄罗斯外交官在奥巴马执政期间被驱逐。因此，礼仪的变化以及不遵守外交规范主要与合作伙伴之间的合作的历史有关。

现阶段的俄罗斯外交

外交政策不仅是在传统的影响下形成的，而且是在具体的国际问题和挑战的影响下形成的，随着国家经济、政治和文化的发展形成了国家利益。

2016年通过了俄罗斯对外政策的新理念，强调俄罗斯在多极化发展中的积极作用，对谋求建立多极世界的合作伙伴给予支持。因此，俄罗斯外交官面临的任务是提出和推动有法律约束力的国家倡议，以加强联合国的作用，防止危机并解决现有的国际问题。

现代俄罗斯外交官正积极采用新措施并与非政府组织协作，利用网络和公共外交完成自己的使命。此外，在多重合作的条件下，外交官开始扮演对外介绍国

---

① «В протоколе не до шуток». Интервью Директора департамента государственного протокола МИД РФ // Газета Коммерсант. 10 февраля 2017.

内情况的角色。

俄罗斯很清楚，世界秩序存在不少的问题。俄罗斯外交当前的主要任务是确保国家主权、国家安全和发展。俄罗斯的地理位置决定了国家对外任务和利益多样化。因此，俄罗斯不会奉行孤立主义的外交政策。另外，俄罗斯的处境要求外交官发挥高度的积极性①。

俄罗斯支持多极世界是基于国家利益和战略伙伴关系的需要。在多极世界中，可以建立集体安全体系，保障共同的安全。实现安全，尤其是在欧亚大陆的安全，是俄罗斯安全目标的重中之重。因此，俄罗斯的外交努力集中在以下这些机构上：联合国、欧洲安全与合作组织、集体安全条约组织、欧亚经济联盟、上海合作组织、金砖国家等。俄罗斯外交注重建立各种地区组织，加强各国之间的平等对话。

在公共外交领域，俄罗斯也取得一些成就。例如“戈尔恰科夫公共外交支持基金”非常活跃，其活动受到高度重视，外交部的工作人员直至外交部部长拉夫罗夫都参加基金会的活动。重要的是，不同国家的代表可以在这些场合会面，讨论一般问题或具体问题。这样的活动确实可以推动俄罗斯的公共外交，这正是俄罗斯在“软实力”评级中的地位在不断提升的原因②。

在危机尖锐的形势下，驻乌克兰、美国的俄罗斯外交官的处境堪忧。2016年俄罗斯驻土耳其大使遇刺，令人感到，俄罗斯外交官的工作不仅复杂而且危险，至此，如何有效应对恐怖主义威胁的考虑为必要。

结论

由此可见，外交及外交礼仪出现一切变化一方面与国际关系的发展有关，另一方面与国家之间的具体交往历史有关。然而，在外交礼仪中，变化终究是不多见的。俄罗斯的外交礼仪与其他国家的礼仪相似，都以1961年维也纳公约为基础。但我们看到俄罗斯和世界都在不断简化外交礼仪，这是一个总体趋势。这不仅是因为各国领导人和各国代表之间会晤频繁，使他们能够更好地相互了解，显示信任和尊重，还因为官员们自己想表明他们和其他人一样。此外，他们中的许多人想给别人留下印象，为此，需要不循规蹈矩，不拘泥外交礼仪的严格规定。毫

① Россия и мир: 2018. Экономика и политика. Москва: ИМЭМО РАН， 2017.

② Будаев А.В. «Мягкая сила» во внешней политике России: истоки, особенности, перспективы, перспективы // Государственное управление: электронный вестник. 2015. Выпуск 48.

无疑问，偏离外交礼仪不是灾难性的，而是将多样性和情感引入不同的外交形式，采用新的外交手段。总之，外交礼仪的变化原因如下：第一，官员的个性及心理特点，第二，各方之间的交往与合作，第三，各国面临的战略任务。

后 记

书稿付梓之际，有些如释重负，又有些忐忑不安。我虽挂名主编，却是众人之功，这本书籍是来自全球近10个国家的从事外交外事礼宾礼仪实践与学术研究的前辈、同仁们的共同成果。书籍的出版并不容易，请允许我述说它的缘起并感谢所有为之付出努力的人。

从全球范围来看，从事外交礼宾工作的人并不多，从事学术教学研究的人更少，并且，在为数不多的成果中多是实操性的研究，外交礼宾礼仪的学术研究是非常薄弱的。2016年10月外交学院召开了一个小型的“外交礼宾礼仪”研讨会，说它小是因为参加的人数还不足十人，如鲁培新大使、吴德广总领事、张国斌总领事、马宝奉参赞、樊剑参赞、文泉老师、黄彩子老师，还有我。前辈们对于召开会议的行动很赞赏，吴德广总领事在那次研讨会上语重心长地说“召开研讨会很好，把礼宾好好研究研究很有必要，我们现在都快八十了，很高兴把所知的知识分享出来，不然再过些年想留也办不到了”。可是，如果会议开完就完了，它的影响与效果就是极其有限的，如何把一件事情做得更加价值与意义？出版论文集似乎成了下一件要做的事情。

然而，由于参加会议的人数很少，论文的体量自然无法支撑成为一本书，于是邀约更多的学者加入便迫在眉睫。除了国内的学者，邀约国外的学者始于2017年7月，当我首次参加“外交礼宾礼仪国际协会”的年会时，成功请到加拿大与荷兰的礼宾专家路易斯·迪索与马克·弗尔先生，当我去英国访学时又邀约了英国皇室礼仪专家亚历山德拉·梅瑟薇女士，有了这三个国家的专家加入之后，一个新的想法又出现了，为什么不邀请其他国家的专家呢？于是美国、法国、印度、俄罗斯、日本等国家专家的邀约行动陆续展开。邀请外国专家并非易事，但一个接一个，就这样我们得到了越来越多外国专家的支持，究其缘由，除了这是一件有意义的事，我想与中国国际地位的提升是分不开的。现在，书籍终于要出版了，它来之不易，请允许我一一致谢。

首先要感谢这么多为论文集赐稿的国外与国内专家，大家的共同努力使这本论文集变得丰富、多元。尤其要感谢首次参加研讨会的那七位老师，那次的学术交流是把梦想变成现实的一个重要基础。

第二要感谢我的单位外交学院，依托外交部的优势，外交学院在外交礼宾礼仪的教学、研究方面积累的一些经验。我已经是外交学院第三代礼宾礼仪教师，之前的宋长美老师与文泉老师为这门课打下了坚实的基础。此外，书籍的出版受到2017年外交学院北京市“双培计划”项目的资助，感谢学院的全力支持。

第三要感谢李肇星部长与秦亚青院长在百忙之中为本书作序，二位在序言中对外交礼宾的研究价值、本书的意义进行了阐释，犹如黑暗中的明灯，深受鼓舞，也激励着我们继续外交礼宾的研究。

第四要感谢编辑团队的辛苦付出，副主编张国斌总领事为书籍的构思与出版奉献了智慧，总顾问鲁培新大使从整体上提供了宏观性的指导，编委会的老师们为书籍建言献策，使论文集更加完善。需要说明的是，就在书籍即将出版时，编委会的成员——外交部礼宾司前司长杨鹤熊大使因病离开我们了，感恩杨大使对这本书籍的支持，愿杨大使在天堂安息。

第五要感谢默默为这本书提供帮助的人，比如礼宾礼仪文化专业委员会为研讨会的召开给予了支持，礼仪专家王静云老师为书籍的顺利出版给予了大力的支持，王凤祥大使为俄文翻译难点、张晓立教授为英文翻译难点给予了帮助，王静云老师与张健老师为邀约日本与俄罗斯专家搭建了桥梁，世界知识出版社的侯新鹏编辑细致、认真地为完善书籍辛勤付出，外交学院的学生陈猛协助两位作者成文，周幻、郑书尧、李竺璟、胡雨彤为翻译国外学者的论文奉献了力量，王纾蕴为书籍绘制了图片，我的学生耿子函也为书籍做了一些工作，谢谢你们的支持。

最后，这是全球首本由如此多国家的礼宾礼仪学者共同完成的书籍，具有开创性意义。我也相信书籍一定有很多不足之处，希望大家不吝赐教，共同推动外交礼宾礼仪的研究。如果书籍的出版对于提升外交礼宾礼仪的理论研究水平、推动外交礼宾礼仪的实践操作、增加不同文化之间的相互理解有所帮助，将是莫大的荣幸！

周加李

2019.年3月8日